本书受浙江大学传媒与国际文化学院资助出版
本书承蒙浙江大学董氏文史哲研究奖励基金资助出版

引进来和走出去

中国电视节目模式全球化史

章 宏◎著

Embracing Globalization

A History of Chinese Television Formats' Importation and Exportation

ZHEJIANG UNIVERSITY PRESS
浙江大学出版社
·杭州·

图书在版编目（CIP）数据

引进来和走出去：中国电视节目模式全球化史 / 章
宏著. -- 杭州：浙江大学出版社，2024.8. -- ISBN
978-7-308-25172-3

Ⅰ. G229.2

中国国家版本馆 CIP 数据核字第 2024D9M656 号

引进来和走出去：中国电视节目模式全球化史

章　宏　著

责任编辑　陈思佳（chensijia_ruc@163.com）
责任校对　宁　檬
封面设计　雷建军
出版发行　浙江大学出版社
　　　　　（杭州市天目山路 148 号　邮政编码 310007）
　　　　　（网址：http://www.zjupress.com）
排　　版　浙江大千时代文化传媒有限公司
印　　刷　广东虎彩云印刷有限公司绍兴分公司
开　　本　710mm×1000mm　1/16
印　　张　14
字　　数　230 千
版 印 次　2024 年 8 月第 1 版　2024 年 8 月第 1 次印刷
书　　号　ISBN 978-7-308-25172-3
定　　价　68.00 元

自 序

节目模式就像桥梁,不仅因为它们设计精良,还因为它们有助于文化交流。

——查拉比(Chalaby,2011)

如同今日的游戏与视频,电视一直是我(改革开放后出生的第一代人)成长道路上的忠实伙伴。那些陪伴我们这一代人成长的电视文化记忆,美好而烂漫。我未曾预料到,与电视的深厚缘分竟会让我有一天投身于书写电视节目模式的历史。这个过程不仅伴随着对数十年来出现在中国电视荧屏上的电视节目模式的追溯,更是对中国电视产业融入全球化进程的反思。

自攻读博士学位起,我已在电视研究领域跌跌撞撞走过了 20 年。21 世纪初,全球电视节目模式贸易正处于蓬勃发展之际。彼时的我正在英国攻读传播学博士学位,居住在留学生公寓里,为了观看英国公共体制下的电视节目缴纳了高额电视税,目睹了诸如《流行偶像》《谁想成为百万富翁》等节目的风靡,并有幸作为现场观众数次观摩了后者的录制。这些经历让我近距离领略了英国电视节目制作的工业化流程,并启发我探索节目模式在不同文化中的本土化演绎。电视节目背后的丰富文化内涵深深吸引了我,促使我在考虑博士学位论文选题时,毫不犹豫地将目光投向了中国电视的全球化研究。

进入 21 世纪后,电视已然成为中国最重要的大众媒体之一,入户率高达90%以上。为了探究全球化对我国不同层级电视台的影响,我在 2005—2008年间对中央电视台、浙江电视台和温州电视台陆续开展了田野调查,累积时间近一年。通过对这些电视台的近距离观察和对管理层与制片人的访谈,我对中国电视全球化的表征、动因和影响有了更为直观、深刻的理解。我发现,虽然彼时的中国电视产业正在积极地参考西方的电视管理和制作理念,但中国电视融入全球化的进程主要是受内驱力的推动,就其带来的结果而言,中国电视节目并没有出现文化/媒介帝国主义(cultural/media imperialism)①理论所担忧的同质化的结果,反而由于广泛借鉴海外的节目模式并进行本土化而呈现一种百花齐放的趋势。

时隔近 20 年,当我着手撰写本书时,中国电视业已发生了翻天覆地的变化,电视业同仁纷纷感叹新媒体对电视业的冲击,学界早已开始讨论电视业的融合转型和后电视时代(post-broadcast era)。与此同时,无论在硬件还是软件上,中国电视业都开始在全球范围内得到认可,我们的数字电视技术开始远销亚非拉国家,电视节目,尤其是古装剧和综艺节目,开始在东南亚国家产生了广泛影响。2015 年以后,我国电视节目模式也开始输出至周边国家,乃至欧美和非洲。那么这是不是中国电视业最好的时代,抑或最坏的时代呢? 我常思及狄更斯的名言:"这是最好的时代,也是最坏的时代。"这个时代,资源丰富,技术进步为内容生产和文化表达开辟了新天地。然而,传统媒体亦面临着流媒体平台的激烈竞争,电视观众的流失映射出媒体生态环境的剧烈变动。

在这一背景下,深入思考现代性、全球化与媒体的交织关系尤为关键。弗里德里希·基特勒(Friedrich Kittler)曾深刻地指出,媒介并不仅仅是人类的延伸,而且是一种具有决定性的先验存在,它能够塑造和转变人类的感知、认知与文化。基特勒洞悉了计算机等现代媒体对人类主体性的潜在挑战(Kittler,2014)。因此,在面对数字技术与人工智能带来的无限可能与众多不确定性时,人的主体性意识显得越发珍贵。安德烈亚斯·赫普(Andreas Hepp)从建构主义视角出发,认为在这个万物媒介化的时代,剖析人们的媒介实践对于洞察其对社会结构和个人身份的塑造作用至关重要。就文化的全球传播而言,他提倡将传统的"跨文化传播"理念转变为"转文化传播",从而更精准地捕捉媒体传播如何激发不同文化主体间的互动交融与转型发展(Hepp,2015,2019)。

---

①　Boyd-Barrett(1998)曾对文化帝国主义和媒介帝国主义这两个概念做过辨析,认为前者关注更为宏大的文化与政治经济结构之间的关系,而后者聚焦于信息不平等的流动对发展中国家媒介内容、体制、价值观的影响等,更易于实证测量。由于这两个概念都源自传播政治经济学,对国家间信息不平等流动的动因和影响的解释颇为相似,学界也经常替换使用。因此,本书统一为"文化/媒介帝国主义"这一表述。

　　基于对既往历史脉络与理论演进的审视,本书聚焦于中国电视节目模式的发展轨迹,涵盖其从模仿、引进国际模式至倡导本土原创模式输出的演变。受媒介考古学与媒介实践历史叙事的启发(胡塔莫和帕里卡,2018;黄旦,2015),本书力求突破传统历史叙事的线性和目的论局限,因此本书所划分的历史阶段是相互联系、有所交叠的。尽管中国电视史资料丰富,但关于节目模式史的研究尚显不足。本书不仅深入挖掘权威文献,还特别关注主流文献之外的素材,以展现历史进程中多元主体的参与和实践。本书的创新之处在于融合文化研究与传播政治经济学,重新审视中国电视节目模式在全球传播中的角色。通过文化研究的路径,结合文化接近性、文化共享和文化价值观维度等理论,探讨电视节目模式发展中的典型案例,揭示文化机制在节目生产、文本再现和受众消费中的作用,阐释电视节目模式作为文化交流桥梁的功能及其在促进新文化形态生成中的作用。同时,结合宏观的国际传播政治经济分析,本书将纵向历史与横向比较分析并举,分析中国电视节目模式融入全球化的历程与在全球节目模式价值链中的位置变迁,促进国际传播研究"向东看,往南走"。

　　然而,本书亦有诸多不足。本书虽致力于彰显人类实践在电视节目模式演变中的重要作用,却因前互联网时代资料匮乏,未能详尽描述早期国内模仿海外节目模式时的受众反馈,从而未能全面展现节目与观众的互动。尽管书中通过宏观受众数据描绘了该阶段典型案例的社会与文化影响,但仍无法替代对受众经验的深入分析。在本书的撰写过程中,我时常忆及罗杰·西尔弗斯通(Roger Silverstone)提出的敏化概念——适当距离(proper distance)。尽管该概念提出之初旨在探讨在媒体和技术日益介入人类生活的情况下,我们如何维持与他人关系的道德距离(Silverstone,2003,2006),但研究者与研究对象间的互动,难道不同样存在这一问题吗? 既不过分亲近以至于失去批判性视角,也不过分疏远以至于无法建立共情和理解。理想情况下,我追求的应是一种建立在客观性与阐释性平衡之上的历史观。然而,中国电视节目模式的发展仅有短短几十年的历史,某种意义上是正在发生的历史,其与研究者日常生活的深度融合使得保持批判性距离变得具有挑战性。在本书中,我的个人电视体验及文化记忆无疑对案例的筛选和历史叙述产生了影响。这种影响既需作为研究者的我的自我反思,也需读者保持警觉。

在自序的最后部分，我怀着深深的感激之情，向所有在本书撰写过程中提供支持与启发的同仁和机构表达我的诚挚感谢。首先，我要向浙江大学传媒与国际文化学院表达谢意。学院不仅为我的研究提供了一个充满活力的学术环境，而且通过出版经费支持，为本书的出版铺平了道路。其次，浙江大学董氏文史哲研究奖励基金的资助对于本书的面世同样至关重要，我在此对其支持表示衷心的感谢。最后，我还要向浙江大学数字沟通研究中心、浙江大学国际传播研究中心、浙江大学传媒与国际文化学院媒介与社会思想研究所以及浙江大学民盟西溪总支的老师及朋友们在日常学术生活中对我的激励和启发表示感谢。

在本书的研究过程中，我有幸访问了参与中国电视节目模式引进、改编、播出及输出的业内专家，聆听了他们的深刻见解。他们的真知灼见对于本书观点的形成不可或缺。衷心感谢他们在百忙之中接受我的访谈，慷慨分享了专业洞见与行业经验。为保护受访者隐私，本书中除特别说明外，仅提及受访者单位、职位及采访时间。

我要向我的博士生导师，伦敦政治经济学院（LSE）的特希·兰塔能（Terhi Rantanen）教授，致以深切的敬意。作为媒介全球化理论与媒介史研究领域的杰出学者，兰塔能教授对转型国家在全球化背景下的媒介变革的关注极大地拓宽了我的学术视野，并激发了我对中国电视全球化史的学术探索。尽管本书并非基于我的博士学位论文，但兰塔能教授对媒介与全球化辩证关系的深刻洞察，以及她将个体、地方经验与全球视野相结合的方法论，对本书的理论架构和思路发展均有重要启发。

此外，特别感谢浙江大学出版社编辑陈思佳女士对本书选题内容、体例编排、出版流程等方面提供的大量专业化的建议和帮助。我的研究生孔祥思、梁凯静以及研究助理林心宇在部分章节的资料收集、整理和参考文献的校订上为我提供了无私的协助，特此致谢。由于本书所有的田野调查和深度访谈都由本人独立完成，所收集的文档资料和受众数据也由本人反复校验才加以沿用，因此本书所有的疏漏和不足都由本人承担。

我还要向我的家人表达深深的感激之情，感谢你们多年来始终如一的理解与支持。特别要感谢我的母亲和外婆，感谢你们的陪伴和付出。每当我回想起与你们共度的看电视时光，以及围绕电视节目的交流，我便更加深刻地体会到电视作为人际沟通桥梁和家庭纽带在日常生活中的重要作用。电视研究，作为媒体研究的一个分支，旨在深化我们对文化和社会的理解，从而实现美好生活。

章 宏

2024 年 8 月

于浙江大学紫金港成均苑 1 栋

参考文献

[1]胡塔莫，帕里卡. 媒介考古学：方法、路径与意涵[M].唐海江，主译.上海：复旦大学出版社，2018.

[2]黄旦,新报刊（媒介）史书写：范式的变更[J]，新闻与传播研究，2015(12)：5-19,126.

[3]Boyd-Barrett O. Media imperialism reformulated[M]//Electronic Empires. Global Media and Local Resistance. London：Edward Arnold，1998：157-176.

[4]Chalaby J K. The making of an entertainment revolution：How the TV format trade became a global industry[J]. European Journal of Communication，2011(4)：293-309.

[5]Hepp A. Deep Mediatization [M]. New York and London：Routledge,2019.

[6]Hepp A. Transcultural Communication[M]. Chichester：Wiley Blackwell，2015.

[7]Kittler F. There is no software[M]// The Truth of the Technological World：Essays on the Genealogy of Presence. Redwood City：Stanford University Press，2014：147-155.

[8]Silverstone R. Media and Morality：On the Rise of the Mediapolis

［M］. Cambridge：Polity Press，2006.

　　［9］Silverstone R. Proper distance：Towards an ethics for cyberspace ［M］// Digital Media Revisited：Theoretical and Conceptual Innovations in Digital Domains. Cambridge：MIT Press，2003：469-490.

CONTENTS

/ 第一章 /

引　言

作为世界第二大经济体,中国是全球最大的电视节目市场之一。然而,相对于腾飞的经济及其影响力,中国文化创意产业的国际影响力有限。根据国家统计局和国家广播电视总局的相关数据,2021 年我国电视节目出口总额约为 4.9 亿元[①],进口总额却高达 13.3 亿元[②],包括节目模式在内的中国电视节目进出口长期存在数亿元的贸易逆差。电视节目模式兼具经济性与文化性(罗立彬,2020),因此这一贸易逆差反映的亦是文化影响力的不足。近年来,随着全球电视节目模式贸易的多元化和区域化发展,中国电视产业蓄力原创,依托本土文化资源,开发出一批引起国内外关注的节目模式,其中已有 10 多个节目模式向海外尤其是周边国家输出,包括不少落地后在海外市场引起较大反响的节目模式。但是,和节目模式贸易的发源国美国、英国、荷兰等西方国家以及亚洲节目模式输出的龙头国家日本和韩国相比,中国的电视节目模式在输出规模、覆盖地域和影响力上都有较大差距。随着全球流媒体平台和社交媒体的崛起,全球电视节目模式市场进一步深度融合,中国是否能够借文化产业全球化的东风,进一步提升其电视产业在全球价值链中的位置,并由此扩大中华文化的国际影响力? 这一议题已然成为各界瞩目的焦点,并伴随着诸多争议与探讨。

作者深受这一兼具重要理论与现实意义的问题吸引,通过观察中国电视节目模式 30 多年来融入全球价值链的现象,旨在运用政治经济学的宏观视角,深入剖析中国电视节目模式在全球价值链中的定位、变迁及其背后的动力机制。同时,结合对中国电视节目模式在引进来和走出去过程中典型案例的文化性分析,期望为中国电视文化产业在全球化背景下,依托中国独特国情,实现跨越式发展提供启示。

---

① 参见国家广播电视总局发展研究中心发布的《中国电视剧国际传播报告(2022)》。
② 参见国家统计局相关数据:https://data.stats.gov.cn/easyquery.htm? cn=C01。

从 20 世纪 90 年代开始，学界便围绕节目模式发展了诸多定义。但一般认为，节目模式是一种包含游戏规则、人物关系设置以及视听风格布景等节目核心元素的节目框架（Moran，1998）。由于它整合了制片人系统的制作知识，使原创节目能以改编的形式进行再创作并迎合不同市场的观众，节目模式具有可版权性与可交易性（杨尚鸿和孙良斌，2015），是兼具文化内涵与经济效益的创意性产品。电视节目模式早在 20 世纪 50 年代便流通于欧美市场，并于 20 世纪末伴随着全球经济一体化、世界各国广电政策的松绑和媒体技术的发展成为新兴产业。尽管西方国家主导的电视节目模式曾被视为文化/媒介帝国主义的表征（Freedman，2003），但新世纪以来，节目模式的流动呈现多元化，拉丁美洲（Straubhaar，2013）、亚洲（Lu，2022）和中东（张建中，2012）等地区的节目模式区域化流动增强，逐渐超越"盎格鲁—美利坚"（Anglo-America）主导的西方中心电视节目体系（陶冶，2018）。此外，节目模式跨境流动研究的理论视角也日趋多元化，既有研究本土化改编个案的微观文化分析视角（Rohn，2014），又有囊括规制政策（殷乐，2019）、市场效应（罗立彬，2017）和互联网技术（Ju，2017）等的宏观政治经济学视角。

中国的电视节目模式从 20 世纪 90 年代初期借鉴发达国家节目模式的形态元素，到如今将原创节目模式输出至海外，已走过了数十年的春秋。作为改革开放后中国电视节目全球化的主要表征之一，考察其发展历程不仅能揭示中国电视行业接入全球电视产业链的趋势和动力机制，也能为我国电视文化更有效地输出提供启发。一般认为，中国电视节目模式市场经历了三步跨越式发展，从以模仿为主的时代到以引进为主的时代，最终发展到以原创为主的时代（路俊卫和昌海文，2014；孙侃和阳欣哲，2023）。萌芽于 20 世纪 90 年代的中国电视节目模式早期深受欧美影响，如中央电视台的《城市之间》与《开心辞典》以及湖南卫视的《超级女声》。自 2013 年起，随着以日韩电视节目模式为代表的亚洲节目模式市场逐渐形成（Cho and Zhu，2017），中国在模式引进中愈加倚重一衣带水的亚洲节目模式，如《爸爸！我们去哪儿?》《跑男》等韩国节目模式在中国产生现象级影响，并在合作互鉴中提高了研发原创节目模式的能力（何天平和张榆泽，2019）。2015 年前后，中国电视节目模式开始拓展海外市场，向亚洲邻国尤其是越南和韩国输出了一批优质的节目模式，包括《星动亚洲》《越南好歌曲》《超凡魔术师》《这！就是街舞》《乘风破浪的姐姐》等。2022 年,我国原创代际音乐综艺(简称音综)《我们的歌》被西班牙国家电视台 RETV 翻拍播出,并收获了西班牙全国收视第二的佳绩。

中国原创节目模式输出的新态势引起了学界的关注。陶冶和戴颖洁(2022)指出,经历了从模仿到引进节目模式的初级探索阶段后,中国电视节目模式产业现正迈向"消化—吸收—创新"的产业升级,有望开辟出一条不同于"盎格鲁—美利坚"体系的创新之路。战迪和姚振轩(2022)归纳出中国原创节目模式研创主体多元化、输出模式整合化与传播效果直接化等新特质。潘东辉和郑雪(2021)提出通过完善创新产业机制与挖掘节目内容文化共通性两条路径来推动中国原创节目模式融入全球价值链。然而,与欧美发达国家以及日韩等亚洲电视节目模式输出强国相比,中国目前成功落地海外的电视节目模式有限。郑毅(2024)概括了当前我国原创电视节目模式的国际传播实践图谱,发现我国原创电视节目模式的出口地区逐渐从亚洲走向世界,同时创制方面主要通过定位差异化节目主题、根植本土性文化特色、探寻共通性精神价值等策略适应国际化传播。

总的来说,学界对中国电视节目模式的现状、问题和发展策略进行了大量分析,包括电视节目模式本土化改编的个案分析与中国电视节目模式从引进到输出路径变迁的宏观政治经济学分析,为本书带来多元视角的启发。然而,目前对中国电视节目模式的研究侧重经验描述,缺少结合横向比较与纵向历史变迁的系统性和学理性分析。因此,本书融合文化分析的微观视角与政治经济学的宏观视角,将中国电视节目模式接入全球化的过程放置于历史语境中,梳理其随着历史更迭的承继脉络,不仅提炼了中国电视节目模式在全球化进程中的发展趋势、机制和规律等宏观现象,也关联微观案例和个体经验,以在历史的连续性结构中探寻其中的多重性与异质性,并希冀在此基础上拓展源于中国经验的电视节目模式全球化的理论,且为中国电视节目模式进一步开发全球市场提供借鉴。

第一节 作为全球化表征的电视节目模式跨境流动

跨国电视节目模式贸易始于 20 世纪 50 年代,起初只在欧美发达国家间流动,被视为"盎格鲁—撒克逊"的发明(Chalaby,2011),直到 20 世纪 90 年代末,节目模式产业才相对成熟,涌现出不少风靡全球的节目模式,如《谁想成为百万富翁》(*Who Wants to Be a Millionaire*)、《幸存者》(*Survivor*)和《老大哥》(*Big Brother*)等超级节目模式,因此早期这个领域的不少研究受到了文化/媒介帝国主义的影响。随着 21 世纪以来愈来愈多的亚非拉国家节目创新能力的增强,学者们开始以更多元的视角解读跨国节目模式的流动,包括文化本土化、文化接近性、文化共享和文化互鉴等。尽管电视节目模式的全球贸易相较于成品节目的跨国流动起步较晚,但由于其是从全球节目成品贸易中脱胎而出的,作为全球电视节目体系不可或缺的一部分,其发展历史和理论视角与成品节目之间存在着紧密的关联。

一、文化/媒介帝国主义和国际传播体系的"中心—边缘"论

20 世纪 70 年代,席勒(Schiller)等西方传播政治经济学者基于当时西方国家主导国际信息流动的不平等现象提出了文化/媒介帝国主义理论。该理论结合沃勒斯坦提出的"中心—边缘"现代世界体系理论(Wallenstein,1974),认为美国等在世界政治经济上占据支配地位的西方中心国家向其他边缘国家单向输出媒介产品,导致了当时以电视节目为主的全球媒介产品贸易的不平衡关系和文化的趋同(cultural homogenization)(Nordenstreng and Varis,1974;Schiller,1976;Boyd-Barret,1977;Tunstall,1977)。

20 世纪 80 年代后期,不少在国际传播体系中被认为处于边缘的国家开始生产并输出电视节目。这些节目或通过国际贸易和跨国频道进入发达国家,形成电视节目回流(contra-flow),或进入其他边缘国家,形成电视节目边缘流(subaltern-flow)(Thussu,2007)。因此,传播学者们提出了全球媒介生产和流动的多中心、多元化图景(Sinclair et al.,1996;Chalaby,2005),某种意义上形成了对文化/媒介帝国主义理论的有力反驳。

电视节目模式产业的全球化晚于成品节目,在该产业快速发展的 20 世纪 90 年代和 21 世纪初,由于英国、美国和荷兰等西方国家稳居领先地位,该领域的研究视角亦受到了文化/媒介帝国主义理论框架的影响。莫兰在对国际电视节目模式交易市场进行分析之后,认为被英、美等西方国家主导的市场造成了全球电视节目创意的集中化(Moran,1998)。殷乐(2005)认为,引进模

式本身携带的文化意蕴会间接实现文化渗透和观念重塑。基恩分析了早期我国模仿境外电视节目模式的趋势,指出这种产业发展策略不仅在一定程度上阻碍了中国电视创造力的发展,还可能会成为带动和平演变的车轮(Keane,2002)。弗里德曼梳理了英国政府关于电视节目模式出口的系列战略并将其视为西方在电视节目和其他贸易领域长期确立的、更具有弹性的统治模式,认为这与文化全球化的民主与平等的目标背道而驰,不利于文化多样性(Freedman,2003)。岩渊功一在分析日本节目模式引进时指出,节目模式原产地文化的引入削弱了本土传统文化的力量(Iwabuchi,2004)。

然而,最近 10 多年来,随着电视节目模式创造的价值不断提升,从前被边缘化的亚非拉国家也积极加入不断扩大的电视节目模式市场竞争中(殷乐,2014),出现了和成品节目流动相似的边缘流和回流。根据国际模式注册与保护协会(The Format Recognition and Protection Association,FRAPA)2009 年的研究报告,尽管电视节目模式的产业一直以欧美为主导,但近年来非西方国家如阿根廷和日本逐渐崭露头角,成为节目模式出口的新兴力量。具体而言,2006—2008 年,阿根廷向全球输出了多达 55 个节目模式,日本输出了 29 个。[①] 此外,哥伦比亚的电视剧《丑女贝蒂》在拉美地区热播后,其模式更是出口至墨西哥、美国和中国等地,经过改编播放,受到了广泛的认可(Straubhaar,2013)。同时,韩国的节目模式出口势头亦不容忽视,仅 2014 年就向中国输出了包括《爸爸!我们去哪儿?》《我是歌手》《跑男》等在内的 12 个节目模式(彭侃,2023)。埃塞尔进一步指出,2004—2014 年,英国、美国与荷兰以外的世界其他国家和地区的节目模式在出口市场的占比由最初的 26% 显著增长至 48%,凸显出其日益增强的竞争力和发展潜力(Esser,2016)。这一趋势不仅反映了全球电视节目模式市场的多元化发展,驳斥了文化/媒介帝国主义关于信息跨国流动带来的媒介内容和文化同质化的假设,也为学术研究提供了新的视角和议题。

---

① 此数据计算的是 3 年内阿根廷和日本输出的所有原创节目模式个数,是包含了一个模式输出多次的重复计算结果。如果不进行重复计算,则阿根廷输出 28 个,日本输出 16 个。参见:"THE FRAPA REPORT 2009:TV Formats to the world"(https://silo.tips/download/tv-formats-to-the-world)。

二、文化接近性与电视节目模式市场的区域化发展

斯特劳哈尔在分析成品电视节目的跨国流动性和受众接受模式的基础上，提出了文化接近性(cultural proximity)的概念，即在电视节目质量差异不大的情况下，受众更愿意收看与其语言和传统文化接近的电视节目(Straubhaar,1991)。和文化/媒介帝国主义理论相比，文化接近性视角赋予了受众更多的能动性，指向了信息跨国流动可能带来的文化异质化(cultural heterogenization)的结果。随后的实证研究进一步发现了基于文化因素的多重接近性，包括节目类型(La Pastina and Straubhaar,2005;Lu et al.,2019)、价值观(Baek,2015)和现代性(Lewis et al.,2016)等。因此，电视节目更有可能在地理、语言和文化相似的地区流通，从而推动了区域性电视节目市场的兴起，挑战了以英美电视节目为主导的全球电视节目市场(Mast et al.,2017)。就亚洲的区域市场而言，自 20 世纪 90 年代以来，日本的电视剧和动漫(Cooper-Chen,2012)、韩国的电视剧和流行音乐(Baek,2015;Lu et al.,2019)、中国的古装电视剧(白寅等,2021;Lin et al.,2023)等流行文化形式，在东亚和东南亚获得广泛认可，并增进了这些国家受众之间的联系和理解(Huat,2011;Williams and Ho,2016)。

和成品电视节目相似，21 世纪至今，电视节目模式的流动逐渐多元化，拉丁美洲(Straubhaar,2013)、亚洲(Yasumoto,2011;Lu,2022)和中东(张建中,2012)等地的节目模式区域性流动增强，逐渐超越"盎格鲁—美利坚"主导的西方中心电视节目体系(陶冶,2019)。不少学者认为，亚洲电视节目模式市场正在兴起(郭锴,2017;殷乐,2019)。日本、韩国和以色列等国家改变了以引进欧美电视节目模式为主的局面，实现了电视节目模式向邻国和西方国家的输出(陈笑春和周斯韵,2015;唐苗,2018;Jin,2020)。实际上，日本率先成为东亚电视节目模式的主要出口国，韩国紧随其后，但韩国曾大量模仿或引进日本的电视节目模式(Lee,2003)。一些日本电视节目的韩国版本随后被出口到其他亚洲国家，如中国(Cho and Zhu,2017)和泰国(Jirattikorn,2018)。基恩深入剖析后指出，韩国在 21 世纪初成功地向日本学习，这一举措极大地增强了韩国电视产业在亚洲市场的竞争力(Keane,2003)。

中国近年来愈加倚重与之一衣带水的亚洲电视节目模式市场（朱礼庆和

任少博,2014)。同时,中国电视节目产业蓄力原创(冷淞,2016),一批优质的节目模式开始向海外尤其是与其文化接近的亚洲邻国市场输出(罗立彬,2017;何天平和张榆泽,2019)。与韩国和日本的电视节目模式相比,中国的电视节目模式在国际市场上的影响力尚显不足。然而,目前学界鲜有研究将中国电视节目模式的发展路径和日韩等东亚邻国进行对比,更鲜有研究在此基础上揭示中国电视节目模式输出的潜在机遇和挑战,这也是本书将要深入探讨的问题。

三、文化互鉴与电视节目模式的本土化改编和消费

电视节目模式的多元化与区域性流动趋势,已对文化/媒介帝国主义理论中媒介产品单向流动的观点形成有力反驳。然而,这些论点仍受旧有世界体系"中心—边缘"框架的束缚,多位学者呼吁学界摒弃中心主义视角,以适应全球化深化与多元互动的新型全球传播格局(Iwabuchi,2014;Waisbord,2015;吴飞,2016;刘琛,2017)。吴飞和傅正科(2023)提出的数字共通假设,强调社会是流动的、活跃的异质行动者构成的动态联通体,倡导开放、多元对话与情感共鸣。新全球化时代下的转文化传播(transcultural communication)思潮,更是将"跨"升级为"转",通过去西方化的文化杂糅化(cultural hybridization)、融合与转型,构建平等公正的传播格局(Hepp,2015;赵月枝,2019;Baker,2022;文希,2023)。这一趋势标志着传播学研究的深化与全球文化交流的日益活跃。

近10多年来,基于电视剧、音乐和动漫等亚洲流行文化的区域性生产和消费趋势,不少学者提出了亚洲文化互鉴(inter-Asian referencing)的理论视角,即亚洲国家通过互相学习彼此经验推进文化的创新生产和主体性建设的过程(Iwabuchi,2014;邵培仁和王昀,2015;李瑞行等,2020)。岩渊功一认为,就流行文化而言,亚洲文化互鉴至少包含两个方面:一是制片人之间的合作和学习,二是受众通过消费邻国的文化增进彼此的理解和亚洲区域性文化认同(Iwabuchi,2014)。陈光兴(2010)指出,以亚洲为想象的锚点促进了亚洲社会之间的相互参照和文化创新,并在此基础上为理解世界历史提供了一种去西方中心主义的视野和方法。事实上,与电视剧和电影等成品文化形式不同,电视节目模式更倾向于联合制作和国家间的相互参照,因为后者允许填

补开放性的文本,并为制作者提供本土化的空间(Lee,2021)。某种意义上,两种或多种文化得以在节目模式这一媒介框架下混杂,保留各自文化的核心意涵并生成一种全新的、更为平等的文化杂糅品。这体现了"你中有我,我中有你"的转文化传播的潜力(史安斌和盛阳,2020)。此外,利用邻国的流行节目模式可以最大限度地降低新节目在观众中失败的风险。

实际上,斯特劳哈尔早已指出,节目本土化有两种形式,除了减少成品节目进口、倚重本土节目内容外,还可以通过引进节目模式来制作反映本土文化的节目(Straubhaar,2007)。早期关于节目模式的定义多强调模式中不可变的因素,如节目模式指南和视觉识别系统等(Keane,2002;Moran and Malbon,2006)。但近年来随着研究的深入,越来越多的学者认为节目模式是一种可以授权别的国家使用并根据当地观众的喜好进行改编的独特的节目叙事方式(Chalaby,2011;Zeng and Spark,2017)。更有学者通过分析韩国与中国的电视节目模式交流,将电视节目模式定义为文化组合(cultural assemblage),包括合同、人力、财务和文化等层面的合作,有利于区域性的文化融合(Cho and Zhu,2017)。

在实证研究方面,学者们考察了制作方如何基于产业实践、政策和商业考虑对节目模式进行本土化改编(Fung and Zhang,2012;Lee,2021),并且关注了节目模式合作制作的具体方式,包括节目模式宝典的详细合作、制作人员的跨国交流和制作公司的资本流动等(Cho and Zhu,2017;Kim and Huang,2017)。也有不少学者通过文本分析考察不同版本模式节目的差异及其文化意涵。例如,赫茨罗尼对《谁想成为百万富翁》这个智力游戏模式在7个国家采用的问题类型进行了内容分析,得出了一系列跨文化表现上的差异(Hetsroni,2004)。这些差异可能表现为加强民族国家认同(De Bruin,2012),也可能表现为节目改编过程中本土认同和外来文化的协商产生的文化的衍生空间(space between cultures)(Navarro,2012),因此,正如陈阳(2009)指出的那样,节目模式的流向和影响不像文化/媒介帝国主义认为的那样单一,是用文化同质论难以解释的。某种意义上,以上分析视角超越了文化/媒介帝国主义以政治经济权力为中心的视角,指出电视节目模式引进和电视节目成品引进最主要的区别在于制片人能否根据当地受众的文化口味、情感以及期待对节目做出本土化改编(Oren and Shahaf,2012;Uribe and

Diez,2017)。换言之,模式的输出、引进和改编是一个文化互鉴与创新的过程。

尽管学界已充分认识到受众在节目模式等流行文化扩散中的关键作用,但鲜有研究从受众视角探讨节目模式的流行机制。本书拟补充受众对改编自他国模式的节目的反馈,以揭示电视节目模式跨国流动背后的文化因素。在此过程中,本书不仅期望通过观众的收视实践为文化互鉴理论提供实证支撑,更欲阐明受众之间的文化互鉴如何影响节目模式的流向及节目模式市场的多元化和区域化特征,从而丰富对电视节目模式传播机制的理解。

第二节　中国电视节目模式全球化的研究视角

中国电视开播于 1958 年,但在改革开放前,中国电视的功能集中于宣传和教育,除了和维斯新闻社(Visnews)等通讯社有过短暂的新闻片交换的记录,和世界其他国家的电视业交流极少,电视节目形态较为单一,甚至连对外传播的宣传性电视片也以说教为主,千篇一律(郭镇之,1997;赵玉明,2014;常江,2018)。此外,受技术条件限制,频道资源稀缺,且播出时间与经济效益难以直接挂钩,这些时代的壁垒成为当时电视业发展的巨大桎梏(周勇和倪乐融,2019)。改革开放后,尤其是 20 世纪 90 年代以来,在国内市场化改革深化和全球电视节目模式贸易蓬勃发展之际,中国电视业开始向外求索,通过对海外节目形态元素的参考、节目模式的克隆和版权引进,接入全球电视节目市场,并在该过程中逐渐开启了中国电视业的产业化和标准化,一定程度上为其近年来蓄力原创和输出至海外夯实了基础(冷淞,2016)。学界对中国电视节目模式的发展路径、困境和发展策略进行了大量分析,涉及中国电视节目模式接入全球价值链的宏观政治经济学视角分析和电视节目模式个案本土化改编的文化分析等维度,为本书带来多元视角的启发。然而,目前对中国电视节目模式的研究侧重于经验描述,缺少结合横向比较与纵向历史变迁的系统性和学理性分析,对现有国际传播学领域电视节目模式全球流动的知识生产图谱的创新有限。

具体而言,受西方电视国际传播研究的影响,早年学界对中国电视节目模式的探讨多关注文化/媒介帝国主义理论视野下电视节目模式从西方中心流向边缘国家的原因以及由此可能产生的文化影响(孟建,2001;Keane,2002;孙旭培和滕朋,2005),或聚焦于电视节目模式流动中我国如何对海外模式进行本土化改编(陈阳,2009;冯应谦和张潇潇,2012;冷淞和张丽平,2014)。

近年来,基于全球节目模式产业多元化的格局,一些学者关注到中国电视节目模式融入东亚电视节目模式市场的趋势,并对该趋势背后的动力机制进行了分析。其中,文化接近性是推动东亚电视节目模式市场崛起的重要动力机制(Liu and Chen,2003;Keane and Zhang,2017)。此外,不少学者还探讨了政策(曾绍武,2012;殷乐,2019)、经济(路俊卫和吕海文,2014;罗立彬,2017)和互联网技术(Ju,2017;Mohamad,2021)等因素在东亚电视节目模式流动互鉴中的作用。另有一些学者指出了中国电视节目模式向东亚邻国输出的趋势,涉及节目主题、节目制作标准以及节目推介等方面的发展变化(周云倩等,2017;李晓霞和吴淑冰,2022)。

虽然中国在电视节目模式贸易中逐步从买方角色向卖方角色转变,但与欧美发达国家以及日韩等东亚电视节目模式输出强国相比,中国电视节目模式的海外输出影响力仍有限,面临进出口格局失衡的难题(张潇潇,2015;何天平和张榆泽,2019;彭侃,2023)。形成上述困境的原因包括引进模式播出比重过高(郭锴,2017)、缺乏优秀的节目模式研发公司(罗自文,2017)、模式化原创节目的能力不足(胡智锋和刘俊,2016),以及缺乏覆盖面广和影响力大的跨文化传播平台等(陆绍阳和何雪聪,2022)。

针对中国电视节目模式的输出困境,众多学者献计献策,包括建立节目模式可持续创新的各项机制(殷乐,2014)、加紧培养电视产业急缺的节目研发和视听创意人才(刘波和高森,2017)、注重挖掘节目内容的文化共性(潘东辉和郑雪,2021),以及打造国际传播平台等(仇园园,2021)。

综上所述,学界对电视节目模式全球化的研究引发了包括文化/媒介帝国主义、文化本土化、文化接近性和亚洲文化互鉴等多元理论的讨论,为本书提供了一定的理论基础。然而,学界目前对中国电视节目模式的研究还停留在表层的描述性阶段,在历史的系统梳理、东西方比较与亚洲各国比较,以及理论框架的建构和产业的宏微观分析等方面都有较大的提升空间。基于此,本书拟从三个方面进行拓展。

一是对中国电视节目模式融入全球价值链的研究,应拓展对文化因素的深入剖析,避免仅从宏观的政治经济学视角出发。因此,本书将挖掘中国电视史中尚未被发掘的节目模式历史叙事,特别是那些游离于政治经济主流历史观之外的素材,例如节目模式制作人对特定历史语境下借鉴海外电视节目模式创意的反思等。同时,本书将结合典型案例的文本特征和受众接受等微观层面的分析,以更深刻地揭示人的媒介实践在中国电视节目模式全球化过程中的作用。

二是现有研究虽关注了中国电视节目模式从引进到输出的宏观趋势,但还应进一步拓展对其路径变迁的细致考察。具体而言,本书将深入剖析已输出节目模式的研创主体、输出类型、落地市场及合作方式等关键维度。同时,本书将加强对中国电视节目模式成功进入海外市场的机制研究,以更透彻地理解其全球化进程。

三是本书将深化对中国电视节目模式产业与欧美日韩等节目模式产业发达国家和地区和地区间的比较研究,从发展路径、国际影响力等维度揭示其异同及成因。同时,本书将加强对中国电视节目模式在"南南流动"和"南北流动"中的挑战与机遇的深入探讨,剖析其理论内涵与意义,以进一步丰富和完善中国电视节目模式全球化的理论建构。

第三节　本书的研究价值和内容结构

一、本书的理论价值和应用价值

改革开放以来,中国经济迅速发展,然而电视节目创新进程相对滞后,长期面临贸易逆差的困境。随着全球电视节目模式贸易的蓬勃发展,中国电视产业积极融入全球节目模式价值链,挖掘本土文化资源,加强原创节目模式的研发,并取得了显著成果,成功将多档节目推向海外市场。然而,与欧美日韩等节目模式产业发达国家和地区相比,中国电视节目模式在输出规模、输出类型以及国际影响力等方面仍存在显著差距。中国电视节目模式是如何接入全球价值链的?又是如何从引进逐渐转变为输出的?其输出路径有何趋势特征,受到哪些动力机制的影响,和欧美日韩等国家和地区在节目模式输出上异同为何,有何理论意涵?

破解以上问题需要超越国际传播领域以旧有国际政治经济格局为基础的西方中心论,突破以往国际电视研究将西方国家和非西方国家进行二元对比的思路,依托近年来传播研究中的历史主义转向,尤其是对媒介全球化历史特征的关注(Hepp,2015)和媒介考古学的兴起(胡塔莫和帕里卡,2018;齐林斯基,2018)。本书认为,电视节目模式的跨境流动和本土化改编,本质上并非如文化/媒介帝国主义所认为的那样,是对外来媒介内容和文化的单向接受,而是一种文化互鉴,它强调文化的开放与平等交流,关注文化背后的社会环境与生产关系,以及文化在交流中的相互制约与再创造。有鉴于此,本书的认识论在参考文化研究、传播政治经济学等批判学说内核的基础上,将中国电视节目模式的全球化重新置于历史的空间中,一方面借助文化回路的方法(Du Gay et al.,1997)分析我国电视节目模式在文本、生产与受众接受三个层面的发展历程,另一方面探讨其发展背后的国内外结构性因素,包括改革开放后中国电视生态体系的变化,以及20世纪90年代以后全球节目模式贸易的繁荣与多元化发展格局。正如史安斌和盛阳(2020)所指出的,某种意义上,历史主义突破了文化研究与政治经济学研究的二元对立,紧密联结文化形态与生产/社会关系,提供了剖析文化现象的新视角和方法,有助于我们更精准地把握文化本质,推动文化交流与互鉴。

因此,本书的创新在于交叉了文化研究与传播政治经济学的知识谱系,以期重新发现中国电视节目模式全球化的历史。借助文化分析的路径,本书结合文化接近性、文化共享和文化价值观维度等理论,探讨中国电视节目模式发展历程中的典型案例,从而在微观层面揭示文化因素如何作用于中国电视节目模式全球化的生产、文本再现和受众消费,并将其与宏观层面的国际传播政治经济学分析相结合,发展源于中国经验的电视节目模式全球化的多元叙事和理论。此外,本书旨在通过纵向的历史分析和横向的比较分析,归纳电视节目模式输出的趋势、机制和规律,为中国电视节目模式和相关文化产业进一步提高国际影响力提供借鉴。

综上,本书的理论价值在于"从媒介研究中重新书写全球化历史",通过分析中国电视节目模式全球化的历程,将电视节目模式全球化视为和外界对话交融的文化互鉴过程,超越了传统国际传播研究"中心—边缘"的二元对立,强调文化多元和包容,通过电视节目模式合作促进文化交流,培养文化认同与共同利益感,推动人类命运共同体建设,拓展基于中国经验的新全球化理论。本书的实际应用价值在于其关注全球电视节目模式的发展脉络和格局,并在比较视域下分析中国电视节目模式输出的挑战与机遇,因此一定程度上能在政策和产业实践上为中国节目模式打开、培育海外市场提供经验与参考。

二、本书的内容结构

本书结合传播政治经济学的宏观视角和文化分析的微观路径,采用以文本分析、深度访谈和受众分析为主的研究方法,考察中国电视节目模式从20世纪90年代初期至今数十年的发展历程,揭示中国电视节目模式全球化的演进趋势和机制。本书的核心内容分为引进来和走出去两个部分,前者详述中国电视节目向外求索的历程,包括形态元素参考、模式克隆和模式版权引进等阶段,后者剖析2015年来中国原创电视节目输出至亚洲邻国、欧洲和非洲的特征趋势。在此基础上,本书将中国电视节目模式全球化的路径与欧美日韩进行比较,以阐明中国电视节目模式在全球市场上的机遇和挑战,并旨在通过和电视节目模式产业发达国家和地区的互鉴,构建去西方中心的电视节目模式全球化理论。

本书共分为七章。第一章为引言,在梳理电视节目模式学术史和研究视角的基础上,提出本书的研究问题和研究价值,并概述本书的内容结构。

第二章爬梳了中国电视节目模式全球化的外部结构,即全球电视节目模式贸易的起源、发展脉络和区域化趋势,并在此基础上聚焦于东亚电视节目模式的合作互鉴及其对全球节目模式贸易版图的影响。

第三章深度解析了改革开放后中国电视节目模式向外探索的核心特质,通过剖析典型案例,展现中国电视节目模式在不同时期的独特样态与发展脉络。这一章从节目文本特色、主创团队的生产逻辑及受众反馈等多个角度切入,探讨中国电视节目模式在引进过程中如何实现内容的形态化与模式化。尽管此章将引进历程划分为三个阶段,但各阶段间存在一定的重叠与交融,为中国电视节目模式自主创新和向海外输出奠定了基础。

从第四章起，本书将考察中国电视节目模式向输出的路径、机制以及影响力。第四章以文化接近性和受众互鉴为理论视角，选择落地周边国家后反响较好且能够代表我国输出趋势的节目模式类型作为典型案例，包括落地越南的音综《好歌曲》《全能星战》和落地韩国的音综《星动亚洲》，通过对以上案例的横直轴分析和社交媒体上用户的反馈，探索其成功输出的机制，并在此基础上比较日韩节目模式输出亚洲邻国的路径和影响力，以探索中国电视节目模式向周边国家输出的机遇和挑战。

第五章从节目跨国落地的"空缺与普适"模型出发，结合文化共享与市场契合视角，挖掘中国原创模式得以完整输出至西方的机制。本章梳理自2015年以来，中国电视节目模式输出至欧美市场时所采取的举措以及所遭遇的困境。在这一背景下，本书深入分析《我们的歌》这一中国原创节目模式为何能够成功落地于文化地理距离较远的西班牙，并提炼出促进其落地的关键文化和市场要素。在此基础上，本章进一步探索提升中国原创节目模式海外影响力的有效机制，以期为中华文化更好地走向世界并实现全球共享提供有益的启示和借鉴。

第六章从文化本土化和去西方化理论出发，关注民营企业四达时代如何对中国电视节目模式进行非洲本土化改编、改编后的节目在当地受众中的影响力及其对中国电视节目模式在非洲开辟蓝海市场和进行文化输出的启示。总体而言，中国电视节目模式的输出进程展现出清晰的由近及远、由寡到多的发展脉络，这在2016年后的输出趋势中尤为明显。但本书并非粗线条地描绘我国节目模式输出的单线进化过程，而是尝试将节目模式这一杂糅的文化形态置于全球生产体系中，讨论影响我国节目模式输出的动态权力关系。得益于地理邻近性和文化接近性优势，越南等邻国成为我国节目模式输出较早且落地较多的国家。相比之下，虽然国内主流媒体长期注重欧美市场，但成功案例相对稀缺，凸显出节目模式全球化过程中由南向北流动的艰巨挑战。而虽然非洲市场起步较晚，但在四达时代等民营企业的积极努力下，"南南合作"取得了一定成效。在这一过程中，囿于非洲市场的多样性和复杂性，国内主流媒体与非洲在节目模式领域的合作稍显滞后，但近年来已逐渐加强。

第七章为结语，旨在基于本书发现、提炼的中国电视节目模式全球化的演进趋势和规律,展望中国电视节目模式输出的机遇和挑战,进而探讨中国电视节目模式全球化历程对创新全球化理论的意涵。

第四节　本书的资料来源和研究方法

本书在研究视角上融合了宏观的传播政治经济学与微观的文化个案分析,因此也需要对研究方法进行相应的反思和整合。近年来,学界日益重视文化研究的跨学科性,特别是在文化生产、文本分析与受众消费等领域的接合(articulation)(Du Gay et al. , 1997；Mayer,2016)。不少学者指出,传播政治经济学视角可揭示文化生产的经济逻辑与权力关系,而文化分析则能深入诠释文本的符号意义和受众解读(Havens et al. ,2009；Jin,2021)。因此,为了全面而深入地探究我国电视节目模式输出的历史变迁及其在生产至消费各环节中所展现的特征、规律与背后动态的权力关系,本书运用了文本分析、田野调查、深度访谈与受众分析等多元的研究方法。特别值得一提的是,传统的受众研究方法通过问卷调查、日记法、焦点小组等获取受众反馈的一手资料,而随着社交媒体和流媒体视频网站的兴起,越来越多的研究开始将平台上的受众数据作为受众反馈的研究对象(Döring and Mohseni,2020；Yun et al. ,2020；李晓霞和李国泉,2022；段鹏和朱雨晴,2023)。本书沿用了这一路径,比起传统的受众研究获取的资料,平台上的受众数据更加丰富且能实时地反映观众反馈,但这一路径也引发了对平台数据真实性等问题的反思(刘肖凡等,2021)。本书获取的用户反馈数据主要来自 YouTube,该平台为世界排名前列的流媒体平台,已成为受众研究的主要平台(Pace,2008),本书使用 YouTube Comment Search 插件获取平台评论数据,该插件根据评论时间点、点赞数等对评论进行排序,可为研究者提供真实且易于使用的数据。同时,为补充社交媒体数据,本书在可能的情况下,结合权威机构的收视率数据和来自制作机构及播出平台收集的受众反馈,进行数据的交叉验证。

宏观层面上,本书借助权威的行业报告、媒体报道和与资深业内人士访谈等,勾勒出我国电视节目模式全球化的整体图景。通过梳理政策导向以及经济与技术的变迁,本书剖析了结构性因素对中国节目模式全球化的影响机制。同时,通过比较发达国家节目模式产业的发展路径和趋势,本书进一步分析了我国电视节目模式在国际市场上的竞争优势与面临的挑战。

微观层面上,本书对各阶段中国电视节目模式全球化的典型案例进行了个案分析,旨在对各阶段典型案例的文本特征、生产逻辑与受众反馈进行深描,以探索中国电视节目模式全球化的规律和机制。一般而言,社会科学中的案例分析旨在通过对典型案例的深入研究将经验推广至更大范围内相关的案例(Gerring,2004)。换言之,基于具体案例得出的特殊机制可以通过抽象思维得出更具有普适性的机制,从而增强研究的理论意义(赵鼎新,2020)。在这一过程中,本书运用索绪尔横轴(syntagmatic axis)和直轴(paradigmatic axis)的分析方法,提炼了部分典型电视节目模式的特征,包括涉及的规则、人物、叙事和价值观等核心元素,观察了部分节目的生产过程,并对涉及节目模式开发和输出的相关人员进行了深度访谈,获取了丰富的第一手资料。这些观察和访谈内容使作者能够深入地理解节目模式全球化的内在逻辑与创新动力。此外,本书还充分利用了社交媒体上的受众评论,将其作为研究素材,通过对这些评论的剖析,揭示了中国输出至海外的节目模式对受众的吸引因素以及特定类型节目模式的国际影响力。

综上所述,本书基于传播学研究的历史主义转向,结合宏微观视角和多种研究方法,探究了我国电视节目模式输出的历史变迁与特征趋势。希望本书的研究成果不仅能丰富电视节目模式全球化研究的理论体系,也能为我国电视产业的国际化发展提供有益的参考与启示。

参考文献

[1]白寅,黎氏香,陈俊鹏.中国电视剧分国别传播的文化适应性策略——以国产剧在越南的传播为例[J].中国电视,2021(10):12-19.

[2]常江.中国电视史:1958—2008[M].北京:北京大学出版社,2018.

[3]陈笑春,周斯韵.日本电视节目国际销售的模式及路径[J].中国电视,2015(2):99-103.

[4]陈阳.文化混杂、本土化与电视节目模式的跨国流动[J].国际新闻界,2009(10):61-65.

[5]段鹏,朱雨晴.现实题材国产剧集海外受众接受度研究——基于

YouTube 评论的文本分析[J].中国电视,2023(11):65-70.

[6]冯应谦,张潇潇.现代幻想在中国之符号践行:"流星花园"模式的文化解析[J].传播与社会学刊,2012(19):59-76.

[7]郭锴.全球化视域下电视节目模式交易的动态流变与发展趋势[J].中国广播电视学刊,2017(10):106-109.

[8]郭镇之.中国电视史[M].北京:文化艺术出版社,1997.

[9]何天平,张榆泽.现状、路径、挑战:中国原创电视节目模式"出海"[J].当代电视,2019(7):31-33,83.

[10]胡塔莫,帕里卡.媒介考古学:方法、路径与意涵[M].唐海江,主译.上海:复旦大学出版社,2018.

[11]胡智锋,刘俊.进程与困境:模式引进时代中国电视的内容生产与产业发展[J].深圳大学学报(人文社会科学版),2016(3):29-34.

[12]冷淞,张丽平.中国电视新闻节目的姿态转变与高度提升——谈《民生大接访》的创新与发展[J].现代传播(中国传媒大学学报),2014(7):64-65.

[13]冷淞.海外模式冲击下的中国原创电视节目供给侧路径解析[J].现代传播(中国传媒大学学报),2016(10):81-86.

[14]李瑞行,耿志刚.交流与互鉴基础上的亚洲文明共同体展望[J].东北亚学刊,2020(4):7-11.

[15]李晓霞,李国泉.浅析电视综艺节目中受众的怀旧体验机制——以《声生不息·港乐季》为例[J].中国广播电视学刊,2022(12):102-105.

[16]李晓霞,吴淑冰.传媒机构"走出去"的制度建设与路径探索——以江苏广电为例[J].青年记者,2022(19):65-67.

[17]刘波,高森.我国电视节目模式对外输出的困境与突破路径[J].中国电视,2017(2):63-67.

[18]刘琛.国际传播理论及其发展的主要阶段与反思[J].中国人民大学学报,2017(5):112-121.

[19]刘肖凡,吴晔,许小可.融媒体环境下的受众计算:途径与挑战[J].中国传媒大学学报(自然科学版),2021(1):64-70.

[20]陆绍阳,何雪聪.跨文化传播视域下现实题材剧"出海热"探析[J].中

国广播电视学刊,2022(12):69-72,79.

[21]路俊卫,吕海文.从引进改造到创造:电视节目模式的创新发展路径[J].中国广播电视学刊,2014(5):33-35.

[22]罗立彬.电视节目模式国际贸易与电视节目产业发展:动因,影响与中国案例[M].北京:经济管理出版社,2020.

[23]罗立彬.模式引进与中国电视节目出口——加入本地市场效应的研究[J].文化产业研究,2017(2):201-214.

[24]罗自文.中国电视节目研发模式与创新路径研究[J].现代传播(中国传媒大学学报),2017(9):114-118.

[25]孟建."文化帝国主义"的传播扩张与中国影视文化的反弹——加入WTO,中国影视艺术的文化传播学思考[J].现代传播(中国广播学院学报),2001(1):23-31.

[26]潘东辉,郑雪.从引进来到走出去:中国原创节目模式如何融入全球价值链[J].国际传播,2021(1):88-92.

[27]彭侃.创意的力量:全球价值链视野下的节目模式[M].北京:中国国际广播出版社,2023.

[28]齐林斯基.艺术与媒介的类考古学和变体学与电影[J].李诗语,译.北京电影学院学报,2018(2):124-133.

[29]齐林斯基,张静.走向艺术与媒体的考古学和流变学[J].新美术,2015(10):22-29.

[30]仇园园.融媒体时代中国电视节目的国际传播策略思考——基于本土化创新的视角[J].电视研究,2021(6):26-29.

[31]邵培仁,王昀.亚洲主张:全球传播中的亚洲意识及其核心价值[J].广州大学学报(社会科学版),2015(12):34-42.

[32]史安斌,盛阳.从"跨"到"转":新全球化时代传播研究的理论再造与路径重构[J].当代传播,2020(1):18-24.

[33]孙侃,阳欣哲.娱乐产品的国际传播——以综艺节目《我们的歌》模式输出为例[J].上海广播电视研究,2023(4):46-51.

[34]孙旭培,滕朋.论西方娱乐节目理念在我国的"中介性扩散"[J].现代传播,2005(4):63-66.

[35]唐苗.以色列电视节目模式的国际化及启示[J].对外传播,2018(8):76-78.

[36]陶冶.节目模式的跨域流动——以"盎格鲁—美利坚"电视体系的文化逻辑为视角[J].当代传播,2018(5):63-67.

[37]陶冶."丝绸之路影视桥"的平等传播姿态——一种电视节目模式"共造"的机遇[J].未来传播,2019(2):110-115.

[38]陶冶,戴颖洁."双循环"格局下中国电视节目模式的演化创新[J].当代传播,2022(4):109-112.

[39]文希.从"跨"到"转":中国文化对外传播的创新路径探析[J].文化与传播,2023(3):11-16.

[40]吴飞,傅正科."数字共通":理解数字时代社会交往的新假设[J].新闻与传播研究,2023(6):22-35,126-127.

[41]吴飞,姜飞,韦路,等.国际传播的理论、现状和发展趋势研究[M].北京:经济科学出版社,2016.

[42]杨尚鸿,孙良斌.电视节目模式再认识:可版权性、可交易性及与类型的关系[J].中国电视,2015(5):89-92.

[43]殷乐.电视模式产业发展的全球态势及中国对策[J].现代传播(中国传媒大学学报),2014(7):106-111.

[44]殷乐.电视模式的全球流通:麦当劳化的商业逻辑与文化策略[J].现代传播,2005(4):84-87.

[45]殷乐.日本电视模式输出的文化政策脉络与发展态势[J].中国广播电视学刊,2019(7):86-90.

[46]曾绍武.论电视节目模式创新的影响因素——由辽宁广播电视台《激情唱响》创新实践想到的[J].当代电视,2012(2):64-65.

[47]战迪,姚振轩.周边传播视域下中国视听节目模式海外传播的路径与机制[J].新闻春秋,2022(3):53-62.

[48]张建中.文化的冲突与融合:阿拉伯国家真人秀电视节目简析[J].中国电视,2012(4):70-74.

[49]张潇潇.基于意识形态理论看境外电视模式在中国的产业运作[J].现代传播(中国传媒大学学报),2015(3):119-122.

[50]赵鼎新.论机制解释在社会学中的地位及其局限[J].社会学研究,2020(2):1-24,242.

[51]赵玉明.中国广播电视通史[M].北京:中国广播影视出版社,2014.

[52]赵月枝.跨文化传播政治经济研究中的"跨文化"涵义[J].全球传媒学刊,2019(1):115-134.

[53]郑毅.我国原创电视节目模式的国际传播实践:现状、策略与启示[J].中国广播电视学刊,2024(1):89-92.

[54]周云倩,王志轩,常嘉轩.模式剧来袭:动向与管控[J].中国电视,2017(12):96-99.

[55]朱礼庆,任少博.电视真人秀模式由欧美向韩国的转变探析[J].中国广播电视学刊,2014(5):4.

[56] Baek Y M. Relationship between cultural distance and cross-cultural music video consumption on YouTube[J]. Social Science Computer Review, 2015(6): 730-748.

[57]Baker W. From intercultural to transcultural communication[J]. Language and Intercultural Communication, 2022(3): 280-293.

[58] Boyd-Barrett O. Media imperialism: Towards an international framework for the analysis of media systems [M]//Mass Communication and Society. London: Edward Arnold, 1977: 116-135.

[59]Chalaby J K. From internationalization to transnationalization[J]. Global Media and Communication, 2005(1): 28-33.

[60]Chalaby J K. The making of an entertainment revolution: How the TV format trade became a global industry [J]. European Journal of Communication, 2011(4): 293-309.

[61] Chen K H. Asia as Method: Toward Deimperialization [M]. Durham:Duke University Press, 2010.

[62]Cho Y, Zhu H. Interpreting the television format phenomenon between South Korea and China through inter-Asian frameworks [J]. International Journal of Communication, 2017(1): 2332-2349.

[63]Cooper-Chen A. Cartoon planet: The cross-cultural acceptance of

Japanese animation[J]. Asian Journal of Communication, 2012(1): 44-57.

[64]De Bruin J. NZ Idol: Nation building through format adaptation [M]//Global Television Formats. NewYork and London: Routledge, 2012: 223-241.

[65]Döring N, Mohseni M R. Gendered hate speech in YouTube and YouNow comments: Results of two content analyses [J]. SCM Studies in Communication and Media, 2020(1), 62-88.

[66]Du Gay P, Hall S, Janes L, et al. Doing Cultural Studies: The Story of the Sony Walkman[M]. Los Angeles:Sage, 2013.

[67]Esser A. Challenging US leadership in entertainment television? The rise and sale of Europ's international TV production groups[J]. International Journal of Communication, 2016(1): 3585-3614.

[68] Freedman D. Who wants to be a millionaire? The politics of television exports[J]. Information, Communication & Society, 2003(1): 24-41.

[69]Gerring J. What is a case study and what is it good for? [J]. American Political Science Review, 2004(2): 341-354.

[70]Havens T, Lotz A D, Tinic S. Critical media industry studies: A research approach[J]. Communication, Culture & Critique, 2009 (2): 234-253.

[71]Hepp A. Transcultural Communication[M]. Chichester: Wiley Blackwell, 2015.

[72]Hetsroni A. The millionaire project: A cross-cultural analysis of quiz shows from the United States, Russia, Poland, Norway, Finland, Israel, and Saudi Arabia[J]. Mass Communication & Society, 2004(2): 133-156.

[73]Huat C B. East Asian Pop Culture[M]//Genre in Asian Film and Television: New Approaches. London: Macmillan, 2011: 222-245.

[74]Iwabuchi K. Feeling glocal: Japan in the global television format business[M]//Television Across Asia. London and New York: Routledge

Curzon，2004：33-47.

[75] Iwabuchi K. De-Westernisation, inter-Asian referencing and beyond[J]. European Journal of Cultural Studies，2014(1)：44-57.

[76]Jirattikorn A. Thai television dramas, a new player in Asian media circulation：A case study of full house Thai[M]//Asian Cultural Flows：Cultural Policies, Creative Industries, and Media Consumers. Singapore：Springer，2018：167-182.

[77]Jin D Y. Globalization and Media in the Digital Platform Age[M]. New York and London：Routledge，2019.

[78]Jin D Y. Cultural production in transnational culture：An analysis of cultural creators in the Korean wave [J]. International Journal of Communication，2021(1)：1810-1835.

[79]Ju H. National television moves to the region and beyond：South Korean TV drama production with a new cultural act[J]. The Journal of International Communication，2017(1)：94-114.

[80] Keane M. As a hundred television formats bloom, a thousand television stations contend[J]. Journal of Contemporary China，2002(30)：5-16.

[81]Keane M. Asia：New growth areas[M]//Television Across Asia. New York and London：RoutledgeCurzon，2003：21-32.

[82]Keane M. A revolution in television and a great leap forward for innovation? China in the global television format business [M]//Global Television Formats. New York and London：Routledge，2012：306-322.

[83]Keane M, Zhang J D. Where are we going? Parent-child television reality programmes in China[J]. Media, Culture & Society，2017(5)：630-643.

[84]Kim J, Huang L. The unscripted format trade in a new era of the Korean Wave：The Chinese remaking of Korean reality TV，Dad! Where Are You Going [M]//The Korean Wave：Evolution, Fandom, and Transnationality. Lanham：Lexington Books，2017：209-224.

[85]La Pastina A C, Straubhaar J D. Multiple proximities between television genres and audiences: The schism between telenovelas' global distribution and local consumption[J]. Gazette , 2005(3): 271-288.

[86]Lee D H. A local mode of programme adaptation: South Korea in the global television format business[M]//Television Across Asia. New York and London:Routledge, 2003: 48-65.

[87]Lee J. Varieties of regional cultural flow and strategy[J]. Journal of Asian Sociology, 2021, 50(1): 91-116.

[88]Lewis T, Martin F, Sun W. Telemodernities: Television and transforming Lives in Asia[M]. Durham:Duke University Press, 2016.

[89] Lin Y, Nettayakul D, Kingminghae W. Chineseness, situatedness, and what the Thai-Chinese see in Chinese dramas[J]. Media Asia, 2023(1): 82-96.

[90]Liu Y L, Chen Y H. Cloning, adaptation, import and originality: Taiwan in the global television format business[M]//Television across Asia. London and New York:Routledge Curzon, 2003: 66-85.

[91]Lu E. Remapping spatiality in contemporary East Asian media engagement: Reevaluating China's Got Talent[J]. Media, Culture & Society, 2022(7): 1394-1402.

[92]Lu J, Liu X, Cheng Y. Cultural proximity and genre proximity: How do Chinese viewers enjoy American and Korean TV dramas? [J]. Sage Open, 2019(1):1-10.

[93]Mast J, De Ruiter K, Kuppens A. Linguistic proximity and global flows of television[J]. International Journal of Communication, 2017(11): 2562-2583.

[94] Mayer V. The places where audience studies and production studies meet[J]. Television & New Media, 2016(8): 706-718.

[95] Mohamad S M. Hallyu 2.0 in Brunei Darussalam: Audience affective engagement with Korean culture on social mediascape[M]//The Korean Wave and Islamic Southeast Asia. Bangi: UKM Press, 2021:

140-157.

[96]Moran A. Copycat Television: Globalisation, Program Formats and Cultural Identity[M]. Bloomington:Indiana University Press, 1998.

[97]Moran A, Malbon J. Understanding the Global TV Format[M]. Bristol:Intellect Books, 2006.

[98]Navarro J L R , Rodriguez B B . Creative city in suburban areas: Geographical and agricultural matrix as the basis for the new nodal space [J]. Spaces & Flows, 2012(4):1-16.

[99]Nordenstreng K, Varis T. Television Traffic:A One-way Street? A Survey and Analysis of the International Flow of Television Programme Material[M]. Paris: Unesco, 1974.

[100]Orent. Shahafs. Television formats:A global framework for TV studies[M]//Global Television Formats: Understanding Television across Borders. New York and London: Routledge,2012.

[101] Pace S. YouTube: An opportunity for consumer narrative analysis? [J]. Qualitative Market Research: An International Journal, 2008 (2): 213-226.

[102]Rohn U. Small market, big format: Idols in Estonia[J]. Baltic Screen Media Review, 2014(2): 122-137.

[103]Schiller H I. Revival: Communication and Cultural Domination (1976)[M]. London and New York:Routledge, 2019.

[104] Sinclair J, Jacka E, Cunningham S. New patterns in global television[J]. Media Studies: A Reader, 1996: 170-189.

[105] Straubhaar J D. Beyond media imperialism: Assymetrical interdependence and cultural proximity [J]. Critical Studies in Media Communication, 1991 (1): 39-59.

[106]Straubhaar J D. World Television: From Gglobal to Local[M]. Thousand Oaks: Sage Publications, 2007.

[107]Straubhaar J. Telenovelas in Brazil: From traveling scripts to a genre and proto-format both national and transnational [M]//Global

Television Formats. New York and London: Routledge, 2012: 148-177.

[108]Thussu D K. Media on the Move: Global Flow and Contra-Flow [M]. London and New York: Routledge, 2007.

[109] Tunstall J. The Media Are American [M]. London: Constable,1977.

[110]Uribe-Jongbloed E, Diez E P. The TV format market in Latin America: Trends and opportunities[J]. International Journal of Digital Television, 2017(1): 99-115.

[111]Waisbord S. Three challenges for communication and global social change[J]. Communication Theory, 2015(2): 144-165.

[112] Wallerstein I. The Modern World-System Ⅰ: Capitalist Agriculture and the Origins of the European World-Economy in the Sixteenth Century[M]. Oakland: University of California Press, 2011.

[113]Williams J P,Ho S X X. "Sasaengpaen" or K-pop fan? Singapore youths, authentic identities, and Asian media fandom. [J]. Deviant Behavior, 2016(1): 81-94.

[114]Yasumoto S. Cultural harmonization in East Asia:Adaptation of Hana yori dango/Boys over Flowers [J]. East Asian Journal of Popular Culture,2015(1):113-131.

[115] Yun G W, Allgayer S, Park S-Y. Mind your social media manners: Pseudonymity, imaginary audience, and incivility on Facebook vs. YouTube [J]. International Journal of Communication, 2020 (1): 3418-3438.

[116] Zeng W, Sparks C. Localization as negotiation: Producing a Korean format in contemporary China[J]. International Journal of Digital Television, 2017(1): 81-98.

[117]Zhang X, Fung A. TV formatting of the Chinese Ugly Betty: An ethnographic observation of the production community[J]. Television & New Media, 2014(6): 507-522.

/ 第二章 /

全球电视节目模式的
流动脉络和区域化发展

作为电视节目全球化的表征，跨国的电视节目模式流通成为文化交流的重要部分，也反映了全球文化产业格局的重大变化。节目模式的发源地欧美长期保持着先发优势，是节目模式输出数量及国际影响力名列前茅。我国作为电视节目模式产业的后起之秀，仍处于从全球产业链下游向上游过渡的阶段。本章深入探讨了全球电视节目模式产业链中角色与位置的动态变化，以考察中国电视节目模式发展的外部结构。具体而言，本章聚焦于全球电视节目模式的跨国流动与区域化发展，通过对业内人士的深度访谈和对权威行业报告的分析等，揭示了全球电视节目模式流动的脉络、影响因素，挖掘了东亚电视节目模式的互鉴趋势与动力机制。此外，本章通过分析全球电视节目模式的演进轨迹，深入阐释该产业在发展过程中彰显出的去西方中心化、文化多元化与文化互鉴的特征和潜力。

第一节　全球电视节目模式流动的脉络

莫兰认为，节目模式就其跨国流动性而言，可以被定义为"一个能够产生独特叙事、授权至其原产国之外、能根据当地观众的需要进行改编的节目"（Moran，2006）。电视节目模式的流动始于20世纪20年代后期英国广播公司（BBC）对美国广播节目的改编，并逐步扩展到澳大利亚、加拿大等国家。随着电视的兴起，广播节目的模式被电视节目借鉴与改编。根据查拉比的研究，BBC于1947年基于美国广播节目《无知的下场》（*It Pays to Be Ignorant*）改编的电视特别节目《无知是福》（*Ignorance Is Bliss*）成为第一档基于海外广播节目模式改编的电视节目。^① 1950 年,《一句话猜职业》(*What's My Line?*)成为首个实现跨国销售的电视节目模式,从美国成功扩散到英国。据查拉比考证,这是一家广播公司第一次同意为一个电视节目的创意和包装即模式付费,而不是为剧本等有形物品付费(Chalaby,2012)。然而,直至 20 世纪 80 年代,电视节目的跨国流动仍以非正规的借鉴为主,例如许多欧洲电视人会飞往纽约,在宾馆里观看美国的电视节目并进行学习(张建珍和彭侃,2013)。

20 世纪 80 年代之前,节目模式贸易主要为英国购买美国的节目模式,其他国家之间的节目模式贸易相对较少,原因包括电视行业不发达、观众人口和制作成本有限,以及版权保护不严等。此外,当时各国对电视节目内容的管制较严,一些国家认为节目模式的跨国流通会给本国的文化带来威胁,导致国际节目模式产业发展缓慢,只有少数国际公司如 Fremantle 参与这一业务,主要制作和售卖游戏类节目的模式,如《家庭对抗赛》(*Family Feud*)、《密码大猜想》(*Password*)、《新婚游戏》(*The Newlywed Game*)和《约会游戏》(*The Dating Game*)等。

自 20 世纪 70 年代末起,欧洲各国对广电领域的"去管制化"(de-regulation)政策促进了电视市场的开放和商业电视台的兴起。随着内容竞争增强和电视播出时间延长,电视台对大众化节目,特别是美国游戏节目的需求增加(Waisbord,2004)。1978 年,Fremantle 凭借与美国游戏节目制作商 Goodson-Todman 的独家代理协议,加速了美国游戏节目模式在国际市场的传播,也使自身成为 20 世纪 80 年代全球游戏节目的主要发行和制作方。除 Fremantle 外,20 世纪 70 年代末和 80 年代初,澳大利亚的 Grundy Worldwide、欧洲的 Action Group 及荷兰的 Endemol 等公司逐渐发展成型。20 世纪 50 年代国际节目模式的出现、1978 年 Goodson-Todman 的全球协议以及之后美国游戏节目制作人与 Fremantle 和 Grundy Worldwide 之间的一系列协定,促成了国际节目模式发展的第一波高潮(Chalaby,2012)。

早期的节目模式交易通常仅仅是将节目录像带提供给买方,让他们研究如何进行本土化制作。到了 20 世纪 80 年代,节目模式供应商开始派遣飞行

---

① 很多早期电视节目都脱胎于广播节目。BBC 购买了《无知的下场》的模式版权,从 1946 年起,根据原版模式制作了广播节目,并于 1947 年直播了一期电视特别节目(Chalaby,2012)。

制作人(flying producer)到世界各地协助制作本土版本。在这一时期,诸如《幸运转盘》(*Wheel of Fortune*)等具有全球影响力的游戏节目模式诞生了。这个时期至少仍有 3/4 的电视节目模式来自美国,且大多数为游戏类节目。尽管英国和其他欧洲国家在引进节目模式方面非常活跃,但节目模式的影响力、输出速度与范围相对有限。此外,多数改编的节目被安排在非黄金时间段,且国际版权意识和保护措施尚未完全建立(黄世席,2011)。

　　20 世纪 90 年代是国际电视节目模式产业的关键发展阶段。彼时,美国已近乎垄断成品节目贸易市场,欧洲国家如英国、荷兰等便另辟蹊径,寻找自身的比较优势,转向文化折扣更少的节目模式(Freedman,2003)。英国政府1990 年颁布的《广播电视法案》(Broadcasting Act)激发了独立电视节目制作商的研发热情,又因国内市场低迷而选择将受众市场拓展至国际市场,促进了英国电视节目模式的输出(罗立彬,2020)。荷兰的节目模式产业则在文化与市场两种动力机制的作用下崛起。一方面,荷兰悠长的贸易历史让其自然而然地将文化产业视为贸易商品的延伸,具有贸易人才储备丰厚、贸易文化底蕴深厚、电视市场环境开放等诸多节目模式贸易的优势;另一方面,荷兰的支柱式公共电视机制鼓励节目创新,广播电视体系中存在阶级、地域等多方面区隔的政治阵营,保障了公共频道观点的多元化(赵瑜,2010)。

　　随着欧洲如 Endemol、Pearson Television 和 BBC 环球等全球性电视节目运营商的兴起,电视节目模式的主要输出方从美国转移到欧洲。同时,电视市场的去管制化和数字化技术的进步促进了新电视频道数量的增长与节目模式需求的扩大。国际节目制作巨头的形成、节目模式研发和商业运作的加强,以及诸如戛纳电视节视听与数字内容交易会(MIPTV)和世界视听内容交易会(MIPCOM)等国际性电视节目交易市场的建立,推动了电视节目模式的国际流通和节目模式类型的多元化。在节目类型方面,真人秀节目因其独特的互动性和娱乐性,逐渐成为流行的节目类型之一(Chalaby,2011)。所谓真人秀,是一种电视娱乐节目形式,其核心在于捕捉并展示声称未经编排的真实生活场景,这类节目往往由普通民众担当主演,而非专业演员(Andrejevic,2003)。20 世纪 90年代末,《谁想成为百万富翁》《幸存者》《老大哥》《偶像》(*Idol*)等节目模式在全球范围内取得了巨大的成功,超级节目模式就此出现。这四大电视节目模式引领了电视制作和商业模式的创新:《谁想成为百万富翁》通过引入剧情和强调品牌国际化,重塑了电视节目模式的销售准则;《幸存者》以创新的淘汰机制定义了竞赛节目模式;《老大哥》推动了电视编辑技术和多平台盈利模式的演进;《偶像》展示出了在音乐人才发掘和推广上巨大的潜力。这些节目模式在内容创新和国际化销售上树立了新的标准(Chalaby,2015a)。

　　进入 21 世纪后,电视节目模式产业成为国际电视产业的重要组成部分,参与国际贸易的节目模式数量与交易额大幅增加,交易额从 2002—2004 年的年均 21 亿美元增长到 2006—2008 年的年均 31 亿美元。① 随着地区间节目模式贸易越来越频繁,国际模式注册与保护协会、国际模式律师协会(International Format Law Association,IFLA)等专业协会在 21 世纪初成立(殷乐,2014),节目模式的版权保护意识得以提升。电视节目模式交易市场也在扩大。2000 年开始,新加坡每年举行亚洲电视论坛(Asia TV Forum & Market,ATF),其已成为亚太地区最全面、最具影响力的电视论坛展会。2014 年开始,墨西哥电视节每年举行(如表 2-1 所示),已成为拉美地区最具影响力的影视展会之一。节目模式的流动速度显著加快,成功的节目模式能够被输出到越来越多的国家。截至 2021 年底,能够输出至 30 个以上国家的国际节目模式已达 52 个②,而在 20 世纪 90 年代,能输出至 10 个以上国家的节目模式寥寥无几。此外,国际电视节目模式的类型变得更加多元化。国际电视节目模式贸易早期以游戏节目模式为主,到 21 世纪初,游戏节目模式仍占据 2/3 的国际贸易额,彼时真人秀节目模式占比不足 1/3,而剧情类节目模式更是只占 6.6%(Chalaby,2015b)。但到了 2008 年,情况就有了相当大的改变,游戏节目模式的比例下降至不足 1/3,剧情类节目模式的比例上升至 15%,而真人秀节目模式占比过半。③ 近年来,真人秀节目模式在全球的热度不减,据统计,竞技类、选秀类、家庭情境类等真人秀成为 2020 年度东亚最受欢迎的综艺类型。④

---

① 参见:"THE FRAPA REPORT 2009:TV Formats to the world"(https://silo.tips/download/tv-formats-to-the-world)。

② 参见:"TRACKING THE GIANTS:The Top 100 Travelling Unscripted Formats 2022-2023"(http://k7.media/what-you-get/industry-reports/)。

③ 参见:"THE FRAPA REPORT 2009:TV Formats to the world"(https://silo.tips/download/tv-formats-to-the-world)。

④ 参见:"TRACKING THE GIANTS:The Top 100 Travelling Unscripted Formats 2020-2021"(https://distributors.k7.media/wp-content/uploads/2023/11/K7-Media-Tracking-The-Unscripted-Giants-2022-2023.pdf)。

表 2-1　具有国际影响力的电视展会①

影视展会名称	举办地	举办时间	主办方
视听与数字内容交易会（MIPTV）	法国戛纳	每年 4 月	法国瑞得集团（Reed Midem）
世界视听内容交易会（MIPCOM）	法国戛纳	每年 10 月	法国瑞得集团（Reed Midem）
英国 BBC 电视展（BBC Showcase）	英国伦敦	每年 2 月	英国 BBC 制片公司（BBC Studios）
全美电视节目专业协会年会及电视节目展（NATPE Miami）	美国迈阿密	每年 1 月	全美电视节目专业协会（NATPE）
蒙特卡罗电视节（MCF）	摩纳哥蒙特卡罗	每年 6 月	摩纳哥传媒公司（Monaco Mediax）
墨西哥电视节（MIP Cancun）	墨西哥坎昆	每年 11 月	法国瑞得集团（Reed Midem）
非洲电视节（Discop Africa）	科特迪瓦阿比让南非约翰内斯堡	每年两届常在 6 月与 11 月	美国贝斯克里德公司（Basic Lead）
亚洲电视论坛（ATF）	新加坡	每年 12 月	英国励展博览集团（Reed Exhibitions）
香港国际影视展（FILMART）	中国香港	每年 3 月	香港贸易发展局（HKTDC）
上海电视节	中国上海	每年一届，常在 6 月	国家广播电视总局、中央电视台、上海市人民政府

随着电视节目模式产业的迅速发展，参与开发、发行和制作的公司数量显著增加，一些公司规模迅速扩张，欧洲的广播电视公司如 BBC 和好莱坞的传媒集团均加速推进国际化业务和全球制作网络的建立。2007 年，《欧盟视听媒介服务指南》（*EU Audiovisual Media Services Directive*）要求限制非欧洲内容的播出比例②，好莱坞的公司为了绕过这一政策，选择在欧洲扩大投资。2010 年，国际节目模式市场上出现了 14 家规模较大的公司，这些公司在多国设立分公司，旨在最大化节目模式 IP 的价值（Chalaby，2016）。这些公司不仅依靠授权赢利，

---

① 材料来源：各电视展会官网和作者访谈。

② 参见："Directive 2007/65/EC of the European Parliament and of the Council of 11 December 2007 amending Council Directive 89/552/EEC on the coordination of certain provisions laid down by law, regulation or administrative action in Member States concerning the pursuit of television broadcasting activities (Text with EEA relevance)"（http://data. europa. eu/eli/dir/2007/65/oj/eng）。

还通过在当地建立制作公司,将节目模式与制作业务结合,以确保高质量的本土化制作和快速复制成功模式,同时有效防止 IP 被剽窃。

2010 年之后,传统电视行业面临着网络新媒体的挑战,电视的收视率与广告收入均明显下降。在这种背景下,国际节目模式公司通过合并和收购等手段,整合业务资源,提高市场竞争力,以应对挑战。收购浪潮下,Endemol、Fremantle、Banijay 等国际主要节目模式公司的分公司平均数量从 2010 年的 17 家增加到 2022 年的 31 家(彭侃,2023)。此外,节目模式的跨国合作形式得到丰富,演变出模式的联合研发与联合制作等多样化合作模式。2022 年,Banijay、Fremantle、All3Media、ITV Studios、Sony Pictures Television、NBCUniversal 等大型企业已经占据电视节目模式全球市场 74% 的销售额。[①]

然而,与成品节目模式的贸易不同,欧美节目模式企业的集中并未遏制文化回流现象,反而使得节目模式来源国的概念逐渐淡化。这些企业建立起全球发行与营销网络,只要节目模式具备全球流行的潜力,即便源自发展中国家,都有可能被这些大型企业收入囊中,并在全球范围内发行和制作,全球节目模式的生产与消费日益同步,来源也越发多元。而在节目模式从输入至落地的过程中,也会为迎合受众的接受习惯、文化背景做出不少本土化努力。因此,在技术革新与经济发展等多重因素作用下,这种由西向东的单向文化流动模式被打破,文化回流现象开始显现。一方面,引进海外节目模式提升了输入国的产业国际化程度,联合制作也通过飞行制片人、模式宝典等传授形式,实现了人才、思想、技术和知识的深度复制,当输入国掌握了制作技能后,便可能尝试原创节目模式的本土实践,并逐渐从本土市场拓展至他国市场;另一方面,节目模式版权价格持续攀升,从经济角度对输入国构成了压力,迫使其转向创新与输出(罗立彬,2020)。节目模式生产体系的全球化与媒体流动性的不断增强相互促进,共同塑造了一个日益数字化的全球传播生态。国际节目模式市场不再是美国单方面输出创意的垂直体系,而是呈现多元化状态,世界范围内出现了多个电视节目生产中心。屠苏将来自全球北部,尤其是美国的媒体流动称为主导流动(dominant-flow),将起源于全球媒体产业曾经的边缘地区向发达

---

① 参见:"TRACKING THE GIANTS: The top 100 travelling unscripted formats 2022-2023" (https://distributors. k7. media/wp-content/uploads/2023/11/K7-Media-Tracking-The-Unscripted-Giants-2022-2023. pdf)。

国家或地区的媒体流动称为回流,将发展中国家之间的媒体流动称为边缘流,这些回流或边缘流提供的文化产品一定程度上成为主导流动中文化产品的替代品(Thussu,2007)。全球南部的文化中心,如埃及开罗、中国香港和印度孟买,通过文化商品交易,成为边缘流的代表。

21 世纪初以来,随着世界权力结构发生变化,边缘流和回流日益兴盛(Nordenstreng et al. ,2015),世界绝大多数国家的媒介内容发展迅速,许多来自非西方国家的文化产品传播至周边区域,逐步走向世界。日本动漫是其中的佼佼者,自 20 世纪 70 年代起便在亚洲崭露头角,至 21 世纪初已在全球年轻群体中掀起热潮(Berndt et al. ,2014)。韩国流行文化自 20 世纪 90 年代末起风靡亚洲,更在 21 世纪初成为一股席卷全球的韩流(Jin,2019)。中国的功夫片和古装电影亦在全球取得瞩目成就,如《卧虎藏龙》《英雄》和《十面埋伏》等作品,均赢得了国际赞誉(Thussu, 2018)。印度电影不仅在南亚及其离散人群社区占据主导,更在阿拉伯世界、中亚、东南亚和非洲多国受到热烈欢迎,构建了以宝莱坞为核心的流行文化(Dudrah,2012)。拉丁美洲电视小说(telenovela)突破了语言的限制,影响力遍布全球,甚至回流到美国的拉丁裔群体中,赢得该群体的喜爱。而土耳其电视剧由于语言、宗教、族裔等层面的文化接近性,在中东尤其受到追捧(罗格斯,1989;张建中,2011;Berg,2017)。这些文化现象共同展示了非西方文化的全球影响力与崛起。

在节目模式出口市场中,英国、美国、荷兰长久以来处于领先地位(Chalaby,2011),然而这种领先优势正在逐渐缩小(如图 2-1 所示)。出口自世界其他国家的节目模式占比由 2004 年的 26%,增长至 2014 年的 48%(Esser,2016),而英国、美国与荷兰的出口占比则各自降低了 6 个、个与 6 个百分点。事实上,早在 2006—2008 年,日本的节目模式输出量就高达 29 个,位居全球第九[①],至 2019 年,韩国、以色列和土耳其也出现在节目模式输出数量排名前十的名单中,截至 2020 年 7 月,韩国的节目模式出口份额占全球的3.1%, 和日本相当[②]。

---

① 参见:"THE FRAPA REPORT 2009: TV Formats to the world"(https://silo. tips/download/tv-formats-to-the-world)。

② 参见:"Surf the Korean wave"(http://www. c21media. net/nl_article/surf-the-korean-wave/)。

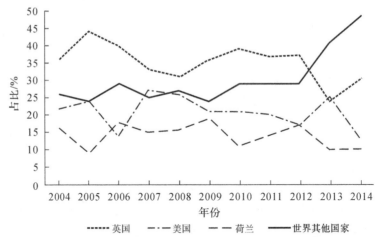

图 2-1　2004—2014 年英国、美国、荷兰与世界其他国家节目模式出口份额占比①

　　事实上,由于输入国在合作互鉴中不断习得了节目模式研发与制作经验,加之引进节目模式的成本日益高昂,因此,越来越多的国家转向了原创与输出的路径。在节目模式领域也出现了和节目成品流动相似的边缘流与回流。以亚洲为例,尽管中国市场早年对节目模式的模仿和引进主要依赖欧美,但对日本节目模式的引进也可追溯至 2002 年播出的大型游戏节目《梦想成真》,该节目是北京电视台对东京电视台(TBS)游戏节目《欢乐家庭计划》(*Happy Family Plan*)的改编(Keane,2012)。然而,自 2013 年来,中国对韩国节目模式的需求逐渐激增,2015 年达到顶峰,彼时四大热门综艺《奔跑吧兄弟》《花样姐姐》《世界青年说》《真正男子汉》的节目模式均来自韩国。业内人士估计,当时韩国综艺的节目模式在中国电视荧屏占比已高达 43.27%。② 自 2015 年开始,中、日、韩等亚洲国家也成为越南引进节目模式最大的来源国。③ 根据 K7 传媒的资料,如果仅计算节目模式销售数据,韩国在 2022 年实际上排名第四,仅次于英国、美国和荷兰。韩国推出的《蒙面歌王》节目模式在 2019 年取得了全球性的成功,进入了阿根廷、智利、墨西哥等拉丁美洲国家,大幅提高了韩国在节目模式全球市场

　　① 参见:Esser,2016。
　　② 参见:《综艺现状:韩国年版权输出破 5 亿美元,超 7 成来华》(http://www.cneip.org.cn/html/5/14885.html)。
　　③ 参见:"*Đến lượt Châu Á tấn công show truyền hình Việt*"(http://laodongthudo.vn/den-luot-chau-a-tan-cong-show-truyen-hinh-viet- 23836.html)。

中的地位。① 某种意义上,虽然全球电视节目模式的流动仍由西方主导,但是电视节目模式的生产已呈多元化发展,如拉丁美洲、亚洲、中东和非洲的区域化市场的形成(Straubhaar,2013;Lu,2022;张建中,2012;Ndlela,2013)已在挑战"盎格鲁—美利坚"电视节目体系(陶冶,2018)。

欧美的节目模式自 20 世纪 50 年代开始起步,主要由美国流向欧洲,也有个别模式由美国输出至大洋洲的澳大利亚,而后逐渐输出至世界各地。20 世纪 90 年代开始,欧洲、大洋洲与拉丁美洲的节目模式开始在本区域内流行并逐渐输出至其他区域,如荷兰的《好声音》(The Voice)、新西兰的《流行之星》(Popstars)、澳大利亚的《执子之手》(Take Me Out)、哥伦比亚的《真心话大冒险》(The Moment of Truth)。21 世纪伊始,亚洲的日本节目模式如《洞洞墙》(Hole in the Wall)、《龙穴》(Dragon's Den)率先输出至韩国和中国台湾地区并逐渐覆盖欧美。紧随其后,韩国的节目模式输出已逐步扩展至非洲、大洋洲与拉丁美洲,《蒙面歌王》(The Masked Singer)便是其中的典型代表。近年来,中国的原创节目模式也通过出售节目模式宝典、联合研发等方式输出至越南、韩国等周边国家。2022 年,上海东方卫视的代际歌唱类节目模式《我们的歌》在西班牙国家电视台 RTVE 落地播出,并获得全国收视亚军的佳绩。

同样在 21 世纪,以色列、土耳其和黎巴嫩等中东国家逐渐开发出具有国际影响力的节目模式,并输出至欧美,如以色列 2000 年推出的节目《群雄夺宝》(The Vault)输出至欧美及多个亚洲国家与地区,其在 2010 年推出的游戏节目《挑战一下》(Deal with It)于 2013 年落地美国(Chalaby,2016)。《偶像》《老大哥》等超级节目模式在 21 世纪初已落地非洲,其中,南非的付费电视频道 M-Net 在本土化国际节目模式的过程中发挥了关键作用(Ndlela,2013)。近年来,越来越多来自全球的节目模式经由本土化改编落地非洲,其中由中国四达时代公司推出的约会节目模式 Hello Mr. Right 已改编落地至多个非洲国家,充分体现了 21 世纪以来节目模式流动的多元化趋势(如图 2-2 所示)。

---

① 参见:"TRACKING THE GIANTS:The top 100 travelling unscripted formats 2020-2021"(http://k7. media/wp-content/uploads/2021/04/K7-Special-Report-Tracking-the-Giants-2020-2021-1. pdf)以及"TRACKING THE GIANTS:The top 100 travelling unscripted formats 2022-2023"(https://distributors. k7. media/wp-content/uploads/2023/11/K7-Media-Tracking-The-Unscripted-Giants-2022-2023. pdf)。

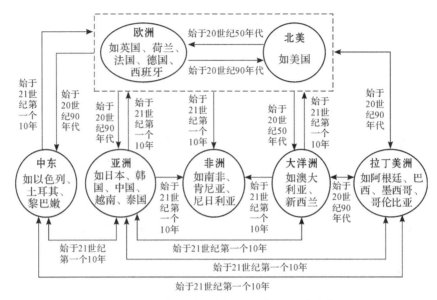

图 2-2   全球电视节目模式流动的主要脉络①

第二节   东亚电视节目模式的区域互鉴与动因②

本节的"东亚"具有双重意义,既具备地理属性,又包括内在历史性和文化认同,主要指中日韩三国(杨念群,2012)。虽然边缘流传播的文化产品对欧美主导的文化流动形成了一定的替代,但尚未形成辐射全球的影响力,边缘流多流向周边国家,有一定的区域化趋势。20 世纪 80 年代,日本流行文化开始在全世界流行,日本电视业开始向西方市场销售节目模式,以获得远高于向亚洲市场销售节目模式的利润。自 1987 年起,东京广播公司(TBS)便开展了其节目模式销售业务。当年,其成功将《Wakuwaku 动物乐园》(*Wakuwaku Animal Land*)这一节目模式推向荷兰市场,如今,这一模式已广泛传播至 20 多个国家并深受欢迎。富士电视台的《铁厨》(*Iron Chef*)最初成功打入美国有线电视网络,随后派拉蒙网络的电视制作人在 2001 年购买了其节目模式版权,并制作了美国本土化

---

① 材料来源:现有文献资料和作者访谈。
② 本节部分内容已发表于《中国电视》2023 年第 10 期(《东亚综艺节目模式的合作互鉴趋势及动力机制研究》)。

版。在面向欧美市场的同时,日本的节目模式也销往泰国、韩国和中国(Iwabuchi,2003)。尽管日本作为亚洲国家早已将节目模式销售至欧美地区,但其在东亚市场的媒体文化渗透显然更为深远。例如,东亚各国电视台播放的日本动漫数量及种类远多于西方国家。此外,日本的流行歌曲、家庭剧和偶像剧等文化产品往往能几乎同步地在日本及其他东亚国家和地区发行,展现了其强大的市场影响力(Iwabuchi,2007)。有学者从文化接近性的角度来解释这一现象,即东亚地区的观众能从日本的文化产品中体会到亲近感和熟悉感(Fabian,1983;Iwabuchi,2004；Ming and Leung,2003)。岩渊功一指出,亚洲观众之所以与日本文化产品中的人物产生共鸣,是因为日本在他们心目中既相似又不同。亲近和距离、现实和梦想微妙地混合所激发的共鸣,或许是无法从美国的媒体文化中获得的(Iwabuchi,2007)。

在亚洲,日本在电视节目创新方面起到了重要作用。日本文化产业关注其文化产品的间接出口,并出售将西方文化进行本土化改造的技能和知识(Iwabuchi,2016)。中国台湾地区曾长期借鉴日本的文化实践,且逐渐将本土的知识文化战略性地应用于引进的内容(Liu et al.,2003)。韩国的电视节目模式产业经历了从以模仿为主到出口至全球的发展过程。20世纪90年代,韩国电视台频繁模仿日本综艺节目,引起了日本的强烈反对和国际舆论危机,这促使韩国相关部门加强对抄袭的惩处,引导电视产业尊重版权并学习海外制作经验。韩国政府大力推动文化产业的发展和出口,通过制度改革激发电视产业的活力,如:允许民间投资创立全国性和专业化电视频道,促进电视市场的竞争;建立特别的广告经营机制,采用官方垄断式的广告经营方式(李宇,2020),保护节目内容的独立性。同时,韩国的广播电视公司如KBS和MBC调整了与制作公司的合作模式,如调整节目制作费用的支付方式并允许制作公司保留国际发行权,以推动节目质量提升和国际竞争力增强(Marlow,2020)。中国市场对韩国节目模式的需求促进了韩国电视产业的发展和韩国电视节目模式的国际拓展。《奔跑吧兄弟》是韩国节目模式传播至中国的成功案例,由于这个节目模式在2014年有多个中国电视台竞争引进,因此韩国SBS电视台要求获取广告分成和后续版权分成等一系列收益,总计获利1.8亿元,使得SBS这家公司扭亏为赢,也开启了后续几年韩国和中国节目模式的深度合作。①

在我国,2013 年后,韩国节目模式的流行冲击了逐渐式微的欧美节目模式。根据作者对多位节目制片人的访谈,欧美节目模式的影响变得更为隐蔽和深刻,不仅影响了中国电视节目制作的行业规范,也影响了国内观众对婚恋、职场、明星、中产阶级等方面的关注。② 而韩国成功地吸收了西方文化形式来表达本土文化,这种做法向中国的电视制作人展示了一种可能性:利用被广泛接受的"主流"西方文化形式来传递和推广具有本国特色的"回流"文化内容(唐苗,2016)。

2015 年以后,随着中国电视产业原创能力的提升与系列限制节目模式引进政策的出台,中国电视节目模式产业逐渐从引进转向输出,开启了从全球价值链下游过渡至上游的旅途,愈来愈多的原创节目模式以合作互鉴的形式向海外尤其是东亚邻国输出,力图在日韩等周边国家占据一席之地。以中日韩为代表的东亚国家通过合作互鉴推动着东亚节目模式区域性市场的崛起,也在一定程度上挑战了节目模式从西方发达国家单向流出的图景。东亚各国节目模式是如何合作互鉴的?有什么特点和异同?发展趋势如何?受到哪些因素的推动?对此,本节梳理东亚节目模式的合作趋势,比较东亚合作经典案例的节目文本和生产逻辑,并分析政治、经济、文化、技术等因素如何作用于东亚节目模式的合作互鉴实践,以期为全球节目模式流动提供亚洲视角。

一、区域化视域下东亚节目模式的合作研究

基于亚洲流行文化区域性生产和消费趋势的兴起,有学者认为,亚洲国家间的文明互鉴(inter-Asian referencing)通过相互学习彼此的经验,促进了知识生产的创新和亚洲区域性文化的交流与发展(Iwabuchi,2014)。电视节目模式的合作互鉴是文明互鉴的重要部分,某种意义上,以中日韩原创节目模式为代表的亚洲节目模式互鉴促进了亚洲国家文化主体性的建设。

合作互鉴需要两方或多方力量的参与,而具有开放文本和本土化空间的节目

---

① 作者在 2023 年 3 月 29 日对浙江卫视战略发展中心副主任的访谈。
② 作者在 2023 年 3 月、4 月和 11 月对国内主流媒体和平台多位制片人的访谈。

模式,涉及从研发、销售到改编落地他国的跨国协作,故天然具备了合作互鉴的优势和特点。在本书中,节目模式合作互鉴指的是各国通过联合研发、节目模式宝典或咨询服务的贸易等方式,合作完成节目模式的生产或本土化改编。根据节目模式输入国的参与程度和任务的专业化水平,可将节目模式合作互鉴分为以下四种形式:输出国与输入国合作研发新节目模式且投入力量大致相等的联合研发、由输入国总体把控且输出国提供部分支持的输入国主导型合作、国际娱乐公司提供主要引进支持的国际 IP 公司主导型合作、由输出国总体把控本土化制作的输出国主导型合作。后三种形式与联合研发有明显区分,涉及原版节目模式的多地改编,统属于节目模式贸易合作,即将输出国的原创节目模式版权授予输入国,并伴随节目模式宝典和飞行制片人等方面的交流(如表 2-2 所示)。

表 2-2　东亚节目模式合作互鉴的主要形式①

合作类型	输入国参与程度	主要制作主体	合作方式	以中国为输入国的典型案例	以中国为输出国的典型案例
联合研发	较高	输入国与输出国团队	共同研发新的节目模式,双方创意、技术和经济贡献大致相等	《旋风孝子》(2016)(中韩)(韩方以提供创意为主)	《星动亚洲》(2016)(中韩);《我们书写爱情吧》(2021)(中韩)(中方以提供创意为主)
输入国主导型合作	适中	本地制作公司、本地电视台与输出国团队	输出国提供节目模式宝典、原版节目模式制作团队等支持	《妈妈咪呀》(2012)(中韩);《爸爸去哪儿》(2013)(中韩);《全员加速中》(2015)(中日)	—
国际 IP 公司主导型合作	适中	国际 IP 公司、本地制作公司和本地电视台	国际 IP 公司制作或翻译节目模式宝典并提供给本地电视台或制作公司	《合伙中国人》(2015)(中日)	—
输出国主导型合作	较低	输出国团队	雇用输出国员工并承担全部本地改编工作	《奔跑吧兄弟》(第一季前5期)(2014)(中韩)	—

① 资料来源:中日韩主要电视机构官网、期刊论文和作者对业内人士的访谈等。

为了更完整地勾勒东亚互鉴的发展趋势,本部分参考了权威节目模式研究机构发布的相关数据、海内外播放平台的收视数据与媒体报道,对典型案例进行文本分析,并对相关业内人士进行深度访谈,梳理并提炼近 10 年东亚合作互鉴的节目模式在节目生产、节目文本和节目模式影响力三个维度上的发展趋势和特征。

（一）节目生产:东亚本土化与多极化生产

10 多年前,欧美发达国家占据全球节目模式交易的主导地位①,全球电视节目模式发展呈阶梯状特征,即欧美处于成熟期,日韩处于成长期,中国处于产业起步阶段的投入期(殷乐,2014)。近 10 年来,在东亚节目模式的互鉴过程中,知识、经验和技术的交流使得节目模式流动形势发生变化,开启了借鉴欧美节目模式后的区域本土化生产,中国节目模式生产的发展也使得阶梯式界限逐渐模糊,进而逐渐呈现多极化和多元化的发展趋势。

一般来说,东亚国家在引进某一欧美节目模式的初期,较为依赖原版团队的指导,但当该节目模式落地后,引进方可以在掌握经验后自行改编、制作后续的节目,同时该模式还能成为其他本土节目制作的灵感源泉。例如,从英国引进的《达人秀》节目模式激发了《我是传奇》《妈妈咪呀》等一系列东亚达人类节目的制作灵感(Lu,2022),后者从中借鉴了比赛规则、评委与参赛者的互动形式等元素。但是,不同于《达人秀》选拔奇才的主题,《妈妈咪呀》将传统东亚家庭情境作为垂直主题进行了改编。东亚节目模式正是通过引进、借鉴和创新的路径,实现本土化生产和迭代创新,一定程度上挑战了以欧美为中心的文化知识生产霸权。

此外,以中日韩为主的多极节目模式生产中心及其多元合作形式也促进了东亚节目模式市场的崛起。其中,日本与欧美节目模式输出方式更相近,创投节目《龙穴》的中国版《合伙中国人》制片团队相关人员在接受作者访谈时表示,日本作为输出国时,更多采用抽离式合作方式,即主要将成熟和标准的节目模式宝典售予国际 IP 公司,再由国际 IP 公司交给本地制作方,《龙穴》已通过上述方式售出至多个大洲。② 韩国在 20 世纪 90 年代以借鉴日本综艺

---

① 参见:"THE FRAPA REPORT 2009:TV Formats to the world"（https://silo.tips/download/tv-formats-to-the-world)。

② 作者在 2023 年 3 月 26 日、11 月 3 日对《合伙中国人》制片团队成员的访谈。

节目模式为主,此后开始自主创新,并逐渐成为东亚节目模式产业中的意见领袖,近几年来位列节目模式销量排行的前列。其合作方式以参与式为主,即派遣团队深度参与或指导本土化制作。

正如表 2-2 所示,我国节目模式呈现出由引进转向输出的趋势,并逐渐成长为东亚另一大节目模式生产中心。我国作为输入国时,早期曾雇用输出国员工承担制作工作,后期逐渐掌握制作流程和技术后则采取更主动的举措。作者通过对浙江卫视战略发展中心相关人员的采访发现,《奔跑吧兄弟》(韩版名称为《跑男》即 Running Man)第一季的前 5 期由韩国团队主导制作,从第 6 期开始由中方负责拍摄,由韩方把控后期。第二季后便由中方主导制作,由韩方指导特效。目前,《奔跑吧兄弟》已完全由中国自主制作,通过融合中国价值观念与娱乐元素,创新了原版节目模式。[①]

我国作为输出国时和韩国的制作团队进行联合研发,推出以中方提供主题创意、负责总体把控协调的《星动亚洲》和《我们书写爱情吧》等综艺节目模式,后者因在韩国播出后反响较好,已由日本富士电视台购买节目模式版权。除与东亚国家合作互鉴外,我国原创节目模式还输出至东南亚和欧洲等地,合作形式不仅包括抽离式,也逐渐出现参与式。例如,江苏省广播电视总台国际传播部相关人员在接受作者采访时表示,2013 年,《全能星战》节目版权先售予以色列节目模式发行制作公司 Armoza,而后被越南电视台 VTV3 购入,中方并未参与越南版的制作。[②]《超凡魔术师》则由江苏省广播电视总台于 2018 年在戛纳电视节上直接出售给越南制作公司,并派出飞行制片人,提供舞台设计、场景道具等节目模式细节。《我们的歌》输出至西班牙时,东方卫视的主创团队同样为西班牙制作方提供了歌手人选、盲配逻辑、机位摆放等方面的经验和详细的节目模式宝典,中外团队也经过了数次跨国会议与合作沟通[③],合作互鉴的参与程度更高。

(二)节目文本:真人秀的东亚热与叙事特征的差异化

世界知名节目模式研究公司 K7Media 统计,竞技类、选秀类、家庭情境类

---

① 作者在 2023 年 3 月 29 日对浙江卫视战略发展中心副主任的访谈。
② 作者在 2023 年 4 月 22 日对江苏省广播电视总台国际传播部相关负责人的访谈。
③ 参见:《他们为何获奖?〈我们的歌〉:上海 IP 在海外生根发芽》(http://www.thepaper.cn/newsDetail_forward_22106437)。

等真人秀已成为东亚最受欢迎的节目模式类型。① 真人秀在东亚地区的流行源于其在沿用欧美真人秀的流行元素如纪实和虚拟游戏等的基础上,又针对亚洲受众的文化审美进行了调整,以贴近东亚受众的喜好。例如,中韩联合研发的《星动亚洲》的比赛规则是一以贯之的团队作战,选手的最终目标是所在团队整体出道,即将西方真人秀展现的"个体残酷生存竞争"改为体现儒家价值观的"团体努力实现共同的目标"。

在叙事特征方面,不同合作形式的节目文本有不同的复刻程度。以输出国为主的节目模式贸易主要依赖对原版节目模式的复刻。如早期《奔跑吧兄弟》的角色设置和情节搭配与韩版《跑男》几乎一一对应:中国嘉宾邓超与韩国嘉宾刘在石同为负责任的队长,中国嘉宾李晨与韩国嘉宾金钟国同为超强能力者等。其经典的卧底情节和逆袭情节也借鉴于韩国原版,如安排负责任的队长执行反派卧底任务、安排能力弱小者实现逆袭等。

输入国主导型的节目模式互鉴,其文本叙事与情节刻画的本土化程度更高。《全员加速中(第一季)》虽然基本复刻了日版游戏规则,但在具体游戏问题和故事情节背景中融入了中华传统文化元素。例如:节目第一季第1期《西施传奇》展现了春秋末期西施与范蠡的爱情传说;在第一季第7期《双龙之书》里,嘉宾若想弃权,则必须填写诸葛亮《出师表》的空缺部分。

联合研发会在叙事中融合双方的文化特色。如《星动亚洲》结合中韩双方的文化情境展开叙事,既有成员们参与韩国综艺节目录制和韩剧演绎的情节,也有中国练习生的母亲们前往韩国探亲,为他们做家乡菜的温馨亲情陪伴情节。其竞演曲目也特意融合了中韩流行文化,制作出两国流行歌曲的混音(remix)版本。

(三)模式影响力:中日韩原创节目模式输出至海外的规模比较

尽管东亚节目模式生产向多极化发展,各国原创节目模式的国际影响力仍有差别。日本维持先发优势,历年来输出的国家数目远超中韩,其节目模式输出地以欧美为主,但在东亚也具有较大影响力,如:《龙穴》已在40多个国

---

① 参见:"TRACKING THE GIANTS: The top 100 travelling unscripted formats 2020-2021"(http://k7.media/wp-content/uploads/2021/04/K7-Special-Report-Tracking-the-Giants-2020-2021-1.pdf.)。

家落地[①];《极限体能王》(*Unlimited-Sasuke*)已先后授权 18 个国家制作本土化版本[②],在 YouTube 上最高观看量高达 8662 万,还开启了中国体能闯关节目模式的本土化生产[③]。

韩国的电视节目模式产业经历了从模仿到出口至全球的发展过程,目前仍以东亚市场为主。韩国通信委员会发布的《广播产业现状调查报告》显示,2018—2021 年,其节目模式出口亚洲的比例皆超过 50%。同时,韩国也有不少原创节目模式输出至欧美,如《蒙面歌手》不仅落地美国,在德国、意大利、英国等欧洲国家也具有一定知名度。整体上,韩国综艺节目在海外市场的拓展经历了两个阶段:先是输出至文化相近的亚洲国家如中国、泰国,成功后转向欧美等西方市场(彭侃,2023)。韩国节目模式在韩国本土和输出国都获得了相当高的收视率,如韩版《跑男》在韩国最大的搜索引擎 Naver 上显示的最高收视率为 5.9%,YouTube 上的最高观看量为 6352 万。[④] 而根据央视-索福瑞媒介研究有限公司(China Satellite TV Market Reseach,CSM,简称索福瑞)[⑤]的数据,落地中国浙江卫视的《奔跑吧兄弟》,第一季第 2 期收视率就达到 1.8%,位列 50 城市网收视第一。[⑥]

中国节目模式的合作互鉴在 2015 年后以节目模式输出为主要发展方向,交易方式也逐渐成熟,目前主要通过戛纳电视节推介出口。各电视台或制作公司在多届戛纳电视节上推出了《声临其境》《国家宝藏》《我们的歌》等多档原创节目模式,这些节目模式也成为中国近几年最受国际节目模式从业者青睐的原创节目模式(潘东辉等,2021)。但我国节目模式输出的国家数量整体上少于日韩,且主要落地越南和韩国市场。而销往欧美的文化类节目模式,如《国家宝藏》《朗读者》等,至今未落地。部分节目模式落地后的收视情况较

---

① 参见:"Dragons' Den reaches milestone 40th adaptation"(http://www.ntv.co.jp/english/pressrelease/20200114.html)。

② 参见:《日本视听节目内容及出口新动向》(http://www.carfte.cn/hyfc/2023/02/17/105122675.html)。

③ 数据源于 YouTube 官网,统计截止时间为 2023 年 3 月 1 日。

④ 数据源于 YouTube 和 Naver 官网,统计截止时间为 2023 年 3 月 1 日。

⑤ 央视-索福瑞媒介研究有限公司是中央电视台市场研究(CRT)与世界领先的市场研究集团 Kantar Media 合作成立的中外合资公司,成立于 1997 年 12 月,于 2015 年更名为中国广视索福瑞研究,行业内多简称索福瑞。

⑥ 参见:《〈极限挑战〉VS〈奔跑吧兄弟〉,谁请的嘉宾更成功?》(http://m.people.cn/n4/2016/0606/c968-6987888.html)。

好,如《超凡魔术师》落地越南后收视位居前列①,《这！就是街舞》越南版曾进入 YouTube 热门榜前 86 名②。

总体而言,尽管我国国际市场不断扩大,但节目模式的国际影响力仍逊色于日韩。作者通过访谈发现,这可能与我国的目标市场和有待完善的节目模式产业链有关。韩国本土市场较小,其在节目模式研发阶段便考虑长期的国际影响,而我国目前主要立足于国内市场,因而与国际市场接轨的意识相对较弱。同时,日韩建立了从研发到营销各环节充分赢利且环环相扣的媒体产业链,形成了经济效益较高的价值链。而我国电视节目模式的产业链目前缺乏稳定性,缺乏负责国际节目模式研发与出口的专业团队和国际型人才,媒体与知识产权的产业化程度还不及日韩。③

二、影响东亚节目模式合作互鉴的动力机制探究

东亚节目模式的合作互鉴进一步促进了东亚文化交流与区域发展。那么,有哪些因素影响东亚互鉴?是否形成了可识别的动力机制?目前,学界主要关注合作互鉴的具体方式和文化影响因素(朱礼庆和任少博,2014;王锦慧和赵计慧,2016),对推动节目模式互鉴的动力机制,即具有稳定性的和容易识别的因果模式(赵鼎新,2020),鲜有探讨。本部分结合一手访谈资料、行业报告和媒体报道,探索影响东亚节目模式合作互鉴的政治、经济、文化、技术因素及其形成的动力机制。

(一)政策引导:软实力视角下的产业支持

政府对文化产业的大力支持是东亚电视节目“走出去”的重要推动力。为增进国际社会对日本的了解,早在 20 世纪 70 年代,日本便成立了国际交流基金会,开启了公共文化外交。随着电视节目、动漫等日本流行文化产品在海外走红,21 世纪初期,以提升国家形象和软实力为目标,日本提出了推进文化输出的“酷日本”政策(Cool Japan)。韩国政府在 2001 年成立韩国文化振兴院(Korea Creative Content Agency),以推动文化内容出口产业化。2020

---

① 参见:《江苏卫视节目实现中国原创节目模式海外输出》(http://www.nrta.gov.cn/art/2019/1/21/art_114_40411.html)。
② 数据源于 YouTube 官网,统计截止时间为 2023 年 3 月 1 日。
③ 作者在 2023 年 3 月、4 月、9 月、11 月和 2024 年 3 月对国内主流媒体和平台多位制片人的访谈。

年,韩国文化、体育与旅游部又建立韩流专职部门,联合韩流与其他基础产业共同发展,进一步巩固了韩流产业链。中国实施文化"走出去"战略后,陆续推出一系列政策,鼓励合作互鉴,推动原创电视节目输出。

值得关注的是,中日韩在政策提出时间、介入方式与力度上均有不同,和日韩相比,中国的扶持措施仍有可优化的空间。日本早在 20 世纪 80 年代末便开始探索向亚洲国家出口电视节目的路径,同时,日本节目模式在全球风靡,极大地增强了日本制作方的原创动力,进而推动了日本文化产业跨越式发展。而中国的文化推广战略提出时间晚于日韩,仍需积累经验,逐步提升节目模式输出的影响力。同时,日韩政府高度重视节目模式制作,具有多种形式的、明晰的介入方式,既有专门推广节目模式的企划,如日本政府发起的"珍宝盒"(Treasure Box)计划,又注重节目模式的版权保护,如韩国在各国设立知识产权专门机构 IP-Desk,依据当地法律申请 IP 专利保护。中国虽然也有相关鼓励政策和项目支持,但尚缺少扶持节目模式的细致政策和专门推广节目模式的分支机构,且对无剧本形式的节目模式版权保护力度较小。

（二）经济推动:东亚经济蓬勃下的低风险与高回报

近几十年来,东亚区域经济的快速发展与日益频繁的经济往来为节目模式互鉴提供了坚实基础。东亚区域市场日益成为国际贸易、投资和生产的关键中心,区域内部与日俱增的文化消费也推动了各国文化的跨国合作,其中便包括电视节目、动漫和音乐等领域的交流互鉴。

合作互鉴的节目有利于降低因文化折扣和贸易壁垒而产生的失败风险,文化的贴近使得节目因文化背景差异而不被其他地区受众认同或理解的可能性降低,进而更大程度地获得本地市场的欢迎并实现赢利。由此,东亚的文化动力便转变为经济动力,以文化接近带动经济发展,这从东亚电视节目互鉴的相关数据中可见一斑。日本总务省发布的《广播内容海外发展现状分析(2020 年度)》指出,日本节目模式出口额有降低倾向,尽管如此,2020 年,日本节目模式的出口额仍高达 8534 万元。[①] 根据韩国通信委员会发布的《2022 广播产业现状调查报告》和《2023 广播产业现状调查报告》,2021 年,韩

----

① 参见:《放送コンテンツの海外展開に関する現状分析（2020 年度）》(https://www.soumu.go.jp/menu_news/s—news/01ryutsu04_02000185.html)。

国电视节目模式出口总额约为1亿元,2022年增至2亿元。[①] 落地中国的韩国节目模式《爸爸! 我们去哪儿?》《我是歌手》分别获得了5亿元和3亿元的高额冠名费(陈鹏,2016),由中国输出至越南的节目模式《这! 就是街舞》创下了国内网络综艺海外版权的价格新高。[②] 东亚合作的节目模式大多选择原版热度较高的节目,这些节目往往已经通过了市场的检验,更容易实现经济效益。

(三)文化接近:共享儒家价值观

文化是推动成品电视节目跨国流动的重要因素,涉及地理文化市场、语言、信仰和习俗等方面的接近性。斯特劳哈尔提出了文化接近性概念,即在电视节目质量相差不大的情况下,受众更倾向于收看与自己语言、传统文化接近的电视节目(Straubhaar,1991)。节目模式看似是开放的框架,其规则与创意却蕴含着丰富的输出国文化。作者的多位访谈对象认为,我国节目模式能在东亚落地的主要原因之一便是文化接近性。[③]

东亚区域共享儒家伦理等文化价值观,强调秩序、家庭责任感、集体主义等,这些共同构成了独特的东亚文化景观。韩国电视节目模式通过拥抱东亚传统价值观,在文化贴近度方面树立了标杆。一系列体现家庭责任感的韩国家庭情境类节目模式输出至中国,《爸爸! 我们去哪儿?》《爸爸回来了》《旋风孝子》等格外受东亚受众的喜爱。不仅如此,韩国综艺节目还会以颠覆刻板印象的方式对传统观念进行创新,吸引东亚受众的目光。例如,韩版《跑男》巧妙地颠覆了儒家文化中柔弱和顺从的女性角色标签,将女嘉宾宋智孝的角色设定为"王牌",输出至中国时,《奔跑吧兄弟》中杨颖的"女汉子"人设也开始在全国流行。而中韩联合研发的《星动亚洲》在规则叙事上也颇具东亚文化特色,如选手为达成团队出道的目标需要坚持不懈地努力,这体现了儒家文化中的集体主义与长期取向(Hofstede,2001)。

---

① 参见:《2022년방송산업실태조사보고서》(https://kcc.go.kr/user.do? mode = view&page = A02060100&boardId=1027&boardSeq=54452)、《2023년방송산업실태조사보고서》(https://www.msit.go.kr/bbs/view.do? mId=99&bbsSeqNo=79&nttSeqNo=3173595)。

② 参见:《"大片时代"的网综迎来产业化升级〈这! 就是街舞〉为何能成为"圈层爆款"?》(http://www.jfdaily.com/news/detail? id=93382.)。

③ 作者在2023年3月、4月、9月和11月对国内多位主流媒体和平台制片人的访谈。

（四）技术支持：社交媒体的高效传播与互动效应

通信技术和经济全球化的发展推进了节目模式的全球流通，其中，互联网和各种社交媒体是东亚节目消费与互鉴的主要技术支持，加强了东亚电视节目模式产业的国际影响力，进而吸引东亚各国进行合作互鉴。

社交媒体具有互动性强和去中心化的特点，使受众基于节目的交往更频繁和多样。拥有相似消费喜好的受众倾向于"抱团"，这加强了网络互动，并放大了偏好。尤其对于韩国而言，近 10 年的韩流主要依托视频网站和社交媒体，社交媒体在分享与交流方面的优势使得韩流能迅速实现指数级传播。例如，《跑男》输出前便被翻译至 YouTube 等国际视频网站，并吸引了大量在线粉丝，为其输入中国等周边国家打下了基础。中国原创节目模式《星动亚洲》在韩国首播当天便登上韩国最大的搜索引擎 Naver，热度排名第二。输出至越南的《这！就是街舞》也借助国际视频平台的流量东风，第四季节目在YouTube 上总播放量破亿，第 1 期拥有超过 8600 条评论。可见社交媒体与网络播放平台具备受众规模与传播效应上的优势。可观的收视与越南选手MT-POP 的亮眼表现吸引了越南头部制作公司 Yeah 1 Entertainment 购买节目模式版权。

第三节　讨论和结语

本章关注了全球电视节目模式流动的脉络和区域化发展，聚焦于东亚电视节目模式的合作互鉴及其对全球节目模式贸易的影响。节目模式是一种能跨国流动并进行本土化改编的文化产品。电视节目模式的流动发轫于 20世纪 50 年代英美的跨国节目销售，并随着 80 年代欧洲的电视市场开放迎来了第一波发展高潮。20 世纪 90 年代，电视节目模式的输出中心由美国转移至欧洲，节目模式的影响力逐渐辐射全球，《谁想成为百万富翁》等超级节目模式得以出现。进入 21 世纪后，电视节目模式的交易额、流通速度、扩张范围得到明显升级。如今，虽然电视节目模式的全球生产体系仍由欧美跨国集团主导，但欧美发达国家与其他国家的差距逐渐缩小，亚非拉等国家节目模式的影响力已扩张至全球，转变了全球网络中由北向南的单向文化流动，并挑战了以西方为中心的文化知识生产霸权,从而对文化全球化下文化/媒介帝国主义的适用性形成了有力质疑。

　　节目模式看似是开放包容的框架,内含的规则与创意却蕴含着输出国的文化和价值观。本章主要分析了全球电视节目模式的发展史,勾勒了节目模式全球流动网络样态,并重点刻画了东亚节目模式的区域化图景,日韩由此拓展了节目模式的受众范围,成为东亚流行文化产品中心,尤其是韩国以东亚市场为跳板进一步提升其节目模式的吸引力并逐渐将输出地拓展至欧美。中国则通过东亚的区域合作互鉴获取研发经验并提升制作技术,开启由引进至输出的转变,为中国电视节目融入全球做好铺垫。中日韩皆在区域化中实现了全球价值链中的向上流动,为打破上游位置的垄断提供了另一种可能。此外,本章通过案例分析展现了东亚节目模式合作互鉴的多样化路径,包括联合研发、输入国主导型合作、国际 IP 公司主导型合作,以及输出国主导型合作。通过中日韩之间的节目模式交流、合作生产以及文化元素的相互借鉴,东亚节目模式在保持各国文化特色的同时实现了跨文化的共鸣和国际市场的成功。东亚节目模式的合作互鉴在节目生产、节目文本及影响力方面呈现出独特的文化区域特色,其形成的多极生产中心、本土化生产与创新迭代和强大的国际影响力,以一种超越全球结构的形式,一定程度上重塑了长期以单向的、从北到南的流动为特征的全球文化经济景观。接下来,本书将重点探讨中国电视节目模式的发展历史,描绘中国电视节目模式由引进至输出、由价值链下游逐渐迈向上游的路径,挖掘我国电视产业不同时间段与不同国家地域互动的社会特征,关注其非线性与多重性历史的交叉。

参考文献

　　[1]陈鹏.中国影视舆情与风控报告[M].北京:社会科学文献出版社,2016.

　　[2]戴颖洁.电视节目模式跨境流动研究——基于媒介全球化的理论视角[J].浙江传媒学院学报,2017(24):2-9,145.

　　[3]胡智锋.电视节目策划学[M].上海:复旦大学出版社,2006.

　　[4]黄世席.电视节目模式法律保护之比较研究[J].政治与法律,2011(1):114-122.

[5]李宇.韩国放送公社(KBS)发展策略浅析[J].中国广播,2020(7)：61-64.

[6]罗格斯,安托拉斯洛.电视小说——拉丁美洲的成功[J].斯洛,译.中外电视,1989(4):53-56.

[7]罗立彬.电视节目模式国际贸易与电视节目产业发展:动因、影响与中国案例[M].北京:经济管理出版社,2020.

[8]潘东辉,郑雪.从引进来到走出去:中国原创节目模式如何融入全球价值链[J].国际传播,2021(1)：88-92.

[9]彭侃.创意的力量:全球价值链视野下的节目模式[M].北京:中国国际广播出版社,2023.

[10]唐苗.国际传播内容的"逆流"与文化权力的迁移——解读英国真人秀节目模式在中国的兴衰[J].湖南大学学报(社会科学版),2016(3)：155-160.

[11]陶冶.节目模式的跨域流动——以"盎格鲁—美利坚"电视体系的文化逻辑为视角[J].当代传播,2018(5)：63-67.

[12]王锦慧,赵计慧.韩国电视节目进入中国电视市场的模式及其影响[J].现代传播(中国传媒大学学报),2016(10):126-129.

[13]杨念群.何谓"东亚"？——近代以来中日韩对"亚洲"想象的差异及其后果[J].清华大学学报(哲学社会科学版),2012(1):39-53,159.

[14]殷乐.电视模式产业发展的全球态势及中国对策[J].现代传播(中国传媒大学学报),2014(7)：106-111.

[15]张建珍,彭侃.电视节目模式国际贸易发展简史[J].新闻春秋,2013(2)：65-71.

[16]张建中.从《丑女贝蒂》看拉美电视剧的全球营销与生产[J].中国电视,2011(8):89-92.

[17]张建中.文化的冲突与融合:阿拉伯国家真人秀电视节目简析[J].中国电视,2012(4)：70-74.

[18]赵鼎新.论机制解释在社会学中的地位及其局限[J].社会学研究,2020(2)：1-24,242.

[19]赵瑜.为什么我们需要数字电视？——荷兰数字电视转换的SCOT

分析[J]. 新闻大学,2010(2)：81-85.

[20]朱礼庆,任少博. 电视真人秀模式由欧美向韩国的转变探析 [J]. 中国广播电视学刊, 2014(5)： 36-39.

[21]Andrejevic M B. Reality TV： The Work of Being Watched[M]. Maryland： Rowman & Littlefield Publishers, 2003.

[22]Berg M. The importance of cultural proximty in the success of Turkish dramas in Gatar [J]. Internatonal Journal of Communication,2017 (11)：3415-3430.

[23]Berndt J, Kümmerling-Meibauer B. Manga's Cultural Crossroads [M]. London and New York： Routledge, 2014.

[24]Chalaby J K. At the origin of a global industry： The TV format trade as an Anglo-American invention[J]. Media, Culture & Society, 2012 (1)： 36-52.

[25]Chalaby J K. Drama without drama： The late rise of scripted TV formats[J]. Television & New Media, 2015b(1)： 3-20.

[26]Chalaby J K. The advent of the transnational TV format trading system： A global commodity chain analysis[J]. Media, Culture & Society, 2015a(3)： 460-478.

[27] Chalaby J K. The Format Age： Television's Entertainment Revolution[M]. Cambridge and Malden： Polity, 2016.

[28]Chalaby J K. The making of an entertainment revolution： How the TV format trade became a global industry [J]. European Journal of Communication, 2011(4)： 293-309.

[29]Dudrah R K. Bollywood Travels： Culture, Diaspora and Border Crossings in Popular Hindi Cinema [M]. London and New York： Routledge, 2012.

[30]Esser A. Challenging US leadership in entertainment television? The rise and sale of Europe's international TV production groups[J]. International Journal of Communication, 2016(1)： 3585-3614.

[31] Fabian J. Time and the Other： How Anthropology Makes Its

Object[M]. New York：Columbia University Press，2014.

[32] Freedman D. Who wants to be a millionaire? The politics of television exports[J]. Information，Communication & Society，2003(1)：24-41.

[33] Hofstede G. Culture's consequences：Comparing values，behaviors，institutions and organizations across nations [M]. Thousand Oaks：Sage Publications，2001.

[34]Iwabuchi K. Feeling glocal：Japan in the global television format business [M]//Television Across Asia. London and New York：RoutledgeCurzon，2003：21-35.

[35]Iwabuchi K. Feeling Asian Modernities：Transnational Consumption of Japanese TV Dramas[M]. Hong Kong：Hong Kong University Press 2004.

[36] Iwabuchi K. Contra-flows or the cultural logic of uneven globalization? Japanese media in the global agora[M]// Media on the Move：Global Flow and Contra-flow. London and New York：Routledge，2007：67-83.

[37] Iwabuchi K. De-Westernisation，inter-Asian referencing and beyond[J]. European Journal of Cultural Studies，2014(1)：44-57.

[38]Iwabuchi K. From western gaze to global gaze：Japanese cultural presence in Asia[M]//Global Culture. London and New York：Routledge，2016：256-273.

[39]Jin D Y. Transnationalism，cultural flows，and the rise of the Korean Wave around the globe[J]. International Communication Gazette，2019(2)：117-120.

[40]Keane M. A revolution in television and a great leap forward for Innovation? China in the global television format business [M]//Global Television Formats. New York：Routledge，2012：306-322.

[41]Liu Y L，Chen Y H. Cloning，adaptation，import and originality：Taiwan in the global television format business [M]//Television across Asia. London and New York：Routledge，2003：66-85.

[42]Lu E. Remapping spatiality in contemporary East Asian media engagement：Reevaluating China's Got Talent[J]. Media, Culture & Society，2022(7)：1394-1402.

[43]Marlow J. TBI formats：Why Korean IP will cut through globally for years to come[EB/OL]. (2020-03-12)[2024-03-03]. https://tbivision. com/2020/03/12/tbi-formats-why-korean-ip-will-cut-through-globally-for-years-to-come/.

[44]Meir C. European conglomerates and the contemporary european audiovisual industries：Transforming the industrial landscape amid the arrival of SVOD platforms，a high-end television boom，and the COVID-19 crisis[J]. European Commission Report，2021(23)：1-72.

[45] Ming Y，Leung L. Ganbaru and its transcultural audience：Imaginary and reality of Japanese TV dramas in Hong Kong[M]. //Feeling Asian Modernities：Transnational Consumption of Japanese TV Dramas Hong Kong：Hong Kong University Press,2004：89-105.

[46]Moran A，Malbon J. Understanding the Global TV Format[M]. Bristol：Intellect，2006.

[47]Ndlela M N. Television across boundaries：Localisation of big brother Africa[J]. Critical Studies in Television：The International Journal of Television Studies，2013(2)：57-72.

[48] Nordenstreng K，Thussu D K. Mapping BRICS Media[M]. London and New York：Routledge,2015.

[49] Straubhaar J D. Beyond media imperialism：Assymetrical interdependence and cultural proximity[J]. Critical Studies in Mass Communication，1991(1)：39-59.

[50]Straubhaar J D. Telenovelas in Brazil：From traveling scripts to a genre and proto-format both national and transnational[M]//Gobal Television Formats. New York and London：Rontledge,2012：148-177.

[51]Thussu D K. Media on the Move：Global Flow and Contra-Flow[M]. London and New York：Routledge，2007.

［52］Thussu D K. International Communication：Continuity and Change ［M］. London and New York：Bloomsbury Academic，2018.

［53］Waisbord S. McTV：Understanding the global popularity of television formats［J］. Television ＆ New Media，2004(4)：359-383.

第三章

中国电视节目模式引进史：
形态参考、模式克隆与版权进口

　　中国电视节目模式引进史经历了形态参考、模式克隆和版权进口三个阶段,其阶段性特点与中国电视产业的整体变化和国内外结构性因素的变迁勾连,包括技术发展、电视台产业化、制片人制度的推出以及本书第二章探讨的国际节目模式贸易的兴起等。本章将深入剖析改革开放后中国电视节目模式向外求索的主要特征,通过典型案例的分析,揭示中国电视节目模式在不同阶段所呈现的独特面貌和发展趋势。本章将从节目文本特征、主创人员的生产逻辑以及受众研究等多个维度切入,全面考察中国电视节目模式在引进过程中如何实现内容的形态化和模式化。值得注意的是,本章所指的引进史并非仅限于节目模式版权的进口阶段,而是涵盖了改革开放后中国电视节目形态和节目模式向外参考与求索的整体历程。受到齐林斯基(2018)提出的深层时间和黄旦(2015)的新报刊史书写范式变更的启发,本书在史观上不抱持本质论和连续进化的目的论,因而本章所划分的历史阶段也并非完全割裂的,而是相互关联的、有所交叠的。正如周勇和何天平(2020)指出的,考察中国电视的历史演进,需将其视为社会语境,即中国电视在不同阶段下如何与社会各种力量进行互构,并尝试将这一互构的形态引入电视节目模式史的研究。通过对中国电视节目模式引进史的梳理,本章旨在更深入地理解中国电视节目模式在全球化背景下的演变脉络,为后续探讨中国电视节目模式的创新和输出奠定基础。

　　关于中国电视节目模式引进的历史阶段划分,学界已有诸多讨论。根据中国电视的内容生产和产业发展,胡智锋和刘俊(2016)认为,中国电视节目模式引进经历了世纪之交至2010年前后的积累阶段和2010年之后井喷式的爆发阶段。罗立彬(2020)根据中国电视节目模式贸易的规模和形式,将其分为引进少量模式的初始期(1998—2010年前)、大量引进的高峰期(2010—2014年)以及联合制作和引进模式类型增多的新阶段(2014年之后)。彭侃

(2023)则根据中国节目模式融入全球价值链的进程,将其分为三个阶段,包括 20 世纪 90 年代至 21 世纪初的破冰期、21 世纪初至 2010 年前的深化期,以及 2010—2015 年的爆发期。与既有研究大多将我国节目模式发展的历史梳理作为背景资料不同,本章以历史研究为主体,除了收集分析宏观数据外,还考察并引用了田野调查和访谈等一手资料,旨在展现中国电视节目模式发展历史更丰富多元的面貌。参考既有研究的分类,本章根据中国电视产业化发展的内外因素、节目内容向外求索的形式与节目呈现出来的特点进行划分,主要将其分为以下三个阶段。

第一阶段为 20 世纪 90 年代初期,该阶段的主要表现为中国电视人开始参考海外电视节目形态元素。电视节目形态(genre)源于电影中类型的概念,指的是节目内容的表现形式或载体,是节目生产的核心部分,使节目具有不同的风格。学界认为,电视节目形态是由人物、情节、灯光、道具、舞美、音乐、对话等元素共同组成的特殊结构(麦克奎恩,2003;孙玉胜,2003;陈虹,2013)。构成要素和组合方式的不断固化形成了各种各样的电视节目形态。尽管中国电视始于 1958 年,但很长时间里主要是作为宣传和教育的工具,直到改革开放后,尤其是 20 世纪 90 年代,随着市场经济体制的逐步建立和完善,我国的经济发展增速显著,电视媒体市场化程度才不断提高,迎来了新的机遇和挑战(刘书峰和丁韬文,2022)。为了解决电视节目种类单一、缺乏趣味性等问题,并更好地迎合社会风气变化与观众不断提升的需求,电视节目创作者在经济效益的影响下将收视率纳入了考量的范围,推出了形态多样、受众吸引力强的热点节目(沈小风,2001)。

事实上,为了满足受众需求并提升节目质量,中央电视台早在 1991 年便着手开展收视率调查与节目评估工作。至 1993 年,已建立起几乎覆盖全国的调查网络,并基于此数据对栏目进行精准设置与调整。当年,中央电视台共设有 86 个栏目,类型丰富多样,涵盖了新闻资讯、体育运动、卫生健康、文化歌舞等多个领域。特别值得一提的是,文艺中心栏目汇聚了诸如《综艺大观》《旋转舞台》《曲苑杂坛》等深受观众喜爱的综艺节目,充分展示了当年中央电视台在节目创新与多样化方面的积极探索与努力(中央电视台研究室,1995)。而经过受众检验的海外流行节目也成为借鉴的对象之一,因而参考国外优秀电视节目的形态元素成为 20 世纪 90 年代初期节目的重要特点。其中,模仿海外杂志类节目元素的《正大综艺》《东方时空》《新闻调查》等,参考吉尼斯世界纪录概念和竞技元素的综艺节目《电视吉尼斯》等,以及情景喜剧《我爱我家》等,是20世纪90年代初期具有代表性的参考国外优秀电视节目形态元素的节目。

第二阶段为20世纪90年代中后期到2010年前,该阶段的主要特点为电视节目模式克隆。模式(format)最早用于印刷业,指书籍印刷的一种形状和尺寸,后延伸至视听领域。该概念聚焦其对节目制作的功能,通常是指某种安排、表达和流程(Moran and Malbon,2006),是节目元素中固定不变的公式,使其他节目能基于该公式进行复制和改编(Moran,2013)。和电视节目形态相比,节目模式是一种严密的节目制作体系,具有更强的商业属性,即可交易性与可版权性,其基本路径是:节目制作方根据创意,选择合适的内容,研发出完整的电视节目流程,再根据这个流程研发出节目模式宝典(Bible),播出后获得优良的收视市场回报,此时节目模式才得以形成。从当前全球的节目模式流动来看,节目模式主要集中在娱乐类和剧情类,主要是综艺节目和电视剧,而不适用于文化折扣较高的新闻类节目。

中国于2001年加入世界贸易组织(WTO),在世界经济一体化、文化交流全球化的背景下,我国的文化消费市场逐渐对外开放,更多的传媒巨头争相进入中国市场,寻求合作与机会。再者,国际电视市场上模式贸易开始蓬勃兴起,出现了售卖到几十个国家的超级节目模式。在这样的背景下,我国电视节目制作行业也朝着工业化、标准化的方向发展,超越了上个阶段对海外电视节目形态元素的参考,模仿并引进海外电视节目模式的步伐明显加快。由英国节目《谁想成为百万富翁》模仿而来的益智类节目《开心辞典》、由美国节目《美国偶像》(American Idol)模仿而来的《超级女声》在这一阶段大获成功。与此同时,国内电视台模仿海外节目继而引发电视台之间相互模仿的情况日益普遍(张常珊,2013),关于节目版权保护的讨论也逐渐变得激烈。

第三阶段为2010—2015年,在该阶段节目模式版权引进成为常态。2010年2月,《中华人民共和国著作权法》(简称《著作权法》)第二次修订,进一步加大了著作权保护力度,为文化创新与发展提供了坚实的法律基石。同时,随着经济文化的迅速发展及互联网媒体的兴起,大众收看电视节目的渠道增多,种类也随之丰富。在这一背景下,电视节目市场结构发生了深刻变化。

过去,电视台等买方在市场中占据主导地位,而现在卖方市场的力量逐步增强,电视台开始主动寻找优质节目资源,节目模式引进因此蓬勃发展。除了最先开始实行节目模式版权引进的湖南卫视、浙江卫视、东方卫视外,一些二线电视台也加入了这个行列,直至 2014 年,电视及网络播出的版权引进节目共计超过 60 个,版权费用超过 2 亿元。① 以真人秀、竞技类为主的节目类型成为引进节目模式的主流,其中包括具有创新性和带来高收视率的节目,如《中国达人秀》《中国好声音》等。这些节目不仅原创性高,本土化改编得当,丰富了观众的娱乐生活,也为电视台带来了丰厚的收益。然而,引进节目模式《中国星跳跃》《深夜食堂》等则因价值观不符、改编不当等"水土不服"的情况,导致引进失败。上述两种引进情况的对比揭示了成功引进的经验,既要积极自主创新,也要充分考虑文化差异和市场需求,避免简单复制和盲目跟风。同时,这一经验也在常态化节目模式引进的背景下被政策吸纳,2015 年前后,国家开始加大力鼓励自主创新并限制节目模式引进,带来了喜忧参半的影响:一方面促进了制作公司和平台研发创新,并生产出一批优质节目(具体在第四章到第六章详述);另一方面由于我国对于版权保护的法律法规仍在完善过程中,也让部分制作单位倒退回过往的模仿抄袭,引发了一定的争议。

第一节 形态参考(20 世纪 90 年代初期)

一、经济和文化双重驱动下中国电视积极向外求索

如本书第二章所述,作为文化产品的电视节目模式起源于 20 世纪 50 年代,起初只是在欧美国家间流通。90 年代起,节目模式的国际贸易经历了爆发式的增长,国际上出现了售卖至数十个国家的超级节目模式。如上文所述,电视节目模式是具有版权的电视节目整体概念,通过节目大纲、游戏规

---

① 参见:《中国每年花费超 2 亿元引进海外综艺节目》(http://www.thepaper.cn/newsDetail_forward_1287720)。

则、台词、标题等节目元素组织起来,架构成一个完整的框架,具有可复制性和品牌效应。优质节目的开发者通常将节目的制作经验总结成宝典,并提供制作手册和顾问服务,由发行商向其他国家或地区的制作商授权,进行合理的本土化以呈现最佳效果。然而,在发展之初,由于缺乏经验以及整个文化产品交流市场的秩序仍然处于混沌之中,电视节目制作混杂着创意的剽窃和简单的元素模仿。

尽管中国电视业起源于 20 世纪 50 年代,但在改革开放前,中国电视节目形态单一,与国际电视节目行业鲜有交集。改革开放后,电视的地位逐渐上升,广播电视部门成立(胡智锋和韩运荣,1999)。随着 80 年代"四级办广播电视"政策出台,提出了"四级办广播、四级办电视、四级混合覆盖"的事业发展方针①,带来了电视台和频道的增多与广播电视覆盖率的提升,也鼓励电视台更加重视节目内容,同时出现了电视剧、电视竞赛和电视综艺节目,深受人民群众喜爱。1992 年,党的十四大提出建立社会主义市场经济体制,为文化产品和艺术作品提供了更自由的创作空间与更多的商业机会。同年,《中共中央、国务院关于加快发展第三产业的决定》指出:"大多数第三产业机构应办成经济实体或实行企业化经营,做到自主经营、自负盈亏。"②在市场化的驱动下,中国电视开始积极向外求索,探索新的创作理念和运营方式,(新闻)杂志类节目、综艺节目以及情景喜剧等电视节目形态应运而生。

与此同时,20 世纪 90 年代社会文化的阶段性变迁对电视节目创作也产生了深远影响。随着电视节目数量的不断增加、社会风尚的逐步改变、受众鉴赏能力的显著提升以及收视需求的差异化与高级化,电视节目创作者面临着日益复杂的创作环境(林世渊,1996)。在这一背景下,创作者需要综合考虑多种因素,以确保节目能够紧跟时代潮流,满足观众的多元化需求。作为互动性较强的新兴传播媒体,电视在 90 年代文化氛围日益自由的背景下,与受众之间的关系发生了深刻变化。民间话语权逐渐增强,大众对媒体的兴趣、爱好和立场通过各种渠道得以表达,进而影响着市场的选择(李献东,

---

①　参见:《1983 年"四级办广播电视"政策的出台及其实施效果》(http://www.ccpph.com.cn/bwyc/202307/t20230705_368752.html)。

②　参见:《中共中央、国务院关于加快发展第三产业的决定》(http://www.ce.cn/xwzx/gnsz/szyw/200706/17/t20070617_11787867.shtml)。

2002)。这种变化使得电视台在节目创作过程中更加注重观众的反馈和需求,以提升节目的吸引力。面对激烈的市场竞争,电视台为追求经济效益,积极融入流行多样的元素,这不仅体现在节目内容的创新上,还体现在节目形态的多样化上。在社会文化和经济的双重作用下,90 年代初期以元素形态参考为主流的电视节目引发了强烈的社会反响。在维持政治宣传和教育功能的同时,这些节目更加注重娱乐性和观赏性,从而赢得了广大观众的喜爱。这一变革不仅推动了中国电视行业的快速发展,也为后来的电视节目创新提供了重要的经验和启示。

二、电视杂志节目形态元素参考

(一)《正大综艺》

《正大综艺》作为中央电视台与泰国正大集团合作的电视节目,以台湾中视的旅游节目《绕着地球跑》为蓝本,打造了独具特色的演播室旅游猜谜节目形式,成为 20 世纪 90 年代中国电视杂志节目的代表之一。《绕着地球跑》是李秀媛与谢佳勋合作主持的旅游节目,通过主持人的旅游足迹来展现世界各地的美景、介绍旅游文化知识。《正大综艺》开设之初借用了该节目的外景拍摄素材,通过在演播室提出与当地文化紧密相关的趣味性问题,引导外景拍摄中的场景与室内嘉宾回答相结合。电视杂志节目的综合性与不纯粹性在该节目中得到了充分体现,内容丰富多样,结构灵活自由,集知识性、文艺性、服务性于一体(陈兵等,2002)。通过电视的杂志化与节目化,节目从新的视角对电视内容进行选择和编排,融合了杂志的特色,使观众在欣赏节目的同时,能够领略到世界各地的旅游文化和知识。《正大综艺》的早期节目包括"世界真奇妙""五花八门""名歌金曲"等多个板块,节目素材由正大集团提供,并由主持人巧妙串联,以猜谜的形式向观众呈现丰富多彩的内容(如图 3-1 所示)。这一创新形式使得《正大综艺》在 20 世纪 90 年代稳居 CCTV-2 收视率榜首[①],成为观众喜爱的经典之作(何文新和秦明新,1999)。

---

① 《正大综艺》最初在 CCTV-2 播出,自 2010 年 9 月 19 日起,调整至 CCTV-1 播出。

图 3-1　正大综艺第 1 期节目资料①

　　作为中国最长青的综艺节目之一,《正大综艺》至今仍在 CCTV-1 每周日 18 点播出,在不断的商讨与改版中,完成了"模仿—创新—本土化"的变化路径。② 在最初的模仿阶段,《正大综艺》的每次改版都像是对《绕着地球跑》的"亦步亦趋"。节目借鉴了问答竞猜的游戏节目形态,由场外主持人提问场内嘉宾,并和《绕着地球跑》共享外景素材,但在嘉宾阵容方面实现了某种程度的本土化,邀请了不少彼时知名的相声和小品演员作为答题嘉宾。这与保罗·李所提的变形虫式改编类似,他曾用四种生物比喻外来媒介文化的吸收与本土化过程中存在的四种模式(Lee ,1991)。其中,鹦鹉式(parrot pattern)是对外来文化形式和内容的全盘照搬,如同一只鹦鹉在形式上和内容上模仿人的声音,却不理解说话的含义。变形虫式(amoeba pattern)是保持内容而改变形式的模式,如同阿米巴变形虫,形式不同但实质不变。珊瑚式(coral pattern)是保留形式却改变了内容的模式,如同珊瑚死亡后虽然物质已经发生了变化,但仍保持着珊瑚的形状。最后一种则是蝴蝶式(butterfly pattern),指的是对外来文化的吸收和本土化达到了难以区分原始文化的程度,就像蝴蝶从蛹成长至成熟阶段一样,人们不再能分辨出它原来的形状。由本地主持人串联素材并由本土嘉宾参与的电视杂志节目呈现出的正是变形虫式样态。

————————————

① 图片由中央电视台版权中心提供。
② 作者在 2024 年 5 月 17 日对《正大综艺》早期制片人的访谈。

　　自 1991 年起,《正大综艺》开始在原有节目上增加新的元素,步入拥有创新意识的阶段。例如,节目开始重视场外观众的角色,让观众与场内嘉宾"一同旅游"。又如,节目推出的新板块"一笑茶园"引入外籍主持人,与嘉宾进行趣味性对话,生动地演绎出中西文化碰撞的戏码。此时,变形虫式逐渐向珊瑚式变动,保留着原有模式的框架,但其内容在不断创新。这个拥有特殊节目制作方式且载负信息文化与电视文化的节目,引发了电视杂志节目的本土化迭代,很多电视节目的编导纷纷效仿《正大综艺》的整体构架和编导手法(沈守会,1995)。在20 世纪 90 年代,《正大综艺》的不少节目形态与表现形式在推出后一两个月内便会被其他节目效仿(何文新和秦明新,1999)。

　　2002 年,《正大综艺》首次模仿海外节目模式,参考国外热播的娱乐节目《狗咬狗》(Dog Eat Dog),采用"选手＋游戏＋主持人＋高额奖品"的模式让观众成为节目的唯一主角,同时使《正大综艺》进一步向娱乐节目转变。2006年后,《正大综艺》的两次重要改版开启了文化融合与杂糅的全新本土化时期。首先,节目一改以往选手答题的形式,推出《正大综艺·吉尼斯中国之夜》系列节目,向观众展现了吉尼斯世界纪录,并加入了中国功夫、心算等中国文化元素,且剔除了不符合中国文化或观众接受习惯的内容。其次,节目在 2010 年又引进日本的全球知名节目模式《墙来了》(Hole in the Wall),推出季播节目《正大综艺·墙来啦!》。与先前借鉴外景素材不同,这是《正大综艺》首次完整引进外国节目模式,嘉宾摆出各种身体动作来通过多面奇形怪状的墙,以新颖的娱乐精神颠覆了《正大综艺》旧有的以益智为主的答题模式(成锦艳,2013)。《墙来了》采用循序渐进的中国传统思维方式叙事,也在谜底中加入中国家喻户晓的儿歌歌词。① 《正大综艺》在两次本土化改造中,均巧妙地运用了杂志的节目形态,成功引入了外国节目模式的框架。然而,这一过程并非简单的复制,而是伴随着对中国文化内涵的深度融入。这种杂志式的节目形态不仅为其灵活适应流行综艺节目模式提供了便利,更在节目中不断注入本土文化的精髓。在 2013 年亲子真人秀热潮中,《正大综艺》又引进美国亲子类节目模式《宝贝筹码》(Bet On Your Baby),推出"宝宝来啦"系列,

------

　　① 参见:《〈墙来了〉本土化创新的文化元素解析》(http://media.people.com.cn/n/2013/1122/c358381-23628506.html)。

传递正面的家庭教育价值观,而当亲子真人秀的热度消散后,节目又转向其他类型的益智栏目,展现出了高度的灵活性和适应性。在此过程中,《正大综艺》以杂糅与融合的方式,实现了综艺模式的局部珊瑚式创新与整体蝴蝶式文化移植,为中国综艺节目的演进提供了宝贵的样本。

(二)《东方时空》

《东方时空》是一档由中央电视台推出的新闻资讯节目,凭借着其金色的标识(如图 3-2 所示)、简洁的片头导语、深刻的节目议题、真实的采访以及主持人亲切的语言赢得了观众的喜爱。电视杂志新闻节目又称电视新闻杂志节目,是指按杂志的方式组织、编排内容,以传播深度新闻为主,通过电视节目的声音、影像、图文兼备的方式进行播报,能够让观众直观地面对社会中正在发生的热点事件、厘清事件脉络,同时兼具其他社会功能并能满足受众多方面需求的电视节目类型(余玉,2008)。电视杂志新闻节目是从电视杂志节目中延伸出的特殊类型。一般而言,电视杂志节目是由若干内容以及形式相对独立的板块构成,或串联表达一个统一的主题,或并联表达各不相同的主题,相对其他节目来说更强调文化性、知识性和交流效果(张鸿勋,1999)。和一般的新闻节目相比,电视杂志新闻节目更加关注新闻事件的戏剧性,通过画面语言的表达和事件细节的选择体现记者的主观判断,在播报新闻的同时巧妙传递观念,能够潜移默化地让观众接受记者想要在新闻中传达的价值标准和爱憎尺度(程梁,2009)。世界知名的电视新闻杂志节目包括美国全国广播公司(NBC)的《今日》(*Today*)、哥伦比亚广播公司(CBS)的《60 分钟》(*60 Minutes*)和美国广播公司(ABC)的《20/20》等。

图 3-2　《东方时空》1993 年标识①

①　图片由中央电视台版权中心提供。

在《东方时空》节目创作初期，主创团队观摩了大量的欧美早间杂志节目，尤其对美国电视杂志新闻节目《60分钟》进行了大量的元素参考，《60分钟》在20世纪80年代成为美国电视史上最受欢迎的节目与电视收视榜上的头牌，主导了彼时美国受众的社交议题，引发了全球众多电视制作方的效仿（赫福德，2004）。在栏目的设置与整体编排方面，《东方时空》模仿《60分钟》设立了三个固定板块，且将当晚最重要的新闻放置于开头处。在电视语言及电视手段的运用方面，《东方时空》和《60分钟》都非常重视电视语言的合理运用，例如在访谈节目中，运用大量的过肩镜头，让新闻人物以正面的姿态面对观众，从而产生与观众面对面交流的感觉。在主持人以及主持风格方面，《60分钟》的主持人参与选题策划和采访，塑造了个性鲜明、阅历丰富的主持人形象，例如主持人麦克·华莱士（Mike Wallace）的采访以思维敏捷、尖锐犀利著称，其于2000年在北戴河对时任中国国家主席江泽民的采访，也让中国观众对他开门见山又咄咄逼人的采访风格有了进一步的了解。换言之，《东方时空》模仿《60分钟》的主持人培养模式，致力于将新闻播报者转化为新闻主持人，由此也培养了白岩松、敬一丹、水均益等一批优秀的主持人（王俊杰等，2003）。

《东方时空》自1993年开播后，进行了多次改版，最终成功成为中央电视台名牌栏目之一。节目最初的理念是打造一档早间的综合类杂志节目，融娱乐和咨询为一体，因此共设置了四个板块："东方之子""金曲榜""生活空间""焦点时刻"。每个板块都有自己的主持人，他们有着自己的主持风格，呈现出多样化的栏目风格。改版后，节目保留了"焦点时刻""东方之子"和"生活空间"，取消了与电视杂志新闻节目关联度较低的"金曲榜"，既能保证每个板块有充分的时间进行深入报道，又统一了节目调性，有效避免了电视杂志新闻节目杂而不深的弊端，最终形成了由总主持人串联"焦点时刻""东方之子"和"生活空间"三大板块的形态，栏目风格依次为严肃、凝重、轻松，节奏则呈现出"快—慢—快"的变化趋势（黄芸芳，2002）。《东方时空》的出现加快了我国电视新闻实质性改革的历程，为20世纪90年代的电视新闻节目带来了创新。首先，突出以主持人为代表的人物，要求主持人有自己的观点和鲜明的个人风格，与观众一样拥有喜怒哀乐而非仅仅充当传声筒。其次，节目主要关注社会新闻，以具有时效性的内容著称，紧跟社会热点，回应社会关切，明确舆论导向，每期节目有3—4条硬新闻、2—3组新闻专题以及10条以内简短的国内外热点新闻报道，与当时大多和政治挂钩的新闻节目截然不同，《东方时空》以平等的方式播报真正的民生问题。

《东方时空》作为一档敢于创新的电视新闻节目，主创人员的生产逻辑对节目的最终呈现效果有着重大的影响。首先，主创人员的观念产生了变化。"真诚面对观众"并不只是节目的口号，更是创作态度的改变和话语方式的转变，创作者通过平视的角度去和观众真诚地对话。因此，在节目筹备初期，电视台领导将节目中用到的字体从新华体改为中新体，凸显轻松、活泼的节目风格（孙玉胜，2003）。2005 年，作者在中央电视台田野调查期间，对《东方时空》节目组进行了田野考察，旁听过该节目的策划点评会，并对节目组的制作人员进行过深入访谈。谈到节目成功的原因，一位主创人员指出："西方新闻节目给我们留下最深刻印象的不是节目内容，而是主持人介绍新闻的风格。我们逐渐意识到，观众更喜欢主持人用个性化的方式讲述新闻……如果你问我们节目成功的关键……那就是我们尝试的个性化语言……"[①]其次，政治因素的介入使得节目创作打破了原有的路径依赖，开创了新的版图。根据推动电视新闻节目改革的时任中央电视台台长杨伟光回忆，1992 年，时任中宣部部长丁关根提出，新闻媒体应该抓住热点现象，例如反腐、消除官僚主义等，通过电视节目对一些不合理的现象加以揭露和批评（苟凯东，2015）。在高层的积极推动下，这场自上而下的电视新闻节目变革激活了新闻理念，唤醒了新闻理想，为节目的创新埋下了伏笔。《东方时空》的创办开启了中央电视台的黄金时代，延安这一概念经常出现在对这一时代的描述中，如"20 年前，年轻人从四面八方像当初有人投奔延安一样，来到《东方时空》，自觉自愿"（李红涛，2016）。最后，作者也了解到，《东方时空》初创之时，节目创始人孙玉胜从彼时的电视剧行业引入了制片人制度来管理由四个板块组成的节目，通过赋予制片人一定的经费使用和雇用临时人员的权利，一定程度上提高了节目组的创作积极性和工作效率。[②]

在 20 世纪 90 年代初期，《东方时空》开创了我国电视新闻节目的先河，既保留了主流性和新闻性，又具有新鲜、富有活力的节目特征，迅速赢得了观众

---

① 作者在 2005 年 6 月 5 日对《东方时空》主创人员的访谈。
② 作者在 2005 年 6 月 5 日对《东方时空》主创人员的访谈。

的喜爱,收视率居高不下,和《焦点访谈》一起成为中央电视台新闻评论性节目的骨干。后者脱胎于《东方时空》的《焦点时刻》,为中央电视台第一档深度调查类新闻节目,该节目在初创时也借鉴了《60分钟》和《日界线》(Dateline)等西方电视杂志新闻节目元素。①《东方时空》是国内第一个对节目创作观念产生深刻影响的电视新闻杂志节目,它的发展历程在某种程度上也是电视杂志新闻节目发展的一个缩影(牛鸿英和张奇,2005)。事实上,《东方时空》亦是当时国内电视节目改革的试验田,1996年播出的国内第一档脱口秀节目《实话实说》便是由《东方时空》延伸而来,根据作者的访谈,《东方时空》的制片人们常在梅地亚宾馆观摩海外节目,寻找创意灵感,《实话实说》的构思就来源于彼时在海外广受欢迎的脱口秀节目,节目组随后模仿海外脱口秀的形态,创作了我国第一档脱口秀节目。② 然而,新闻节目由于其真实性、时效性与客观性等要求,相对于娱乐节目,其模式化和商业化的空间相对有限,因此,进入20世纪90年代中后期以后,中国模仿和引进的海外节目以综艺节目、电视剧为主。

三、竞技类综艺节目形态元素参考

20世纪90年代初期,竞技类综艺节目也开始在我国萌芽。究其渊源,离不开发轫于英国的《吉尼斯世界纪录大全》。《吉尼斯世界纪录大全》起源于英国的一间小酒吧,是由英国吉尼斯啤酒公司(Guinness Brewery)的执行董事休·比佛爵士(Sir Huge Beaver)主持编纂的一本记录世界之最的书。第一本《吉尼斯世界纪录大全》于1954年问世,198页的内容涵盖了运动、商业、科学和建筑等12个领域的内容,一经出版,便掀起了创造吉尼斯世界纪录的热潮。同年11月,吉尼斯世界之最公司(Guinness Superlatives)在伦敦舰队街107号成立。随着吉尼斯世界纪录的不断更新,吉尼斯世界之最公司逐渐发展成涵盖文化出版、旅游娱乐的吉尼斯帝国,并于1990年更名为吉尼斯出版公司(Guinness Publishing Limited)。1999年7月,吉尼斯出版公司正式更名为吉尼斯世界纪录有限公司(Guinness World Records)。③

---

① 作者在2005年3月17日对《焦点访谈》主创人员的访谈。
② 作者在2005年5月5日对《实话实说》主创人员的访谈。
③ 参见:guinnessworldrecords.com/about-us/our-story/timeline。

中国观众最早欣赏到的关于吉尼斯的电视节目是由中央电视台引进的于 1983 年播出的美国电视节目《吉尼斯世界纪录集锦》（*David Frost Presents : The Fourth International Guinness Book of World Records*）[①]，在吉尼斯世界纪录这一概念风靡之后，英国、德国、法国、西班牙等国家都争相推出了类似的、不同国家、不同版本的挑战吉尼斯世界纪录的节目。吉尼斯世界纪录因涉猎广泛、种类齐全、认证权威被广泛认可，也因此更具群众性，激发了大众参与其中的兴趣（贾颖，2009）。

"吉尼斯"作为一个舶来词，象征着对于极限的挑战，同时也代表着与外界的联结。在 20 世纪 90 年代的经济、社会环境趋于开放和包容的背景之下，以吉尼斯为名的相关挑战活动在中国逐渐增多，这也促进了中国吉尼斯电视节目的发展。在中国的电视荧幕上，最先使用"吉尼斯"这一舶来词的是温州电视台 1993 年创办的"电视吉尼斯"，即温州电视台《周末娱乐城》这一杂志节目的一个板块。该板块于 1995 年 3 月脱离《周末娱乐城》，成为一档独立的节目，随后与浙江卫视合办，温州电视台负责提供节目的创意、经费、创造团队，主持人和播出平台方面则由浙江卫视负责，每个月末周日晚上的黄金时间在温州电视台一套和浙江卫视同步播出，时长 50 分钟。[②] 根据节目制片人的回忆，该节目创意最初受到了《吉尼斯世界纪录大全》一书及其相关节目的启发，主创人员不仅借用了"吉尼斯"这一风靡全球的代表极限挑战的舶来词，还观摩了大量海外节目和翻阅了《吉尼斯世界纪录大全》，以参考竞技的主题和呈现方式。节目制片人也曾拜访过吉尼斯世界纪录的英国伦敦总部，但该节目由于其草根性和原始性并没有得到英国吉尼斯世界纪录总部的授权，因此，该节目于 1998 年改名为《中国电视吉尼斯》（如图 3-3 所示）。[③]

事实上，囿于当年有限的节目制作经验和经费，该节目并没有设置演播厅点评的环节，而是以普通人"挑战自我，超越极限"为宗旨，呈现普通人的户外竞技，追求天下第一，记录天下唯一。在长达 40—50 分钟的时间里，以普通观众进行生活技巧的展示或者比赛为主，例如谁的苹果皮削得更长、谁能吃更

[①]　参见 CCTV 节目官网对《吉尼斯世界纪录集锦》节目的介绍（http://tv. cctv. com/2012/12/15/VIDA1355566707006516. shtml）。

[②]　作者在 2009 年 8 月 25 日、2024 年 4 月 8 日对《中国电视吉尼斯》制片人的访谈。

[③]　作者在 2009 年 8 月 25 日、2024 年 4 月 8 日对《中国电视吉尼斯》制片人的访谈。

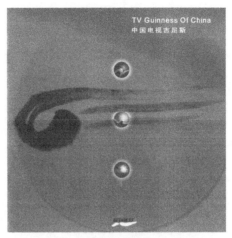

图 3-3 《中国电视吉尼斯》海报①

多的辣椒、谁能用一口气吹灭距离最远的蜡烛等,既满足了老百姓猎奇的心理和自我成就的愿望,又给了普通人展现自我的舞台。以吉尼斯为噱头的活动也延伸至大众生活的其他领域,例如温州洞头就曾举办过中国电视吉尼斯海洋竞赛,竞赛设置了距离为 7.7 海里②的摇舢板速度赛、6 小时织渔网速度赛等符合洞头地理特点且充满趣味的项目,吸引了来自温州和台州地区的 21 支队伍、312 名参赛选手,观众总数达到 10 万人次以上。鉴于其强大的影响力,该节目入选了全省广播电视精品工程,并在全国五大区观众评选中,荣获1996 年浙江卫视"观众最喜爱栏目"的首位。③

　　20 世纪 90 年代,电视节目呈现出的娱乐化特点是大势所趋,人们的生活节奏日益加快,工作压力随之增大,带有娱乐性质的竞技综艺满足了观众放松的需求。根据《中国广播电视年鉴》的统计数据,1992—1996 年,中国电视娱乐节目的产量增加了 5.45 倍,到 1996 年底,全国电视台播放的娱乐类节目已占据所有播出节目的 64.6%(李振水,1993;《中国广播电视年鉴》编辑委员会,1997)。事实上,从 20 世纪 90 年代到 21 世纪初,我国娱乐类节目发展迅速,各电视台陆续推出了不少竞技游戏类的节目,包括中央电视台开播的《正大综艺》《幸运 52》等节目极大地丰富了观众们的选择。温州电视台和浙江卫

---

　　①　图片由《中国电视吉尼斯》制片人陈振洲提供。
　　②　约合 14.26 千米。
　　③　参见:《温州日报》1997 年 8 月 15 日的报道(《三年磨砺,终成精品:温州电视台〈电视吉尼斯〉》)。

视合办的《中国电视吉尼斯》持续风靡热播后一度发行到全国 40 多家省、市级电视台，陆续出现不少模仿它的节目，甚至通过中国国际电视总公司出口到 BBC 和 NHK 等海外主流媒体，并在 2000 年荣获第 13 届全国电视文艺"星光奖"优秀栏目奖。[①] 直至 2006 年 10 月，中央电视台国际部联合英国吉尼斯世界纪录总部推出《正大综艺·吉尼斯之夜》，我国才出现了获得吉尼斯世界纪录总部授权的吉尼斯电视节目。相较于最初温州电视台和浙江卫视合办的《中国电视吉尼斯》，《正大综艺·吉尼斯之夜》"对比赛竞技的分类更规范，更像在吉尼斯世界纪录总部看过的海外吉尼斯节目，并加入了现场表演和演播厅点评"[②]。在特定的时代背景下，该节目利用其平台优势吸引了更多的参赛者和观众，兼具权威性与国际性，融合了民族性与世界性。竞技综艺旨在通过游戏和竞赛的结合，拓宽观众的知识面，在 20 世纪 90 年代对外交流兴起的这段时间中，中国电视台关于吉尼斯电视节目的尝试也彰显出当时社会的精神特质——勇于探索与创新。

随着 20 世纪 90 年代经济文化的不断变迁，我国电视市场开始向外拓展，电视节目形态逐渐多样化，中央电视台和一些地处经济发达地区的地方电视台开始通过卫星电视设备、录像带等资料积极借鉴海外电视节目形态，但与后一阶段不同的是，此时的中国电视市场并没有完整地模仿某一档节目的模式，通常只参考某些经典要素，版权保护的意识也较弱。反观全球，这个阶段欧美各国的节目模式交易已经较为普遍，开发商除了寻求版权法的保护，还尝试运用商业保密法、商标法等对节目模式进行保护（刘丹青，2015）。如第二章所述，全球电视节目运营商 Endmol 和 Pearson Television（后来的 Fremantle Media）、BBC 环球等公司相继成立，一些全球性的节目模式出现，引领着时代的潮流和审美。中国电视市场的落后也促使着节目制作上游产业进一步改革优化，主动学习优秀节目的制作经验。

[①]　作者在 2009 年 8 月 25 日、2024 年 4 月 8 日对《中国电视吉尼斯》制片人的访谈。
[②]　作者在 2024 年 4 月 8 日对《中国电视吉尼斯》制片人的访谈。

第二节 模式克隆
(20 世纪 90 年代中后期至 2010 年前)

一、"入世"前后中国电视向外求索的动因分析

随着 20 世纪 90 年代初期电视节目元素形态参考取得的阶段性成功,一些电视台和制作公司放眼更大的市场,试图参考国外电视节目制作的标准化、流水线理念,引进已在海外市场获得成功的节目模式。与此同时,中国电视节目市场由于起步较晚、经费有限、版权保护的意识薄弱,仍然高度依赖于模仿和克隆国外优秀电视节目模式。

如前文所述,和具有高度多样性与变化性的节目形态不同,电视节目模式具有可复制性,这也使得电视节目模式具有商品的属性,能够通过交易引进。然而在需要支付高昂的版权费用且无法预料收益的情况下,更多的电视台选择通过克隆的方式进行模仿,即未获得许可时对国外电视节目模式的完全模仿(陈阳,2009)。与单纯的元素借鉴不同,电视节目模式克隆更完整、更全面地引用了节目中可复制的要素,通过本土化的方式,使其与当地文化更好地嫁接。

纵观节目模式交易的历史,早在 20 世纪 50 年代初,BBC 就购买了 CBS 的游戏节目《一句话猜职业》的节目模式。直至 20 世纪 70 年代,《价格猜猜看》(*The Price Is Right*)在英美大获成功,但节目模式交易仍然未形成完整的体系。1999 年,蒙特卡罗电视节上设立了第一个电视节目模式市场,在加速全球化的时代背景之下,电视节目模式的跨国流动成为不可逆转的时代潮流,这也标志着节目模式交易体系正式成立(殷乐,2005)。

2001 年,中国加入了世界贸易组织(World Trade Organization,WTO),这为电视行业的发展带来了新的可能。加入 WTO 意味着文化精神领域的开放,作为交易内容之一的电视节目模式带来的意识形态上的接轨促使整个行业的思维由单向性转为多向性,由守成型思维转为开拓型思维,紧跟"入世"的时代氛围(朱剑飞,2002)。但在该阶段,由于版权意识薄弱、版权费高昂等因素,我国电视媒体对海外电视节目模式的借鉴主要是克隆复制,只是更换

了主持人、参与者、观众和语言，依旧照搬情节、舞台设计、叙事风格、主持风格等核心元素。游戏节目对本土化元素依赖较少，因而成为最常见的被克隆的电视节目模式。例如，由英国节目《谁想成为百万富翁》模仿而来的益智类游戏节目《开心辞典》一经开播便收获了无数好评。除此之外，选秀节目模式在平民娱乐的实践理念下构造了平凡人的明星梦，同时完成了受众从旁观者到参与者的巨大角色转变，成为彼时全球流行的节目模式之一，如由美国平民选秀节目《美国偶像》模仿而来的《超级女声》掀起了全民追捧的热潮。

二、益智类游戏节目的克隆与本土化生产

该阶段，中国人口教育水平进一步提高。2000 年，九年制义务教育人口覆盖率达到 85％，青壮年文盲率下降到 5％以下，基本普及九年制义务教育和基本消除青壮年文盲的两个基本目标如期实现（杨永恒等，2019）。同时，益智类节目由美国传入中国，随着其内容的不断完善和形式的多样化，逐渐吸引观众参与其中。20 世纪 90 年代末，益智类节目迎来了发展的鼎盛时期。2000 年，在"中国电视排行榜"评选活动中，中央电视台的益智类节目《幸运52》获得了"最佳游戏节目""最佳游戏节目主持人""年度电视节目"的荣誉。至此，益智类节目越来越深入人心。通过知识竞赛的方式获得奖金，既在知识娱乐化中以轻松的形式传递了信息与价值观，又因其强调以大众参与为本和竞争互动性等特点备受看好（郑国兴，2011）。大众传播学者约翰·费斯克（John Fiske）认为，益智类节目通过游戏巧妙地重现了社会竞争，虽然每个人拥有同等的竞争机会，但由于个体能力的差异，最终造成物质与社会成就的不同（Fiske，2010）。而在偏向长期取向和集体主义文化的中国，则更多地将此类个体竞争性极强的益智类节目改造为团队通过坚持不懈的努力实现目标的叙事，化竞争为合作与逐梦（彭侃，2022）。

此外，社会文化背景的变迁刺激了人们对于精神文化的追求，极大地改变了观众对于电视节目的期待。益智类节目的出现使人们眼前一亮，使观众在寓教于乐、拓宽知识面的同时又能放松心情，实现了知识性和趣味性的高度统一（汪文斌，2001）。彼时，观众的文化消费心理悄然转变，也给予了创作者们新的动力。2000 年下半年，中央电视台启动了《开心辞典》节目的策划工作。据统计，当时全国有将近 140 家电视台开办了娱乐节目，想要在如此激烈

的竞争中脱颖而出,将观众定位为节目的主角并为他们提供自我展示的舞台成为关键(李宝萍,2002)。

《谁想成为百万富翁》是一档源自英国的益智类节目,参赛者通过回答一系列选择题来赢得巨额现金奖励,每次只有一名参赛者参与。参赛者需要连续回答正确15道4选1的单项选择题,若能全部答对,则可以获得一笔巨额奖金;随着问题变得越来越难,提供的奖金金额也会随之增加。作者曾在2005年4月对《开心辞典》节目组开展了为期两周的参与式观察,发现在对这一节目模式进行借鉴时,节目组引进了节目流水线的概念,为自己的节目制作制定了118道工序,包括题库出题、选手选拔、节目方案、录制场地、网络技术支持等非常细致的工作。由于没有引进版权,也没有飞行制片人的指导,节目组在录制节目前经常工作到深夜,商榷各种录制细节,在节目录制的过程中,也会出现一些事先没有考虑周全而导致的录制缓慢、拍片比[①]较高的问题。

和原版节目相比,《开心辞典》节目虽然复制了其游戏规则、舞台背景等模式框架,但也做了较多的本土化改编,例如:秉持生活化、实用化的原则,选择贴近本土生活的题目,考察选手日常生活中的知识运用;摒弃了原版围绕着金钱的标识设计,采用了鲜艳的色彩和诙谐的字形,以此展现出一种发自内心的欢乐情景(如图3-4所示);选择富有亲和力、感染力的主持人,由拥有善解人意的大姐姐形象的王小丫搭档当年青春活力的李佳明(2006年后为尼格买提),调节现场氛围并把控答题节奏。同时,该节目能获得成功的最大原因之一在于融入了中国传统的亲情观念,通过家庭梦想和平民英雄的概念,成功立足于本土市场。"首先,我们在节目中强调了儒家的'家'的思想,为候选人的家庭成员颁发礼物,而不是为个人颁发大笔奖金;其次,我们强化了普通人是社会主义现代化建设最重要力量的思想,对参赛者非常尊重,力求在民众中树立起智慧英雄的形象。"[②]

---

① 拍片比在影视制作领域通常指的是拍摄素材与最终成片的比例。一个较高的拍片比可能意味着更多的选择空间,但也可能意味着制作过程中的效率偏低。根据作者的观察,这一时期中国综艺节目录制的拍片比普遍较高。

② 作者在2005年4月14日对《开心辞典》总制片人的访谈。

图 3-4　《开心辞典》标识①

作者在田野调查时还发现,节目组非常重视节目收视率,对台里下发的每期节目收视率调查简报均进行深入研究与分析。在纵向对比本频道收视情况的同时,亦不忽视与竞争频道同一时段或同类节目的横向比较。详尽的分析结果会直接反馈给当期节目的导演和责编,旨在为他们提供有针对性的改进建议。也正因为如此,节目开播后仍在不断吸收新的理念进行升级调整,比如 2004 年,节目组开始和社会公司合作,引入互联网答题和开通演播室内热线电话,使互动环节成为提高节目收视率的动力。事实上,节目组除了和索福瑞开展长期合作以外,还聘请市场调研员,对电视节目市场变化做及时的跟踪。节目组曾委托专业机构开展专项调查,发现观众在收看《开心辞典》时,不仅关注题目本身,也关心主持人、选手和奖品等元素(郑蔚和孙微,2002)。值得注意的是,在 2005 年主持人王小丫休假期间,节目组曾短暂聘请 CCTV-2 人气较高的主持人王小骞,但收视率出现波动,最终王小丫回归,确保了节目收视率的稳定。

总而言之,"一人努力,全家开心"作为《开心辞典》的栏目宗旨,准确锁定以家庭为基础的收视群体。《开心辞典》在模仿国外游戏类电视节目模式的同时,兼顾了本土的文化和价值观以及益智类游戏节目的娱乐性、趣味性、消遣性和知识性,也因此,自 2000 年 7 月 7 日在 CCTV-2 推出后,仅播出 4 期即高居收视率榜首②,此后收视率基本稳定在 3% 左右,始终稳居 CCTV-2 前两位,成为每周五 22:05 中央电视台所有频道同一时段固定节目中收看观众最多的节目(孙微,2002)。

---

① 图片由中央电视台版权中心提供。

② 参见:《开心辞典 智者游戏 引亿万家庭关注 万众答题 夺梦想中的大奖 引人入胜 参与者成倍增加 清新面貌 收视率节节攀升》(http://www.cctv.com/advertisement/ggzx/lmsc0711a.html)。

三、选秀类节目的克隆与本土化生产——以《超级女声》为例

在中央电视台《开心辞典》大获成功的影响下，一些省级卫视也加入了克隆模仿优秀电视节目模式的队伍，如浙江卫视的《我爱记歌词》、湖南卫视的《玫瑰之约》等（如表 3-1 所示），引发了该阶段节目模式模仿的多米诺骨牌效应，各家电视台纷纷开始追随市场成功者的脚步（Keane，2012）。其中，湖南卫视于 2004 年举办的针对女性的大众歌手选秀节目《超级女声》在一众节目中崭露头角。根据索福瑞的数据，《超级女声》的市场占有率最高时达到 49％（张洪忠等，2006）。在该节目首播的 2004 年，湖南卫视的平均收视率位列同时段全国所有卫星频道第二，仅次于 CCTV-1。① 《超级女声》的原型节目是福克斯广播公司从 2002 年起主办的美国大众歌手选秀赛、英国电视节目《流行偶像》（Pop Idol）的美国版《美国偶像》。《流行偶像》节目通过淘汰赛制选出流行音乐天王、天后，然而涉及抄袭电视节目《X 元素》（The X Factors）以及选择了泼辣毒舌的导师导致部分观众并不买账。经过美国制作公司本土化、平民化的改版之后，《美国偶像》成为一档美国平民的业余歌手大赛，选拔方式多样，观众能够通过电话报名方式参加初赛，初赛之后参加复赛，最终进入总决赛，由现场评委和观众进行投票。

表 3-1　20 世纪 90 年代中后期至 2010 年前我国大陆模仿的部分节目模式②

国内首播年份	节目	模仿节目	原产国家或地区
1997	《快乐大本营》	《超级星期天》	中国台湾
1998	《玫瑰之约》	《非常男女》	中国台湾
	《侬心太软》	Long Vacation	日本
1999	《新闻小姐》	Nyuusu No Onna	日本
2000	《生存大挑战》	Survivor	瑞典
	《开心辞典》	Who Wants to Be a Millionaire	英国
	《少年包青天》	Kindaichi Shônen no Jikenbo	日本

---

① 参见：《另眼看〈超级女声〉：我们忽视了哪些营销本质》（http://finance. sina. com. cn/leadership/jygl/20050822/0930276184. shtml）。

② 材料来源：根据官方网络资料和访谈整理。

续表

国内首播年份	节目名称	模仿节目名称	原产国家或地区
2002	《十八岁的天空》	*Great Teacher Onizuka*	日本
	《正大综艺》	*Dog Eat Dog*	英国
2005	《交换空间》	*Trading Spaces*	美国
	《超级女声》《我型我秀》《超级男声》《快乐男生》等	*Pop Idol*	美国
	《家有儿女》	*Growing Pains*	美国
	《危情24小时》	*24 Hours*	美国
	《超市大赢家》	*Supermarket Sweep*	美国
2006	《舞林大会》	*Dancing With the Stars*	美国
	《大清后宫》	*Winter Sonata*	韩国
2007	《勇往直前》	*The Amazing Race*	美国
	《我爱记歌词》	*Don't Forget the Lycris*	美国
2009	《一呼百应》	*Guerilla Concert*	韩国
	《爱情公寓》	*Friends*、*The Big Bang Theory*	美国

《超级女声》参照《美国偶像》的节目模式,在全国范围内进行海选,选手通过海选、复赛最终进入总决赛,总决赛通过评委打分以及观众短信投票的方式最终选出"偶像"。对于普通受众而言,选秀节目颠覆了名人和普通人之间的等级制度——参加选秀节目似乎不需要任何特殊的门槛或训练,它给了人们一夜成名的机会。借助手机或互联网等新的通信技术,选秀节目所提倡的互动性似乎把被动的观众变成了积极的参与者(Meng,2009)。《纽约时报》(*The New York Times*)的一篇文章在评论《美国偶像》时说:"《美国偶像》可能会让一些粉丝觉得它比真正的民主程序更民主。在没有任何选举团干涉的情况下,普选获胜。"(Stanley,2006),某种意义上,选秀节目将观众纳入了评价体系,火爆的节目在为电视台赢得收视率的同时,也展现出节目本身对于社会的深远影响。

对国外优秀节目模式的借鉴在当时已经趋于成熟,因此在学习模仿的过程中,创作者能够取其精华,去其糟粕。与《开心辞典》类似的是,《超级女声》打出了一张全民参与的牌,强调低门槛,通过"想唱就唱,唱得响亮"的口号成功吸引了观众的目光(谢丛宇,2017)。首先,在经济、文化全球化的背景下,观众们的审美多样,能够更加包容、开放地从节目中汲取能量。其次,残酷的淘汰机制与选手互相陪伴的温情交织,更加突出了节目通过选秀带来的成长。随着比赛的发展,观众投射的个人情感也成为节目成功的要素之一。除此之外,《超级女声》模仿《美国偶像》的编排叙事策略,以纪录片的手法,穿插了选手日常生活的画面,刻画出形象生动、性格迥异的女生形象,并学习其回顾、倒叙的多元叙事手法,让观众得以见证选手们的蜕变。相比《美国偶像》中西蒙·考威尔(Simon Cowell)等评委的尖锐毒舌,《超级女声》的评委较为含蓄,通常以鼓励选手追逐梦想或帮助其克服弱点为出发点,更符合中国社会的传统道德观念:委婉、更重人情,尊重选手的表演。节目本身也含有更强的教育意义,从唱功到人生追求,《超级女声》都发挥出了其超过电视节目本身的作用。

《开心辞典》和《超级女声》作为典型的模式模仿节目在中国电视节目发展史上具有重要的意义。正如基恩指出的,21世纪初,无论是中国的学界还是业界都增强了电视节目模式具有可移植性的意识(Keane,2012)。这一时段由于节目模式克隆的发展,电视节目呈现出多样的局面,并由此催生了中央电视台综艺频道的《星光大道》、东方卫视的《我型我秀》等一大批平民选秀节目。同时,国内电视台之间也相互学习和模仿,在湖南卫视《超级女声》的影响下,2007年,东方卫视的《加油!好男儿》打响了男性选秀节目的第一炮,一举走红。《舞林大会》(东方卫视)、《我要跳舞》(北京卫视)、《勇往直前》(湖南卫视)开始了新一轮的综艺争霸。一方面,这标志着我国电视节目行业打破了简单的形态元素模仿的格局,开始拥有制作完整节目的能力,开创了本土节目品牌的先河,顺应全球流行模式制作的潮流,与时俱进;另一方面,究其根本,电视媒体的竞争就是节目内容的竞争,长期仅仅进行克隆生产会抑制我国节目模式的创新能力,并陷入版权纠纷的舆论风波。因此,合理合法地学习国外优秀电视节目模式,成为推动我国电视行业未来发展的关键任务。

第三节　版权进口（2010—2015 年）

一、互联网时代中国电视向外求索的动因分析

　　早期电视节目行业在发展速度较慢、专业水平尚待提升、优秀电视人才匮乏的背景下，电视节目模式克隆作为最稳妥的策略，迅速吸引了大量观众，取得了显著的成效（柯冬英，2007）。然而，随着互联网行业的发展以及版权意识的萌芽，单纯的节目模式克隆已无法满足日益提升的观众需求。由于互联网用户能够更自由地搜索想要观看的内容，选择感兴趣的节目，因此观众与电视节目的关系变成了双向的选择，不再由电视节目制作方决定播出的内容。与此同时，不同国家和电视台对于节目的版权保护日益加强，形态参考和模式克隆变得难以为继。在前期模式克隆的基础上，我国电视节目制作公司积累了一定的经验，需要在规避法律风险的情况下，结合中国特色，深入扎根中国市场。国外优秀节目的版权进口能够很好地满足这一需求，在原有的品牌基础和质量保证上进行本土化，虽仍有"水土不服"的案例，但大大降低了失败的风险。与此同时，中央电视台在世纪之交引进了《城市之间》《幸运52》等节目模式版权，率先完成了综艺节目的本土化，培养了稳定的观众群，成为版权进口常态化的拓荒者。

　　事实上，截至 2010 年底，我国网民总数达到 4.57 亿[①]，全国网络品牌广告投放费用达到 16.6 亿元（艾瑞咨询，2011）。互联网在改变人们生活方式的同时，也改变了传统的艺术媒介、传播方式等。因此，在进入互联网时代后，电视节目的创新与融合成为必然的趋势。互联网作为自由的场域，使人们获取信息的途径增多，一旦节目创作者未经过正当的版权进口途径模仿、克隆其他节目形态，其作品便存在被观众诟病和抵制的风险，因此在这一阶段引进海外节目模式版权开始常态化。

---

　　① 参见：《CNNIC：截至 2010 年底 我国网民规模达到 4.57 亿人》（http://www. gov. cn/jrzg/
2011-01/19/content_1788022. htm ）。

世界银行的数据显示,2010 年,中国国内生产总值(GDP)达到 6.087 万亿美元①,首次超越日本(5.759 万亿美元)②,位居世界第二。高速发展的经济为互联网行业的发展提供了强有力的支撑,同样,节目进口的交易也达到了高峰。据不完全统计,中国在 2002—2005 年引进了 4 个节目模式,2006—2009 年增长为 10 个(胡智锋和刘俊,2016),而从 2010 年到 2015 年,中国引进的海外节目模式总计达到了 200 多个,2013 年、2014 年、2015 年是高峰期,仅引进非剧情类节目模式数量就分别高达 56、61 和 52 个(彭侃,2023)。引进的节目模式类型主要包括真人秀类、益智类、游戏类和剧情类等,真人秀类居多,主要由中央电视台、湖南卫视、东方卫视和浙江卫视等引进(如表 3-2 所示)。2010 年 2 月 26 日,为响应 WTO 就中美知识产权争端所做出的裁决,全国人大常委会对《著作权法》进行了二次修订,将第四条前半句"依法禁止出版、传播的作品不受本法保护"修改为"国家对作品的出版、传播依法进行监督管理",在第二十六条增加了"以著作权出质的,由出质人和质权人向国务院著作权行政管理部门办理出质登记",更大程度上适应了我国社会经济发展的需要,鼓励了作品的创作和传播,进一步保护了创作者的著作权。

表 3-2　2014 年我国引进的部分节目模式③

节目类型	播出时间	改编版节目	原版节目	原产国家
益智类	2014 年 7 月	《健康 007》	*Doctor Who*	日本
	2014 年 9 月	《谢天谢地,你来啦》	*Thank God, You're Here*	澳大利亚
真人秀类	2014 年 1 月	《最强大脑》	*Super Brain*	德国
	2014 年 2 月	《谁能逗乐喜剧明星》	*Crack Them Up*	乌克兰
		《我爱好声音》	*Keep Your Light Shining*	土耳其
		《我们都爱笑》	*The Green Projecct*	法国

① 参见:世界银行的相关数据(http://data.worldbank.org/indicator/NY.GDP.MKTP.CD? locations=CN)。

② 参见:世界银行的相关数据(http://data.worldbank.org/indicator/NY.GDP.MKTP.KD. ZG? locations=JP)。

③ 材料来源:官方网络资料、彭侃(2023)和作者访谈。

续表

节目类型	播出时间	改编版节目	原版节目	原产国家
真人秀类	2014 年 3 月	《不朽之名曲》	*Immortal Songs*	韩国
	2014 年 4 月	《爸爸回来了》	*Superman is Back*	韩国
		《完美箱遇》	*Baggage*	美国
		《你有一封信》	*You've got Mail*	意大利
		《你正常吗》	*Are You Normal*	美国
	2014 年 5 月	《如果爱》	*We Got Married*	韩国
	2014 年 6 月	《喜乐街》	*Sehiller Street*	德国
		《小善大爱》	*Secret Millionaire*	英国
		《花样爷爷》	*Grandpa Over Flowers*	韩国
		《神探医生》	*The Symptom*	泰国
	2014 年 7 月	《超级育儿师》	*Super Nanny*	美国
		《舞动全城》	*Big Town Dance*	英国
	2014 年 8 月	《完美星开幕》	*Bring Them Back*	土耳其
	2014 年 9 月	《中国梦之声》	*American Idol*	美国
	2014 年 10 月	《中国正在听》	*Rising Star*	以色列
		《奔跑吧兄弟》	*Running Man*	韩国
		《极速前进》	*Amazing Race*	美国
		《囍从天降》	*Here Comes the Bride*	韩国
	2014 年 11 月	《巅峰拍档》	*Top Gear*	英国
		《两天一夜》	*Two Days, One Night*	韩国
		《百万粉丝》	*I Want a Million Friends*	西班牙
		《Hi 歌》	*The Hit*	爱尔兰
游戏类	2014 年 1 月	《幸福账单》	*Give Me that Bill*	荷兰
	2014 年 10 月	《星星的密室》	*Exit*	日本
剧情类（电视剧）	2014 年 7 月	《我的青春高八度》	*Glee*	美国
	2014 年 11 月	《因为爱情有奇迹》	*A Hundred Year Legacy*	韩国
全媒体电影项目	2014 年 6 月	《全民电影梦》	*Entertainment Experience*	荷兰

综上所述,互联网的发展、经济的崛起以及法律的完善为电视节目模式版权引进常态化奠定了基调,也成为后期我国原创节目模式成功输出的重要影响因素。

二、节目模式版权进口的里程碑案例

随着电视产业不断发展,中国的电视节目经历了从山寨走向版权进口的发展之路。2010 年 7 月 25 日,东方卫视播出了《中国达人秀》第一季,作为海外引进的第一档真人秀节目,第 1 期节目以平均 8.0 的收视率成为上海地区收视冠军,在全国 26 个城市同时段收视率达到 1.37%,排名第二。[①] 得益于其成功的本土化,该节目良好的观看效果和强烈的社会反响也进一步印证了海外节目版权进口的可行性,让电视行业感知到了进口节目模式的胜利曙光(陈思宇,2018)。

2012 年 7 月 13 日,浙江卫视联合上海灿星文化传播有限公司(简称灿星传媒)共同打造的大型励志专业音乐评论节目《中国好声音》正式播出。经过 2 个月的激烈角逐,最终那英组的选手梁博夺得桂冠。根据索福瑞收视监测数据,《中国好声音》第一季 46 城市组 15 期平均收视率达 4.72%(李柯君,2015),截至 2024 年 4 月底,在爱奇艺平台的累计播放量达到了 4 亿,更有张靓颖、冯小刚、王菲等明星大咖在微博上大力宣传,形成了巨大的社会影响力和极高的知名度。

《中国好声音》源于荷兰的一档大型音乐真人秀节目《好声音》(The Voice),根据作者的了解,灿星传媒以 350 万元三季的价格从注册在英国的版权代理公司 IPCN 手中购买版权,致力于将其打造成具有代表性的、本土化的音乐节目。[②] 从形态参考、模式克隆到版权进口,《中国好声音》走出了一条适合中国国情的电视节目模式引进的道路。首先,依托优秀的节目模式,制作公司对于整个节目的元素融合、节奏把控都有了更好的掌握和了解,更有涵盖前期准备、内容安排、学员挑选等事无巨细的节目模式宝典进行指导。早在《中国好声音》开播前,《好声音》已在全球 40 多个国家和地区取得了收视

---

① 参见:《解放日报:选秀节目"返璞归真"方有人气》(http://www.xinhuanet.com/zgjx/2010-08/11/c_13439515.htm)。

② 作者在 2024 年 3 月 19 日对灿星传媒前研发总监的访谈。

冠军,这无疑是其受到观众喜爱的有力证明。其次,节目在本土化过程中保留原有制作流程、硬件设施,但在精神方面注入了中国文化和民族元素,选择了在华语地区有广泛影响力的节目导师(如图 3-5 所示),使节目更具亲和力。根据对节目的文本分析,《中国好声音》的参赛学员呈现出以"90 后"为主力,多民族、多语言、多地区的图景。彝族的吉克隽逸(第一季)、朝鲜族的金润吉(第二季)、维吾尔族的帕尔哈提(第三季)以及美籍华人和来自祖国港澳台地区的同胞登台献艺,呈现出了民族融合、团结友爱的一面。本土化后的《中国好声音》通过艺术化的表现手法,触及民生,触及社会热点,用轻松娱乐的方式传递人文精神,彰显关怀(戴颖洁和章宏,2016)。

图 3-5　《中国好声音》第二季录制现场[①]

2012 年 8 月 10 日,国家广电总局发布《关于表彰 2012 年广播电视创新创优栏目的决定》,受表彰的节目中,大多数为原创节目,也有引进、消化再创新的栏目(如《中国好声音》)。这些节目都坚持正确导向,注重社会效益,体现以人为本,追求改进创新,受到了广大群众的热烈欢迎,产生了良好的社会反响。[②]对于我国政府来说,一方面,外来电视节目模式的本土化能够促进本土电视产业发展;另一方面,也需要时刻警惕其中夹带的西方意识形态,应通过对节目内容的审核与管理,使其起到维护意识形态的作用。《中国好声音》在本土化过程中,将全球文化形式和本土文化特性杂糅,凸显了民族主义叙事和儒家文化,为表达向心和整合力量提供了可能性与空间(章宏和戴颖洁,

---

[①]　图片由浙江卫视版权交易中心提供。

[②]　参见:《广电总局关于表彰 2012 年广播电视创新创优栏目的决定》(http://www.nrta.gov.cn/art/2012/8/16/art_31_766.html)。

2018)。一项基于微博平台的调查显示,我国用户在关于《中国好声音》第二季节目的讨论中,对于这档改编版节目整体做出了较积极的评价,其中,参赛者(talent)最常被提及,在收集的 60 条微博样本中,有 45 条提到了参赛者,观众对年轻又富有天赋的参赛者们给予了高度的肯定。一位微博用户评论当时年仅 22 岁的毕夏说:"我想知道她怎么能在这么年轻的时候就唱得这么好。"微博用户还对四位导师给予了同等的关注。许多用户在一条微博中提及了四位导师的名字。有一位用户宣称"四位导师都是我的最爱"(Shao and Zhang,2016)。这种对本土选拔出的歌手及其导师的广泛认可,侧面印证了受众由节目培养起的民族自信,并体现了一种积极正向的集体认同。

除此之外,根据作者的访谈,《中国好声音》首次尝试了节目制播分离模式。节目投入、版权费和制作费用由灿星传媒承担,电视台承担播放的工作,二者提前对节目收视率进行预估,高于该收视率则分红,低于该收视率则由制作公司赔偿。[①] 如此"风险共担,利益共享"的模式促使双方对于节目质量有着较高的追求,也为观众带来了视听盛宴。

《中国好声音》的成功绝非一蹴而就。自《超级女声》以来,我国电视节目掀起了前所未有的娱乐风暴,甚至一些节目组通过树立负面形象来吸引观众的目光,与主流价值观相背离,国家广电总局不得不出台"限娱令""限真令"进行宏观调控。在此之际,《中国好声音》凭借成功的本土化形态,符合主流意识,并在创新的基础上考量了大众的情感与审美因素,最终赢得了口碑,成为里程碑式的节目模式引进的成功案例。但是随着国内对引进节目模式需求的增长,版权成本急剧上升。自 2016 年起,《中国好声音》便遭遇了版权纠纷,灿星传媒、荷兰 Talpa 公司的子公司 Talpa Content B. V 和唐德影视等媒体公司围绕《中国好声音》节目名称、商标归属、版权等展开法律诉讼,节目暂时更名为《中国新歌声》播出。直至 2018 年,各方就《中国好声音》相关的知识产权纠纷达成和解,节目才将名字更换回《中国好声音》,但这场纷争和更名带来了对节目品牌的损害[②],可见引进版权可能也无法规避恶性竞争。

---

① 作者在 2024 年 3 月 19 日对灿星传媒前研发总监的访谈。
② 作者在 2024 年 3 月 19 日对灿星传媒前研发总监的访谈。

三、版权进口"水土不服"的典型案例

2013年前后,我国电视节目模式引进出现了前所未有的势头,来自欧美日韩等不同区域的优质节目争先恐后地想要进入中国市场。与此同时,版权进口市场上欧美电视节目独大的局面由于一些引进节目出现了"水土不服"的情况而开始改变,版权进口的重心开始由欧美国家转移至文化氛围和社会背景更具同质性的日本、韩国等亚洲国家。例如,由荷兰节目《名人跳水秀》(*Celebrity Splash*)引进改编而来的《中国星跳跃》与同一时期江苏卫视的《星跳水立方》[引进自德国的《危险中的明星:高空跳水》(*Stars in Danger:High Diving*)]节目内容过于相似,以明星跳水 PK 为内容,通过专业裁判和大众评审的两轮评分来分出胜负,难以吸引忠实的受众。此外,《中国星跳跃》在回放选手经历时,通常强调选手们训练的苦难过程、想放弃或者痛苦的镜头,给受众一种强烈的精神冲击(陶龙琦和赵树旺,2013),这与观众想要通过综艺节目获得精神放松的初衷背道而驰。

国家版权局《2015 年引进版权汇总表》显示,当年共引进电视节目 136项,其中,韩国节目共48项,占比约35.3%,英国节目40项,占比约29.4%。[①]相较于引进欧美节目模式,引进自文化接近的亚洲邻国的综艺节目模式大多能够较好地完成本土化,收获中国市场,例如耳熟能详的《奔跑吧兄弟》《爸爸去哪儿》《我是歌手》《全员加速中》等。与综艺节目模式的引进不同,电视剧模式版权引进经常遭遇滑铁卢,究其原因,主要是受到了剧本、人设、文化背景和审查制度等因素的限制。我国开始借鉴外国电视剧模式的时间并不比综艺节目模式晚多少,1993 年的《我爱我家》便模仿了美国情景剧喜剧《摩登家庭》(*Modern Family*)的节目形态,并加入中国家庭元素。21 世纪初,我国开始引进电视剧模式版权,根据英国电视剧《加冕街》(*Coronation Street*)模式制作的《幸福街》在原版基础上根据中国的国情、国人的生活状态等加以改造,是我国早期肥皂剧的代表作之一。翻拍自哥伦比亚电视剧《丑女贝蒂》(*Yo soy Betty,la fea*)的《丑女无敌》国内受众关注度较高,其开播前两日的

---

① 参见:国家版权局《2015 年引进版权汇总表》(http://www.ncac.gov.cn/chinacopyright/contents/12566/353216.shtml)。

平均收视份额为 6.35%,创下了同时段平均收视率全国第一的好成绩。①

近年来,我国时常引进东亚邻国如日韩的电视剧模式,如《平凡的荣耀》(韩剧《未生》)、《没有秘密的你》(韩剧《听见你的声音》)、《北京女子图鉴》(日剧《东京女子图鉴》)、《求婚大作战》(日剧《求婚大作战》)等。从趋势来看,日韩电视剧开始努力在科幻、穿越、悬疑等热门题材上做文章,并尝试多种元素的融合,在题材细分和差异化之下,主要吸引利基市场,因此剧本改编困难是电视剧模式引进"水土不服"的最主要原因。此外,为了配合中国的审查政策,一些电视剧制片方改变了原来边拍边播的模式,通过成片制播形式来避免延期播出可能带来的损失(郑雅宁,2016),这一做法也使得制作方无法即时收到观众的反馈,加大了电视剧模式本土化的难度。例如,近年来翻拍的《流星花园》《漂亮的李慧珍》《青春最好时》《因为遇见你》评分都比较低,《深夜食堂》也是其中一个典型案例。

《深夜食堂》改编自安倍夜郎于 2006 年开始发行的同名漫画。由该漫画改编的日剧自 2009 年开播以来,收视率一路飙升,曾一度在日本达到 2.7%。② 日版《深夜食堂》使用暖色、黄色调的布景,营造了舒适温馨的氛围,通过治愈系的大众美食制作过程,透过每集人物带来的问题,讨论时下普遍的社会现状,使观众以第一视角沉浸其中(霍靖,2020)。因此,早在国内翻拍前,《深夜食堂》这个 IP 就已经积累了一定的粉丝量,日剧版第一季在豆瓣上的评分更是高达 9.2 分。然而,拥有较大的粉丝基数加上 IP 的知名度,在 2014 年引进漫画版权并进行了 2 年多的拍摄后③,2017 年,国内版《深夜食堂》在浙江卫视和北京卫视播出,收视情况却出现了高开低走的情况,收视率一度跌至 0.4%④。国内版《深夜食堂》由于本土化不彻底、植入广告不合理以及剧情改编不合逻辑而饱受争议,在豆瓣上只获得了 2.8 分的评分。根据作

---

① 参见:《同时段收视第一:〈丑女无敌〉被讥为"山寨剧"》(http://news.cctv.com/performance/20081007/101787.shtml)。

② 参见:《日本偶像剧场:深夜食堂—关联收视率》(http://dorama.info/drama/d_rate_sp.php?did=3334)。

③ 作者在 2024 年 4 月 26 日对百纳千成公司相关负责人的采访。该负责人提到之所以只引进漫画版权而没有引进电视剧版权,不仅是考虑成本的问题,也考虑到日本对版权的高度保护,如果同时引进漫画和电视剧版权会使该剧本土化改编进一步受限。百纳千成公司在 2022 年更名为华录百纳。

④ 参见:《日本偶像剧场:深夜食堂—关联收视率》(http://dorama.info/drama/d_rate_sp.php?did=3334)。

者的访谈，作为经典 IP 被引进，《深夜食堂》需要考虑如何平衡原著的核心要素并让节目更"接地气"，为此节目组曾深入日本采风，和原著作者探讨创作背景，并邀请曾将日本漫画改编成电视剧《流星花园》的知名台湾导演蔡岳勋作为该剧导演。原版故事设定的场景为日式居酒屋，通过传统日式美食与到访酒馆的食客之间的故事，引起大家的情感共鸣。国内版的《深夜食堂》也希望能延续原版漫画的温情，因此还原了漫画的居酒屋场景、厨师造型等一系列在中国受众看来颇具日本特色的元素（如图 3-6 所示）。①

图 3-6　《深夜食堂》海报②

然而，相比日式居酒屋，路边大排档更能引起中国观众的情感共鸣。由于中国并没有和日本一样的居酒屋文化，因此无论是故事设置还是主角"老板"的日式着装打扮，都脱离了中国观众最真实的生活情境，让人难以认同。国内版的《深夜食堂》虽然复制了原漫画的布置和装饰，但菜单上仍然显示了大锅菜等传统中式菜肴的名字，令观众感到困惑。本剧的标志性人物——深夜食堂的厨师兼老板，由于脸上刀疤、蓝色和服的外貌打扮，也被质疑生搬硬套原版人物，被观众认为"没有特色也很不自然"。事实上，考虑到该剧在整个东亚市场的流通性，导演蔡岳勋试图塑造一个虚拟的海港城市，以呈现去国家化的东亚都市场景，体现电视剧的包容性。因此，国内版《深夜食堂》进行了一种泛亚洲的改编。整体而言，虽然国内版电视剧中也有部分剧情能引起观众共鸣，比如第 16 集《红烧肉》中父子之间隔阂的消除，体现了中国现代

① 作者在 2024 年 4 月 26 日对百纳千成公司相关负责人的采访。
② 图片由百纳千成公司提供。

化社会转型中百姓遇到的人生难题和社会问题,加深了受众的情感卷入。但在豆瓣评论中,我国受众大多认为国内版《深夜食堂》失去了原版中对人际和社会关系的探讨以及对温情、仁爱等正向价值观的关照和反思,整体故事脱离了受众对当代中国现代性的想象而导致他们无法投入情感(章宏和邵凌玮,2021)。

对商业化的妥协是其弱化文化价值内涵的原因之一,过多的广告植入不仅影响了剧情的连贯性,而且试图通过产品来推动剧情,这无疑分散了观众对节目本身的注意力。据统计,在国内版《深夜食堂》中,广告植入的次数相当惊人。以第1集到第10集为例,百威啤酒的植入次数高达51次,百事可乐为36次,而统一品牌(包括老坛酸菜面和南都小馆)也有30次之多。根据制片方的回忆,由于《深夜食堂》IP在国内的高知名度,该剧当年的招商异常火爆,因此制作方依赖特写镜头来凸显商标,甚至通过场景、情节和对白嵌入广告,但这种做法无疑削弱了观众的观剧体验。[①] 广告对剧情的喧宾夺主使得部分受众认为《深夜食堂》是在广告中植入了剧情(章宏和邵凌玮,2021),剧情与广告的角色换位甚至引起了导演的不满。[②] 制作流行作品时,其庞大的粉丝基础和极高的IP知名度会吸引大量资本的涌入。商业化的操作模式确实带来了丰厚的利润,投资和回报的速度也更快,形成了"口碑IP＋大投资＋大明星阵容＋既有观众群"的投资组合(陈希,2017)。然而,在追求高额利益的过程中,剧本改编这一核心环节却可能被边缘化,导致部分故事情节的改编显得不合逻辑且乏善可陈。例如,第3集中出现的鱼松饭虽然模仿了原版中的日式猫饭,但由于在我国并不普及,观众难以产生情感共鸣,加上剧情缺乏新意,因此难以在观众心中留下深刻印象。

综上所述,《深夜食堂》作为一部引进海外版权翻拍的电视剧,虽然为知名IP的引进、制作和开发提供了新的视角与思路,但在本土化改编和广告植入方面仍显露出明显不足。在当下盈利模式不再单纯依赖于收视率及市场反馈的情境下,制作方如何确保在追求商业利益的同时,依然能够维持节目的高质量制作,创作出既符合观众审美需求又具有深度内涵的作品,成为学

---

① 作者在2024年4月26日对百纳千成公司相关负责人的采访。
② 参见:《〈深夜食堂〉导演:没权利剪掉植入》(https://www.bjnews.com.cn/detail/155151867514088.html)。

界和业界共同关注的焦点问题。

自2010年以来,节目模式版权进口已成为我国电视节目行业发展的常态化现象,互联网的普及更是加速了中国与世界的文化交融。这一趋势无疑为我国电视产业注入了新的活力,优秀的海外电视节目模式被引进,不仅促进了我国电视产业的标准化和工业化,也为观众提供了领略世界各国优秀文化创意的机会。然而,过分依赖进口节目模式也带来了一系列问题,如本土节目创新不足、本土化程度不够高或本土化创新空间受版权限制等。观众往往对原版节目印象深刻,这也导致了在国内版节目播出时,观众往往抱着高要求和高期待,一旦节目质量达不到预期,便会出现收视落差。因此,在模仿中学习、在反思中进步,成为电视节目模式版权引进下制作方和出品方不可或缺的成功关键。我国电视行业在节目模式版权引进的过程中,不断吸收、学习先进的制作理念和技术,逐渐孕育出了创造优质电视节目模式的能力。与此同时,国家在政策层面也开始鼓励自主创新,对引进版权模式节目做出一定限制,并强调版权保护。① 这不仅为我国电视节目的多样化发展奠定了基础,也为2015年后优质电视节目模式版权的输出打下了一定的基础。

第四节　讨论和结语

本章根据中国电视产业化发展的时代背景、节目内容向外求索的形式与节目呈现出来的特点,将中国电视节目模式引进史分为三个阶段,并考察了每个阶段向外求索的动机与引进的特征。在第一阶段,即20世纪90年代初期,我国电视节目主要通过借鉴形态元素进行创新。随着市场经济蓬勃发展和文化氛围限制逐步放宽,中国电视行业开始寻求新的创新理念和运营方式,以适应观众多样化需求。在此背景下,电视台积极引入并融合流行元素,以《正大综艺》和《东方时空》为代表的电视杂志节目,以及以《电视吉尼斯》为代表的竞技类综艺节目,成为90年代初期的典型案例。前者在学习借鉴外景

---

① 参见:《"限娱令"出加强版　黄金段限播一档歌唱节目》(http://media. people. com. cn/BIG5/n/2013/1021/c40606-23266718. html)。

素材和电视杂志节目后又在多次改版中发展出自身的特色,后者引进了彼时风靡全球的吉尼斯世界纪录概念,标志着中国综艺节目娱乐化趋势的初步显现。第二阶段,即20世纪90年代中后期至2010年前,我国电视业开始广泛模仿成功的节目模式。这一阶段,中国电视向外求索的动机主要为对经济利润的追求。在版权意识薄弱等因素的作用下,我国电视选择通过克隆的方式进行模仿,不仅能够避免高昂的版权费用而且有收视的检验保障。益智类节目《开心辞典》和选秀节目《超级女声》便是这一阶段的经典本土化案例,二者在学习模仿原版的编排叙事的同时,也融入了中华文化价值观,收获了超高收视率与好评。第三阶段,即2010—2015年,中国电视节目模式引进呈现常态化版权引进的特点。在互联网技术的发展下,观众的话语权与主动权进一步增大,节目模式克隆不仅无法满足观众需求,也在各项版权保护的加强下更加难以为继。经济的发展以及法律的完善为电视节目模式版权引进常态化奠定了基调,也为后期一些节目的成功打下了良好的基础。如节目模式版权进口的里程碑案例《中国好声音》凭借成功的本土化形态,融合主流意识,并在创新的基础上考量了大众的情感与审美因素,最终赢得了口碑。但也有如《深夜食堂》等由情节改编不合逻辑或广告植入过多等因素导致落地后水土不服的引进案例,警示引进节目方要在模仿中学习、在反思中进步。整体来看,早期模式引进的过程中央电视台和省级卫视发挥了重要作用。由于缺乏人才、技术和经费等资源,地级市和县级频道并未在引进史中占据重要地位,无论是电视节目的形态元素参考抑或是常态化进口节目模式,我国向外求索的主体都是中央电视台和省级卫视。

在整体的引进史中,我国电视媒体受西方和日韩的影响较大。一方面,我国得以从合作互鉴中学习优秀节目模式研发制作的经验,提升了人才、技术等各方面的水平,提高了节目模式的版权意识、原创精神以及独立节目制作机构获得成功的可能性,使得我国节目模式生产更产业化、工业化;另一方面,又出现了对引进的过度依赖、版权恶性竞争、大批节目同质性过高、缺乏自主性等不良现象,利弊共存。但从每个阶段的案例分析看来,中国电视节目模式的引进仍具有蓬勃的内生性动力,借力文化杂糅在引进节目模式中不断尝试加入本土文化和主流价值观,进行了一定程度的原创性改编,赋予中华文明新生动力。因此,中国电视节目模式引进史不能依赖文化/媒介帝国主义理论的诠释,即引进欧美电视节目模式并非意味着西方文化霸权的实现或我国对西方价值观的全盘接受。但是,过于依赖欧美日韩的节目模式确实会在一定程度上阻碍自主创新。因此,如何做到在借鉴中学习、在引进后扬弃是重要的思考议题。加强文明交流互鉴、推动文明传承创新能为中华文明的传播打下坚实基础。

此外,虽然本章将中国电视节目模式引进的历史划分为三个阶段,但这三个阶段具有重叠与交叉的部分,本章仅对每个阶段的主要特征进行提炼。纵观中国电视节目模式发展史可以发现,2015年后,无论是常态化引进还是模仿,都仍有不少相关案例,如引进韩国《新职员诞生记:好人》(*Good People*)节目模式后在国内收获收视佳绩的职场观察类真人秀《令人心动的 offer》,以及借鉴韩国选秀节目《创造101》(*Produce 101*)的《偶像练习生》。只是政策的引导和行业自身发展的需求,使得我国电视节目模式逐渐转向了原创和输出。正如贝克提醒我们的,全球化是非线性的辩证过程(Beck,2002),某种意义上,中国电视节目模式的发展历史也是重叠的、交织的。第四章将基于我国节目模式当前的输出转向背景,分析节目模式输出至周边国家尤其是东亚的趋势和机制。

参考文献

[1]艾瑞咨询. 2010年12月中国互联网媒体品牌广告投放预估费用排行榜[J].广告大观(综合版),2011(3):129-130.

[2]陈兵,李华,朱明钧.关于杂志型电视节目的思考[J].湖北成人教育学院学报,2002(5):37-39.

[3]陈虹.电视节目形态:创新的观点[M].上海:复旦大学出版社,2013.

[4]陈思宇.以《中国达人秀》为例探究引进海外综艺节目的利弊[J].文化学刊,2018(1):150-151.

[5]陈希.《深夜食堂》:是引进"IP"的本土化改编还是水土不服[J].中国电视,2017(10):69-72.

[6]陈阳.文化混杂、本土化与电视节目模式的跨国流动[J].国际新闻界,2009(10):61-65.

[7]成锦艳.从审美走向娱乐——以《正大综艺》为例看综艺节目的娱乐

化流变[J].今传媒,2013(4):88-90.

[8]程梁.美国CBS《60分钟》电视新闻杂志研究[D].苏州:苏州大学,2009.

[9]戴颖洁,章宏.《中国好声音》:全球模式节目重构中的国家想象和本土现代性[J].浙江传媒学院学报,2016(3):81-88,153.

[10]何文新,秦明新.客观审视自己不断推陈出新——关于《正大综艺》的话[J].电视研究,1999(9):64.

[11]赫福德.CBS《60分钟》的变迁对中国电视的启示[J].新闻界,2004(1):18-19.

[12]胡智锋,韩运荣.中国当代电视观念的演革[J].现代传播,1999(4):1-9.

[13]胡智锋,刘俊.进程与困境:模式引进时代中国电视的内容生产与产业发展[J].深圳大学学报(人文社会科学版),2016(3):29-34.

[14]黄旦.新报刊(媒介)史书写:范式的变更[J],新闻与传播研究,2015(12):5-19,126.

[15]黄芸芳.《东方时空》编排技巧探讨[J].广西社会科学,2002(1):206-208.

[16]霍靖.治愈系美食剧《深夜食堂》的艺术价值和社会价值[D].重庆:重庆邮电大学,2020.

[17]苟凯东.新闻观念变革下的制度重组——以1990年代《东方时空》现象为例[J].新闻春秋,2015(2):92-95.

[18]贾颖.电视吉尼斯本土化之我见[J].中国电视,2009(4):73-76.

[19]柯冬英.电视综艺节目"克隆现象"的法律辨析[J].当代传播,2007(4):59-61.

[20]冷凇,程紫鄢.从何处来、向何处去:国际传播视域下中国综艺节目迈向"更广阔的海"[J].现代视听,2023(3):9-13.

[21]李宝萍.打造我们自己的电视品牌节目——记中央电视台《开心辞典》节目制片人郑蔚[J].新闻战线,2002(10):66-67.

[22]李红涛."点燃理想的日子"——新闻界怀旧中的"黄金时代"神话[J].国际新闻界,2016(5):6-30.

[23]李柯君.我国电视节目收视率影响因素探究——以《中国好声音》为例[J].西部广播电视,2015(6):20.

[24]李献东.论我国九十年代大众传媒发展的总体特征[D].武汉:华中师范大学,2002.

[25]李振水.中国广播电视年鉴(1992—1993)[M].北京:北京广播学院出版社,1993.

[26]林世渊.90年代广播电视事业格局及其发展趋势[J].科技导报,1996(10):28-30,57.

[27]刘丹青.电视节目模式贸易的历史与现状[J].时代金融,2015(26):198-199.

[28]刘书峰,丁韬文.转向收听收看的史学研究——中国广播电视史研究的"语言学转向"新视角[J].海南师范大学学报(社会科学版),2022(4):93-99.

[29]罗立彬.电视节目模式国际贸易与电视节目产业发展:动因、影响与中国案例[M].北京:经济管理出版社,2020.

[30]麦克奎恩.理解电视:电视节目类型的概念与变迁[M].苗棣,赵长军,李黎丹,译.北京:华夏出版社,2003.

[31]米莉.电视综艺节目《正大综艺》的观念变迁和发展[J].电视研究,2016(9):62-64.

[32]牛鸿英,张奇.嬗变中的超越与困惑——从《东方时空》看电视新闻杂志节目的发展[J].中国广播电视学刊,2005(2):50-51.

[33]彭侃.创意的力量:全球价值链视野下的节目模式[M].北京:中国国际广播出版社,2023.

[34]彭侃.纪实化与剧情化:真人秀的"两极化"创新[J].中国电视,2022(2):72-77.

[35]齐林斯基.艺术与媒介的类考古学和变体学与电影[J].李诗语,译.北京电影学院学报,2018(2):124-133.

[36]沈小风.九十年代热点电视研究[D].武汉:华中师范大学,2001.

[37]孙超.从浙江广电集团将钱江频道《九点半》"进化"简史看电视杂志创新[J].中国广播电视学刊,2012(6):51-52.

[38]孙婕,黄莺.中国版《深夜食堂》电视剧翻拍悲剧:植入式广告的文化失衡[J].艺术评论,2018(3):144-152.

[39]孙微.《顺应时代需求创造文化时尚——从〈开心辞典〉的成功看电视娱乐节目发展》[J].电视研究,2002(12):60.

[40]孙玉胜.十年:从改变电视的语态开始[M].北京:生活·读书·新知三联书店,2003.

[41]陶龙琦,赵树旺.《中国星跳跃》与《Splash！USA》比较——从受众心理角度进行分析[J].青年记者,2013(20):80-81.

[42]汪文斌.我们需要什么样的益智节目——《幸运52》、《开心辞典》的创作实践和探索[J].电视研究,2001(2):22-24.

[43]王俊杰,李瑞苓,史京雷.《60分钟》与《东方时空》节目形态之比较[J].河北大学学报(哲学社会科学版),2003(3):108-112.

[44]谢丛宇.传播学视角浅析《超级女声》和《中国好声音》节目的异同——兼述中国电视选秀节目未来的发展之路[J].新媒体研究,2017(13):103-104.

[45]杨永桓,等.中国人类发展报告特别版:历史转型中的中国人类发展40年:迈向可持续未来[M]。北京:中译出版社,2019.

[46]殷乐.电视模式的全球流通:麦当劳化的商业逻辑与文化策略[J].现代传播,2005(4):84-87.

[47]余玉.论电视新闻杂志节目的优化策略——以央视《东方时空》为例[J].现代视听,2008(2):67-70.

[48]张常珊.关于国外电视节目模式版权引进的观察与思考[J].中国广播电视学刊,2013(6):38-42.

[59]张洪忠,许航,何艳.超女旋涡的传播模式与传播效果研究——以北京地区大学生调查为例[J].国际新闻界,2006(1):42-47.

[50]张鸿勋.电视杂志类节目的语言运用[J].新闻爱好者,1999(S3):48-49.

[51]章宏,戴颖洁.模式节目再生产中跨地多民族的华人共同体建构——以《中国好声音》为例[J].传播与社会学刊,2018(44):85-110.

[52]章宏,邵凌玮.日本模式电视剧在中国青年受众中的接受比较分析

[J].现代传播(中国传媒大学学报),2021(10):99-104.

[53]郑国兴.论益智类节目受众角色的变迁及对电视节目产生的影响[J].德州学院学报,2011(S1):55-57.

[54]郑雅宁.韩剧引进二十年对中国内地电视剧行业的影响回顾[J].中国广播电视学刊,2016(7):108-110.

[55]郑蔚,孙微.电视节目形态的引进与创新——兼评《开心辞典》[J].现代传播,2002(3):73-75.

[56]《中国广播电视年鉴》编辑委员会.中国广播电视年鉴1997[M].北京:北京广播学院出版社,1997.

[57]中央电视台研究室.中央电视台年鉴1994[M].北京:人民出版社,1995.

[58]中央电视台研究室.中央电视台年鉴1995[M].北京:人民出版社,1996.

[59]周勇,何天平.作为一种社会语境的中国电视:历史演进与现实抉择[J].当代传播,2020(5):15-21.

[60]周勇,倪乐融.拐点与抉择:中国电视业发展的历史逻辑与现实进路[J].现代传播(中国传媒大学学报),2019(9):82-88.

[61]朱剑飞.WTO与中国电视[J].电视研究,2002(2):7-9,1.

[61]朱可鑫.改革开放以来湖南广电产业发展研究[D].长沙:湖南师范大学,2021.

[62] Fiske J. Television Culture [M]. London and New York: Routledge, 2010.

[63]Keane M. A revolution in television and a great leap forward for innovation? China in the global television format business [M]//Global Television Formats. New York and London: Routledge, 2012: 306-322.

[64]Lee P S N. The absorption and indigenization of foreign media cultures a study on a cultural meeting point of the east and west: Hong Kong[J]. Asian Journal of Communication, 1991(2): 52-72.

[65]Meng B. Who needs democracy if we can pick our favorite girl? Super Girl as media spectacle[J]. Chinese Journal of Communication, 2009

（3）：257-272.

[66] Moran A. Makeover on the move：Global television and programme formats[M]//TV Transformations. London and New York： Routledge，2013：19-29.

[67]Moran A，Malbon J. Understanding the Global TV Format[M]. Bristol：Intellect Books，2006.

[68]Shao L，Zhang H. Global voice and social television：Exploring microblogging responses to "The Voice" shows in China and Germany[J]. Communication and the Public，2016(2)：230-243.

[69]Stanley A. Surprise（well，not exactly）！'American Idol'finale unfolds and unfolds[N]. The New York Times，2006-05-25.

第四章

文化接近性与受众互鉴:中国电视节目模式输出至周边国家的趋势和机制

　　自 2013 年被业内称为"限娱令"的《关于做好 2014 年电视上星综合频道节目编排和备案工作的通知》①发布以来，我国政府对电视节目行业进行了重大改革，逐步加强对引进海外电视节目模式的限制，同时大力推动自主创新。2016 年，国家新闻出版广电总局发布了《关于大力推动广播电视节目自主创新工作的通知》②等一系列政策，进一步提高了引进和播出海外节目模式的门槛，并着重鼓励自主原创节目。2017 年，国家新闻出版广电总局发布了《关于把电视上星综合频道办成讲导向、有文化的传播平台的通知》，明确倡导并鼓励制作播出富有中华文化特色的自主原创节目，原则上，黄金时间段将不再播出引进的节目模式。③　与此同时，官方媒体也加强了对节目自主创新的支持和引导，商务部、中宣部、财政部、文化和旅游部、国家广电总局等部门通过将节目模式列为"国家文化出口重点项目"等方式鼓励其输出，鼓励各机构利用多种对外文化交流活动向海外推介中国的电视节目模式。

　　这一系列举措使各个制作公司和平台将节目创新放在了更重要的位置，并开始进行研发和制播体制上的改革。在政策导向与行业发展需求的双重作用下，中国电视节目模式蓄力原创，开始向海外尤其是周边国家输出原创电视节目模式。例如，通过售卖版权，《中国好歌曲》《全能星战》《超凡魔术师》《这！就是街舞》《乘风破浪的姐姐》等中国原创电视节目模式已在越南落地且获得当地受众喜爱。中国还通过联合制作的方式，将《星动亚洲》《我们书写爱情吧》等原创电视节目模式输出至亚洲电视节目模式生产大国韩国。

---

　　①　《关于做好 2014 年电视上星综合频道节目编排和备案工作的通知》要求各电视上星综合频道每年播出的新引进版权模式节目不得超过 1 个，当年不得安排在 19:30 至 22:00 播出。参见：《限播出量限引进量"限娱令"出加强版：黄金段限播一档歌唱节目》(http://media.people.com.cn/n/2013/1021/c40606-23266718.html)。

　　②　参见：《国家新闻出版广电总局发文大力推动节目自主创新》(http://media.people.com.cn/GB/n1/2016/0620/c40606-28456837.html)。

　　③　参见：《广电总局：上星节目要以央视为标杆》(http://politics.people.com.cn/n1/2017/0806/c1001-29451920.html)。

那么，中国电视节目模式输出至越南和韩国等周边国家的趋势特征为何？其背后的文化机制为何？和日韩等亚洲电视模式强国相比，中国电视节目模式在输出方式、落地国家和影响力上有何差异？面临何种挑战？对这些问题的探讨有助于推动中国原创电视节目模式"出海"并提升其在周边国家电视节目市场中的影响力。

第一节　中国电视节目模式输出至周边国家的历史和趋势[①]

近年来，音乐类真人秀在亚洲电视节目模式市场占主导地位，《看见你的声音》(*I Can See Your Voice*)、《蒙面歌王》(*King of Mask Singer*)等韩国音乐类真人秀节目成功输出至中国、越南、菲律宾、泰国和印度尼西亚等亚洲国家，甚至拥有辐射全球的影响力，这和韩流，尤其是其中 K-pop 的影响力密不可分。由于 21 世纪初华语乐坛对东亚和东南亚地区的影响，中国目前输出至周边国家的电视节目模式也以音综为主。早在 2009 年，湖南卫视的原创节目模式《挑战麦克风》就已销售至泰国正大集团，但至今尚未落地。[②] 2015 年后，有多项中国原创或联合制作的节目模式输出至周边国家并落地，包括《全能星战》《星动亚洲》《好歌曲》等音乐选秀类节目，另有几档针对利基市场的竞技类真人秀节目，比如《这！就是街舞》《超凡魔术师》和《乘风破浪的姐姐》（如表 4-1 所示）。此外，中国也开始向周边国家输出电视剧模式，如落地韩国的古装剧《步步惊心：丽》与落地日本的都市情感剧《辣妈正传》等电视剧模式。但由于电视剧的制片投入大，生产和分销的周期长，模式化过程也较为复杂，因此国际电视节目模式的流通长期以来以无剧本的综艺节目如游戏和真人秀为主(Chalaby，2016)；此外，电视剧模式因为受文化情境、人物塑造等剧本因素的影响，落地后需要进行更大的改编，因此尽管近年来电视剧模式的跨国贸易呈上升势头，但电视剧模式很难像综艺节目模式那样输出至多个

[①]　本节部分内容已发表于《中国电视》2021 年第 4 期(《中国电视节目模式输出周边国家的趋势及其文化机制研究》)。

[②]　参见：《中国首个原创电视节目模式销往泰国》(http://culture.ifeng.com/c/7fYWBiPyRXK)。

国家,产生巨大的国际影响力。① 再者,能够成功输出的电视剧模式通常依赖于原版剧集在海内外积累的声誉和影响力,但我国目前输出至周边国家的电视剧以古装剧为主,而古装剧的翻拍往往会因为对历史的不同理解、服化道的设计和巨大的投入而难以落地,甚至费尽周折落地后口碑不佳,因此我国目前输出至周边国家且获得较大影响力的电视剧模式寥寥。② 由是,本章的主要案例以综艺节目,尤其是风靡亚洲的才艺真人秀为主。

表 4-1　中国向周边国家输出的部分综艺节目模式[③]

节目名称	中国首播年份	输出国家	输出方式	模式研发机构	模式引进机构	落地播出平台
《全能星战》	2013	越南	售卖版权	江苏卫视	越南 VTV3 电视台	越南 VTV3 电视台
《中国好歌曲》	2014	越南	售卖版权	灿星传媒	越南 Cat Tien Sa 公司	越南 VTV3 电视台
《星动亚洲》	2015	韩国	联合研发	安徽卫视	韩国 MBC 电视台	韩国 MBC 电视台
《超凡魔术师》	2017	越南	售卖版权	江苏卫视	越南 ADT 制作公司	越南 VTV3 电视台
《这!就是街舞》	2018	越南	售卖版权	优酷、灿星传媒	Yeah 1 Entertainment	越南 HTV 电视台、越南 VTVcab News, YouTube
《我们书写爱情吧》	2020	韩国	售卖版权	中国黑威兰影视	韩国 JTBC 电视台	韩国 JTBC 电视台
《小巨人运动会》	2020	越南	售卖版权	芒果 TV	越南 VTVcab 电视台	越南 VTVcab 电视台、VTVcab17
《乘风破浪的姐姐》	2020	越南	售卖版权	芒果 TV	越南 VTVcab 电视台	越南 VTVcab 电视台

　　《中国好歌曲》《全能星战》和《星动亚洲》是中国输出至周边国家的代表性音乐类真人秀节目模式。《全能星战》为江苏卫视 2013 年制作的音乐类真人秀节目,在同时段中收视率排名靠前,曾获第 19 届亚洲电视大奖的最佳音

---

① 作者在 2024 年 4 月 13 日对华策影视出口基地负责人的访谈。该负责人也谈到,华策影视近年来已将《下一站是幸福》《致我们单纯的小美好》和《以家人之名》等多部当代剧以剧本模式发行至韩国、泰国、越南和土耳其等国家。

② 作者在 2024 年 4 月 2 日、11 日对欢娱影视节目宣发负责人的访谈。

③ 材料来源:国内外影视机构官网公告、业内人士访谈和机构内部资料,收集时间截至 2023 年 12 月。

乐奖。节目中,8 位专业歌手与 8 位音乐制作人需要挑战摇滚、民歌等 6 种不同的音乐风格,由现场观众投票决定比赛结果,最终角逐出总冠军。《中国好歌曲》由中央电视台综艺频道与灿星传媒联合推出,于 2014 年在中央电视台播出第一季,索福瑞 71 城市调查显示,其获得了 5% 的收视份额(赵晖,2014)。该节目以歌曲原创为主题,选手的原创歌曲经导师盲选、选手对战、嘉宾帮唱等环节不断被筛选打磨,节目最终推出由导师制作并收录了选手歌曲的 4 张专辑,其中不乏《野子》《悟空》《记·念》等传唱度高的音乐佳作。《中国好歌曲》和《全能星战》(如图 4-1 所示)分别于 2016 年和 2017 年被越南引进,改编的节目在越南 VTV3 电视台播出后均引发收视热潮,并获得越南最佳音乐节目类年度音乐贡献奖。而《星动亚洲》则是 2016 年由中国研发模式、中韩联合制作的一档偶像选秀类电视节目,主要在韩国拍摄,共招募 25 名中国学员和 5 名韩国学员在韩国参与为期 2 年的偶像培训,最终成绩优异的学员可以在中韩同时出道。韩国版本的《星动亚洲》一经首播便登上韩国最大的搜索引擎 Naver,热度排名第二。

(a) 中国版　　　　　　　　　　(b) 越南版

图 4-1　《全能星战》海报①

---

① 图片由江苏省广播电视总台国际传播有限公司提供。

　　本章基于文化接近性视角,结合文化价值观维度,对上述三个案例进行文本分析,探讨中国电视节目模式向周边国家输出的趋势,并对 YouTube 上越南观众和 Naver TV①上韩国观众对于当地改编节目的评论进行受众分析,探讨推动中国电视节目模式输出至周边国家的文化机制。

　　为探究中国电视节目模式向周边国家输出的趋势,本章系统归纳并分析了中国原创电视节目模式的制作主体、输出形式以及模式类型等核心要素,旨在展现其发展现状与特征。

一、制作主体、输出形式和模式类型

　　在制作主体上,电视台是生产原创电视节目模式的主力军,比如研发了《全能星战》和《超凡魔术师》的江苏卫视、将《乘风破浪的姐姐》输出至越南的湖南卫视。制作原创电视节目模式的力量还包括模式制作公司,这些公司在前期引进海外电视节目模式的阶段,积累了制作原创电视节目模式的经验,近年来开始与电视台或主流平台联合制作中国原创电视节目模式。例如,灿星传媒召集了引进《中国好声音》的原班人马,与中央电视台共同出品《中国好歌曲》。近年来,该团队还和优酷合作推出了《这！就是街舞》,前者负责节目创意和制作,后者负责后期和宣发,并将节目模式成功输出至越南。② 此外,一些主营业务并不是节目模式制作的传媒公司也依托其资源优势涉足中国电视节目模式制作产业。例如,中国好样传媒作为《星动亚洲》的主要制作单位,其核心业务是制作和投资音乐、戏剧演出等大型活动。原创节目模式制作主体的多元化和我国电视台的制播分离改革息息相关。如上文所述,由于政策的推动、受众对精品综艺节目需求的增加,以及广告收入对大片化综艺节目的依赖,2014 年左右,包括中央电视台、北京卫视、东方卫视、浙江卫视、湖南卫视和江苏卫视等在内的多个电视台加快了节目制播分离领域的改革,以更开放的姿态和市场化公司合作,为市场化制作公司的发展带来了一定的机遇(如表 4-2 所示)。

---

　　① Naver 是韩国最大的搜索引擎和门户网站。Naver TV 是 Naver 旗下的视频服务平台,专注于提供各种视频内容,包括电视剧、电影、综艺节目等,同时也提供直播服务。
　　② 作者在 2023 年 11 月 9 日对优酷街舞项目制片人的访谈

表 4-2　各电视台的制播分离改革简况①

电视台	制播分离改革简况
中央电视台	成立央视创造和央视纪录两家市场化的制作公司,引入影视基金合作《喜乐街》等节目
湖南卫视	强化节目制作中心的核心地位;赋予总编室市场导向职责,包括项目定制与全程跟踪管理;设置与市场表现挂钩的薪资激励机制等
北京卫视	独立运营广告业务,鼓励代理制,融合节目本源与市场本源,形成聚焦季播节目、常规栏目、电视剧三大核心内容的战略布局
东方卫视	通过设立专门中心、实施项目招标、赋予独立制作人充分自主权、明确经济责任等方式,构建以独立制片人为核心的节目生产体系
浙江卫视	其引进的《中国好声音》在中国制播分离改革进程中有里程碑意义。通过推行节目团队化运营、赋予制片人更多自主权、实施市场化激励机制等措施,提升内容创新能力与市场适应性
辽宁卫视	推行独立制片人制度,预算分配实现从"对人对部门"到"对平台资源"的转变,向全电视台、全社会征集节目
东南卫视	实施独立制片人制度,频道和栏目之间形成责、权、利清晰的契约关系,改组福建东南卫星传媒有限公司
江苏卫视	通过构建综合部统筹、节目部与项目部竞争制作、版块预算与资源集中管理的模式,实现内部市场化与高效运作的制播分离
天津卫视	设立天视卫星传媒公司,构建多元化工作室体系,推行全员市场化考核与激励机制,采用投资收益分配、对赌与众筹等市场化运营模式
湖北卫视	调整人力资源政策,推行独立制片人制度,推动团队社会化与市场化运作,实行动态管理,推行管理通道和业务通道的双通道晋升机制

　　在节目模式输出形式上,如第二章所述,近年来中国与周边国家的合作包括联合研发、输入国主导、国际 IP 公司主导与输出国主导等形式。例如,在中韩联合制作《星动亚洲》时,中方作为模式研发方主要负责总体把控调节,韩方负责摄制和执行,最终中韩双方各自剪辑并制作当地版本的节目。此外,周边国家的制作方也会通过国际节目模式公司或中国制作方采购中国原创节目模式,并在制作过程中进行本土化改编。比如,越南 VTV3 电视台于

――――――――
① 材料来源:《光明日报》、人民网、新华网、《北京晨报》、《新京报》等媒体的报道和作者访谈。

2013 年通过以色列 Amoza 国际节目模式公司订购了中国原创电视节目模式《全能星战》，并和越南 ADT 制作公司完成了节目的本土化工作，后者于 2018 年在戛纳电视节上向江苏卫视订购了《超凡魔术师》的模式版权。[①]

　　在节目模式类型上，已输出并成功落地的中国电视节目模式以音乐类竞技真人秀为主，如《中国好歌曲》和《全能星战》。这也印证了音乐类竞技真人秀深受亚洲市场欢迎，但目前未有研究进一步考察音乐类竞技真人秀的具体特点。因此，本章借助索绪尔横轴和直轴的分析方法，以《中国好歌曲》《全能星战》和《星动亚洲》的原创与改编节目为代表性案例，展现已输出的中国电视节目模式的特点，旨在进一步探究中国电视节目模式输出至周边国家的趋势特征。

　　索绪尔认为，不同的符号通过横轴和直轴两种方式组合构成：横轴组合，即组合轴，指文本的线性维度，即按照某种规律组合若干符号；直轴组合，也称为聚合轴，是替代性的，即从一组有相似性的符号之间进行选择（索绪尔，1980）。研究者可以直接观察文本的横轴组合，但无法直接观察文本的直轴组合，而正是直轴组合体现了文本作者的某种思维方式或所处的社会文化特征（Gripsurd，2006）。本章通过横轴和直轴的分析方法，既可以比较三个案例的文本异同，归纳已输出的中国电视节目模式的特点，也可以为探索推动中国电视节目模式输出的文化机制铺垫。基于前人对电视节目模式元素的归纳，本节重点分析三个代表性案例的赛程设置、叙事和角色等节目模式元素，并从竞技性、故事性和专业性三个方面进行阐释。

二、节目模式文本特点

（一）竞技性

　　三个案例在赛程设置上都重视展现节目的竞技性，为了突出竞技性，在整体赛制中，三个案例均采用了团队竞技和导师制度（如表 4-3 所示）。

---

① 作者在 2024 年 4 月 3 日对江苏省广播电视台国际传播部相关负责人的访谈。

表4-3 三个案例赛制的横轴和直轴分析

横轴 赛制		《中国好歌曲》		《全能星战》		《星动亚洲》	
		中国原创版	越南改编版	中国原创版	越南改编版	中国原创版	韩国改编版
团队竞技	团队组建方式	比赛过程中导师组建	比赛过程中导师组建	赛前导师和选手已组队	赛前导师和选手已组队	比赛过程中以选手自由组合为主	比赛过程中以选手自由组合为主
	团队成员流动性	低	低	无	无	高	高
导师制度	导师是否参与选手培训	参与	参与	参与	参与	参与	参与
	导师是否参与团队竞技	参与	不参与	参与	参与	不参与	不参与
	导师参与评审方式	点评和投票	点评和投票	以点评为主	以点评为主	点评和投票	点评和投票

直轴

　　团队竞技贯穿了三个案例的赛程。三个案例虽然在团队组建方式上和团队成员流动性上有差异，但都强调选手要重视集体利益而非个人利益。在《星动亚洲》中，C队队长田书臣因在团队表演中有太长的独舞时间而被导师批评。在《中国好歌曲》越南版中，由于选手阮定光（Nguyễn Đình Khương）能为团队创作出更有新意的歌曲，导师德智（Đức Trí）最终让该选手而非队内其他积分更高的选手晋级。

　　三个案例都通过导师制度将导师和选手整合到节目的竞技环境中，虽然在导师是否参与团队竞技和投票上存在差异，但都注重导师对选手的赛前培训和赛后点评。这种共性突出了导师的核心作用，即通过导师的指导，选手可以在比赛的过程中不断提升自己的音乐实力，这也契合节目帮助选手成长的核心理念。

　　此外，越南和韩国节目也会改编中国原创节目的赛制。《中国好歌曲》越南版改变了决赛时选手与导师（或嘉宾）共同表演的形式，由选手代表团队进行个人表演。而韩国版本的《星动亚洲》则减少了导师的教学片段，增加了学生展示学习成果的片段。

（二）故事性

　　除了强调竞技性外，三个案例都重视故事性，并主要通过叙事策略和角色选择两种方式来呈现，尤其是《中国好歌曲》和《星动亚洲》，由于多数选手的音乐基础薄弱，这两档节目更加强调故事性。

　　在叙事策略上，节目组不仅要呈现好的表演作品，更要展现表演背后的人生故事。其中，选手坚持追求音乐梦想的故事最受欢迎。在《中国好歌曲》中，即使遭到父母的反对，选手邱振哲仍然坚持音乐梦想。面对同样的困境，《中国好歌曲》越南版的选手许金泉（Hứa Kim Tuyền）也做出了坚持音乐梦的选择。《星动亚洲》中，中国选手田书臣过度训练导致腿伤复发，但仍坚持与韩国队员朴容主一起完成舞蹈表演。

　　除了打造选手追求音乐梦想的故事外，三个案例还着重呈现以家庭情感为主题的选手故事。在《全能星战》中，中国歌手吴克群改编歌曲《我不难过》献给母亲，越南歌手黄尊（Hoàng Tôn）也因思念母亲而选择演唱歌曲《时间》（*Khoảnh Khắc*）。

　　除了叙事策略相似，三个案例在角色选择上也具有共性。一是节目中选手的音乐实力存在较大差距。例如，《中国好歌曲》的参赛选手既有专业的音乐人，也有来自社会各行各业的草根。二是三个案例选择了相似的角色类型，如身患疾病型选手和天才少年型选手等。以天才少年型选手为例，《星动亚洲》中年纪最小的16岁中国选手吾木提以其非凡的才华和年轻活力，助力团队赢得了冠军。

此外，与中国原创节目相比，改编的节目会呈现一些有本土特色的故事元素。由于越南社会重视家族亲情（Huong et al.，2018），《中国好歌曲》越南版会呈现以祖父母等家族成员为创作主题的作品。越南选手黎善孝（Lê Thiên Hiếu）的作品《他和她》（Ông bà anh）便诠释了祖父母间相濡以沫的爱情故事。而由于韩国综艺节目喜欢打造亲民的明星形象，韩国版本的《星动亚洲》会增加明星导师的一些生活化的幽默片段。例如，被节目组冠以"慈母"称号的韩国导师金亨锡对中韩选手都很亲切，经常在节目中与选手们说笑逗乐。

（三）专业性

三个案例也都强调专业性，并主要通过导师点评和角色塑造这两种方式来强化该特征。在导师点评上，由于三个案例的导师多是国内有较大影响力的音乐家，他们在选手赛前培训和赛后点评时都能表现出较高的音乐素养。而在具体的点评过程中，三个案例的导师多是发表温和且具鼓励性的评论，以及选手如何优化音乐表演的建议。在《中国好歌曲》越南版中，当选手阮岚黄福（Nguyên Lâm Hoàng Phúc）被淘汰后，导师江山（Giáng Son）给予了温和的评价，"你的歌很有感觉，但可能不太特别，我很抱歉没选你"，而导师德智则提出建设性评论，"我很期待你的新歌，希望它能有更加灿烂快乐的曲调"。

在角色塑造上，三个案例对不同音乐基础的选手在专业性上的提升有着一致的要求。首先，提高音乐基础薄弱的选手的音乐技能。《中国好歌曲》和《星动亚洲》分别提高了选手的音乐创作与唱跳表演能力。其次，让具备专业音乐基础的选手挑战不同的音乐风格。《全能星战》的参赛歌手需要演唱不同风格的歌曲，而《星动亚洲》中以舞蹈见长的选手需要尝试唱歌或说唱。

此外，在中国原创节目的基础上，越南和韩国的改编节目在强调专业性的同时，会呈现出一些本土特色。由于越南近年来流行拉丁音乐（李凌和李瑞琦，2022），越南版本的《全能星战》将中国原创的戏曲主题改为了拉丁风格主题。韩国注重明星的外形塑造，90％的韩国艺人做过整形手术[①]，所以韩国版本的《星动亚洲》作为培养未来亚洲巨星的真人秀节目，邀请韩国形体老师和造型师来帮助选手管理身材、设计造型。

那么是什么原因让上述中国电视节目模式能成功落地越南和韩国等周边国家呢？下文将重点探讨推动中国电视节目模式输出至越南和韩国等周边市场的文化机制。

第二节　中国电视节目模式输出至周边国家的机制[②]

机制是指一种经常发生并易于识别的因果模式（Elster，2015）。如第二章所述，电视节目模式跨国流动受到政治、经济、技术和文化等多种动力机制的影响，其中，文化机制是影响电视节目模式跨国流动的关键。文化接近性理论认为，当受众观看的电视节目质量差别不大时，他们倾向于观看和自己的语言、传统文化接近的节目（Straubhaar，1991，2007）。后来的研究基于实证材料，从语言（Mast et al.，2017）、地理（Athique，2014）、习俗（Berg，2017）、价值观和节目类型（La Pastina and Straubhaar，2005）等角度来具体分析文化产品输出的机制，为文化接近性理论提供了支持。

近年来，有不少学者结合文化价值观维度来分析文化接近性机制。文化价值观维度侧重文化的价值观层面，目前已发展了六个维度：一是权力距离，用于衡量人们对社会系统中权力不平等分配的接受程度以及对权力层级结构的期待与认同；二是个人主义和集体主义，其中的个人主义强调个体的个性和权利，而集体主义强调个体与集体之间的密切联系、团体意识以及集体利益，；三是长期取向与短期取向，又称儒学动力，指社会对传统思想和价值观的忠实程度，与短期取向相比，长期取向强调坚持、节俭等儒家传统文化（Hofstede，2001）；四是不确定性规避；五是女性气质和男性气质；六是自身放

---

① 参见："K-pop's production line for Gangnam Style wannabes"（http://www.ft.com/content/70a4e97a-a7da-11e4-97a6-00144feab7de.）。

② 本节部分内容已发表于《中国电视》2021年第4期（《中国电视节目模式输出周边国家的趋势及其文化机制研究》）。

纵与约束。文化价值观维度对分析推动电视节目模式输出的文化机制具有重要启示,如有学者借助文化价值观维度比较了不同大洲的观众对美国电视节目的态度(Trepte,2008),也有学者借助文化价值观维度比较了日本动漫(Cooper-Chen,2012)、韩国流行音乐视频(Baek,2015)等亚洲媒介产品在中国、韩国等文化接近的亚洲国家和在文化有较大差异的西方国家受众接受的异同。本章沿着这样的分析思路,将文化接近性视角和文化价值观维度相结合,探讨推动中国电视节目模式输出至越南和韩国的文化机制。

作为越南最受欢迎的视频网站,YouTube 提供了《中国好歌曲》越南版和《全能星战》越南版的每期完整视频。Naver TV 隶属于韩国最大的搜索引擎 Naver,是韩国观众收看韩国电视节目的主要在线视频网站之一。Naver TV 上,《星动亚洲》官方账号发布了 79 个节目片段,包括选手公演、导师点评等重要内容。本章采用等距离抽样法,抽取 YouTube 上《中国好歌曲》越南版和《全能星战》越南版各 315 条越南语评论,并通过搜集 Naver TV 上《星动亚洲》节目片段下方的全部韩语评论,得到了 230 条有效评论。本章将三个案例共 860 条有效评论作为受众分析的语料①,通过 KHcoder 对评论进行主题聚类分析。研究发现,受众主要受改编版节目的类型、人物和情节叙事等几个方面的吸引。除了热门选手与导师的姓名以及观众对其的评价,歌曲、音乐、团队、练习生、导师等节目要素也在评论中频繁出现。例如,在《中国好歌曲》越南版的评论中,导师黎明山(Lê Minh Son)被频繁提及,并且处于讨论的核心位置,与团队、音乐等节目的关键要素有直接的连线,表明观众对他及其团队的高度关注与认可(如图 4-2 所示)。此外,有越南受众提到由于曾经看过《中国好歌曲》,所以对越南版充满期待。也有不少受众表达了对改编版节目叙事中呈现的亲情或追梦故事感同身受,另一些受众则对节目中他们熟悉的导师或演员的专业能力、性格和外表做了点评。本章认为,中国节目模式能够在周边国家落地并受到欢迎,究其原因,与当地受众与模式来源国相近的文化价值观有关。此外,由于中国原版节目模式在周边国家有一定的知名度,受众可能会因为对原版节目的欣赏而关注当地改编版并进行比较,这种互鉴的方式能够推动节目的落地和传播。

---

① 收集评论截止日期为 2020 年 11 月 20 日。

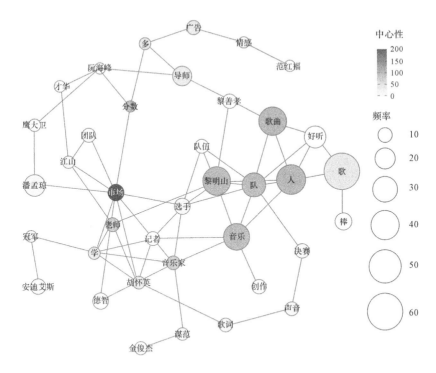

图 4-2　《中国好歌曲》越南版评论主题聚类分析

一、价值观接近性

(一)集体主义文化下的团队竞技

在文化价值观维度上,中国、越南和韩国都属于集体主义文化,强调人们属于一个团体,并为集体利益而奋斗。[①] 历史上,这些国家曾将儒家思想视为社会主导的信仰体系,儒家文化的社会价值观在不同程度上渗入到这些国家的社会与文化中(Miller,2008),如强调集体主义、权力距离与长期取向等。中国原创节目模式中体现集体主义文化的团队竞技在越南和韩国的改编节目中得到了延续,受到了当地观众的欢迎。

首先,越南和韩国的观众会发表支持团队的评论。在《中国好歌曲》越南版的团队竞技中,越南观众会优先支持心仪的团队而非心仪的选手,如"虽然我喜欢潘孟琼(Phan Mạnh Quỳnh),但是我支持黎明山团队",而这条评论中提

---

① 参见:"Dimension data matrix"(https://geerthofstede.com/research-and-vsm/dimension-data-matrix/)。

到的潘孟琼是导师阮海峰(Nguyễn Hải Phong)团队的成员。无独有偶,在韩国版本的《星动亚洲》中,当韩国观众心仪的团队被全员淘汰时,他们会希望同一个团队的成员能再次组团出道。

其次,集体主义文化包含家庭或家族亲情、爱国主义和民族团结等多种面向。与中国原创节目模式一致,越南和韩国的改编节目也刻画了选手以家庭亲情为主题的人生故事。韩国版本的《星动亚洲》保留了中国选手和家人语音通话的环节,以及中国选手的家人赴韩探访的环节。而在《中国好歌曲》越南版中,越南唱作人范红福(Phạm Hồng Phước)为安慰聋哑妹妹而创作歌曲的故事也引起了越南观众的共鸣,如有受众评论,"最幸福的是能够爱并保护自己的家人"。

但中国、越南和韩国的集体主义文化发展有不同向度。由于当代中国重视爱国主义、民族团结等价值观,中国节目更注重表现华夏共同体意识(章宏和戴颖洁,2018)。例如,《中国好歌曲》呈现了新加坡华裔唱作人黄铃的福建寻根之旅。与中国相比,越南社会仍存在以家族观念为核心的乡村组织(阮春面,2005),因而更重视家族关系。越南的改编节目也注重呈现以家族亲情为主题的作品。在《中国好歌曲》越南版中,一些描写家族亲情的歌曲让越南观众"感动到流泪"。与越南注重家族关系类似,父系大家庭的家庭结构对韩国社会仍有重要影响,并常出现在韩国电视节目中(姜明求,2011),韩国改编的节目也注重呈现以家族亲情为主题的人生故事。在韩国版本的《星动亚洲》中,中国选手左其铂在成功晋级后,想念已经逝世的祖父,这一场景引起了不少韩国受众的共情。

(二)高权力距离文化下的导师制度

在文化价值观维度中,中国、越南和韩国都是高权力距离文化:人们接受等级秩序,强调下级服从上级。[①] 中国原创节目模式中体现高权力距离文化的导师制度被越南和韩国的改编节目所继承,得到了当地观众的认可。

首先,越南和韩国的观众尊重导师们,认可其专业素质,如礼貌谦逊、点评专业等,并赞同他们对选手的点评。其次,由于导师与学员处在不平等的

---

① 参见:"Dimension data matrix"(https://geerthofstede.com/research-and-vsm/dimension-data-matrix/)。

权力关系中，作为上级的导师需要保护和关心学员，这主要体现在导师对学员的点评上。在《中国好歌曲》越南版中，越南观众更赞同温和且具鼓励性的导师点评，认为这类点评能够帮助选手们进一步成长。杨琴（Dương Cầm）导师的犀利点评就引起了一些越南观众的反感。导师制度下的投票形式也契合了越南高权力距离文化。越南观众更喜欢《中国好歌曲》越南版的导师投票形式，而非《全能星战》的观众投票形式，这是因为，"观众没有专业性"，并且"太容易情绪化而忘记自己应该理性评价音乐"。

但是与中国原创节目模式相比，越南和韩国的改编节目都减少了导师的表演镜头。《中国好歌曲》越南版将导师和学员的合作表演改成了学员的个人表演，而韩国版本的《星动亚洲》减少了导师的教学片段，以及每期选手团队表演前的导师开场表演片段。对此，越南和韩国的观众在评论中都没有质疑，这可能是源自中国的权力距离维度分值高于越南与韩国（中国80分，越南70分，韩国60分），即与中国相比，越南和韩国的受众接受不平等关系的能力较弱。[①] 因此，越南和韩国的改编节目通过改编导师制度，把更多镜头对准学员，以帮助当地观众理解导师制度。

（三）长期取向下的追梦故事

在文化价值观维度中，中国、越南和韩国都是长期取向文化：通过坚持不懈的努力来实现既定目标。[②] 中国原创节目模式中展现的选手坚持追求音乐梦想的故事契合了长期取向文化，这在越南和韩国的改编节目中也有所体现，并受到当地观众的欢迎。例如，《中国好歌曲》越南版中的选手黎善孝在变性手术后变得抑郁，但他通过创作音乐重新振作。在韩国版本的《星动亚洲》中，韩国选手朴容主作为韩国娱乐公司SM的前练习生，虽然曾放弃音乐梦想，但最终通过努力在《星动亚洲》成功出道。

此外，长期取向与高权力距离、集体主义文化有着密切的关系（Hofstede，2001）。无论是在《中国好歌曲》《全能星战》还是《星动亚洲》中，涉及长期取向、高权力距离和集体主义文化的内容都相互交织。例如，三个案例的理念

---

① 参见："Dimension data matrix"（https://geerthofstede. com/research-and-vsm/dimension-data-matrix/）。

② 参见："Dimension data matrix"（https://geerthofstede. com/research-and-vsm/dimension-data-matrix/）。

都是让选手在导师的帮扶下,经过不懈努力,最终代表团队争夺荣誉。由于节目理念契合了越南和韩国的长期取向、高权力距离和集体主义文化,当地观众对基于中国节目模式改编的节目多有正面评价。韩国观众认为韩国版本的《星动亚洲》"制作得很好",越南观众认为《中国好歌曲》越南版比《越南好声音》"更专业",是"唯一让我打开电视观看的节目"。

在改编方面,与中国原创节目模式相比,韩国版本的节目将镜头对准一些拼命训练的努力型选手。因为与越南观众相比,韩国观众更强调选手的实力与努力之间的关系。例如,韩国观众认为那些抱怨睡眠不足的中国选手还不够努力,"想出道的韩国选手们都睡不到 2 个小时"。韩国观众对努力型选手格外重视可能源于韩国在长期取向文化维度上的分值高于中国和越南(越南 57 分,中国 87 分,韩国 100 分)。[1] 韩国改编节目突出努力型选手的方式无疑是成功的,它契合了韩国的长期取向文化,也引发了韩国观众的共鸣,"为了唱好歌,选手付出了多少努力,流泪"。

二、受众互鉴

岩渕功一提出,亚洲间的文化互鉴有利于亚洲国家建立文化主体性(Iwabuchi,2015)。流行文化的互鉴主要包括制片人之间的合作和互相借鉴,以及受众消费层面的互相渗透。本书第二章已详述了东亚国家之间在模式生产维度的合作互鉴,本章通过受众互鉴进一步厘清推动中国电视节目模式落地周边国家的文化机制。在本章的受众文本分析中,作者发现有不少受众已经观看过原版节目,这些受众会在点评改编版节目时透露对原版节目《中国好歌曲》中加入中华文化元素的歌曲的喜爱,希望越南版也能效仿,催生有影响力的越南歌曲并走向国际。还有受众给《全能星战》越南版留言,讨论中国流行歌曲和 K-Pop 对越南流行音乐的影响。根据作者的访谈,《这!就是街舞》在落地越南之前,原版节目就曾在泰国等东南亚国家的电视台播放,且在社交媒体上传播甚广,在东南亚地区具有较高知名度。[2] 湖南卫视输出至越南的《乘风破浪的姐姐》节目模式,得益于其原版节目的女性主义视角和明

---

① 参见:"Dimension data matrix"(https://geerthofstede. com/research-and-vsm/dimension-data-matrix/)。

② 作者在 2023 年 11 月 9 日对优酷街舞项目负责人的访谈。

星云集,在东南亚广受欢迎。根据国家广播电视总局发展研究中心(2023)的数据,该节目在 YouTube 上前三季的点击量达到 2.7 亿,这为节目模式输出做了铺垫。越南版《乘风破浪的姐姐》播出前被越南媒体评价为"2023 最受期待的综艺",播出后更是在越南 VTV3 电视台拿下同时段综艺收视率第一,广受越南受众好评,并引发中国网友热议。[①] 如下文所述,亚洲受众之间的文化互鉴也是日韩流行文化风靡亚洲的表征和原因之一,尤其是韩国节目模式近年来风靡亚洲和其原版节目在亚洲邻国的轰动效应密不可分,如韩国的《跑男》《爸爸！我们去哪儿》《两天一夜》等原版节目就在中国和越南的社交媒体与视频网站上有大量的粉丝。

第三节　中日韩比较视域下中国原创电视节目模式输出至周边国家的挑战与机遇

一、中日韩流行文化在亚洲输出的历史和发展趋势

在东亚国家中,日本的文化产业发展具有先发优势,其影视、音乐、动漫等流行文化产品自 20 世纪 70 年代以来已逐步输出至亚洲其他国家乃至全球。70—80 年代,日本电视剧如《血疑》《排球女将》《阿信》开始在周边国家播放。90 年代初,随着 J-pop 的兴起,日本音乐在亚洲乃至全球范围内获得了巨大的成功,艺人如中岛美雪(Miyuki Nakajima)、宇多田光(Utada Hikaru)成为国际明星。而动漫产业一直是日本进行文化输出的主力军,从 70—80 年代的《哆啦 A 梦》(Doraemm)、《铁臂阿童木》(Astro Boy),再到近年的《鬼灭之刃》(Demon Slayer : Kimestu No Yaiba)等动漫 IP,日本动漫对全球尤其是年轻一代产生了巨大影响(Jenkins,2006)。而在电视节目模式方面,日本也较早地输出了如《铁厨》《龙穴》《洞洞墙》等辐射全球的节目模式,曾是其他亚

---

① 参见:《〈乘风破浪的姐姐越南版〉首播收视第一,芒果模式出海再造爆款》(http://mp.weixin.qq.com/s/UDRFST7aE1ngABha4jvNQw)。

洲国家与地区电视节目的重要模仿对象。如本书第二章所述,在 90 年代以前,韩国的文化产业尚未发展出强大的原创能力,韩国电视节目仿鉴日本节目的情况泛滥,曾引发了日本方面的强烈抗议。虽然这种做法是韩国文化产业发展历程上并不光彩的一页,但向日本借鉴的经历提高了韩国影视行业在亚洲市场的竞争力。

20 世纪 90 年代末期,经历过亚洲金融危机的韩国致力于将文化产业培育成支柱产业。这一政策倾向经由金大中、卢武铉、李明博等历任总统延续至今。韩国的文化产业也在政策引导与资金扶持下蓬勃发展,形成了强大的原创能力,韩国的文化产品逐渐输出至全球,形成韩流(Korean wave)。韩流的发展大致经历了两个阶段:在 20 世纪 90 年代末至 21 世纪初,韩国流行文化主要以 K-pop 音乐和电视剧为核心,例如《冬季恋歌》(Winter Sonata)等电视剧在亚洲范围内引发收视热潮;21 世纪以来,随着社交媒体和移动互联网的普及,韩流进入 2.0 时代,更多元化的内容,如 K-pop 偶像团体、电影、电视剧、节目模式、动画,在全球范围内获得了更广泛的认可和成功(Jin,2016)。

中国的流行文化在东南亚地区有重要影响力。由于地理与文化上的接近性,加之东南亚聚集了全球 75% 以上的华人移民,东南亚地区观众对中国历史和当代流行文化都较感兴趣。中国流行文化的输出起初侧重于古装剧和流行音乐。20 世纪 80 年代初到 90 年代中期,中国电视剧仍处于起步阶段,得益于四大名著在东南亚的广泛流传,《三国演义》等精品国产剧获得了东南亚市场的认可。20 世纪 90 年代中期,中国电视剧行业走向产业化,中国的电视剧产量迅速增加,中国古装剧在东南亚的影响力也在增强,《还珠格格》曾在东南亚地区引发收视狂潮(宗倩倩和章宏,2014)。21 世纪以来,国产剧的出海事业在韩流的冲击下仍在稳步发展,出海的国产剧题材涉及都市、青春、古装、现实、年代、奇幻等,已输出至日韩、东南亚、中亚和俄语市场。其中,东南亚仍是中国电视剧的核心市场。《中国电视剧国际传播报告(2022)》显示,2012—2021 年,中国电视剧出口东南亚金额为 7322.8 万美元,占同期中国电视剧出口总额的 17.5%。[①] 此外,从 20 世纪 90 年代末开始,中国的流行音乐逐渐风靡东南亚,其中,很多歌曲是中国出口电视剧的主题曲,然而近

---

① 参见:国家广播电视总局发展研究中心发布的《中国电视剧国际传播报告(2022)》。

年来中国流行音乐的影响力受到 K-pop 的压制。① 随着短视频和新媒体平台的兴起,如抖音(TikTok)等平台开始影响国际市场,上述中国原创节目模式也开始走向海外,标志着中国流行文化输出开始了新阶段。

二、日韩节目模式在亚洲输出的路径和影响力——以越南为例

长久以来,日本的节目模式在亚洲处于领先地位,但其影响力渐不敌韩国的节目模式。截至 2020 年,日本已向海外销售了共 254 档电视节目模式,而在 2020 年,日本只销售了 29 档节目模式,韩国则销售了 67 档。② 根据 2022 年日本内务和通信省发布的数据,日本大多数的电视节目模式出口至亚洲、北美和欧洲市场,影响力遍布全球,例如东京广播系统电视的《极限体能王》已输出至包括美国、中国和越南在内的 18 个国家。③ 相较而言,韩国作为原创节目模式的后起之秀,仍将亚洲视为主要市场。对于韩国而言,原创节目模式在亚洲的成功是其走向世界的重要跳板,中国等亚洲市场对节目模式的旺盛需求倒逼了韩国电视节目模式产业的快速成熟。根据韩国信息协会发展研究所的数据,2021 年,亚洲占韩国电视节目模式出口量的 65%。2019—2021 年,韩国的节目模式出口利润在 986 万至 1491 万美元之间波动。④

作为亚洲经济发展最活跃和媒体市场最开放的国家之一,越南近年来成为日韩节目模式的重要引进国,自 2015 年开始,越南从亚洲其他国家引进的节目模式数量逐渐超越从西方引进的节目模式⑤。由于文化的接近性,越南也引进了不少中国的节目模式。本节通过分析日韩节目模式在越南落地的典型案例,探索日韩节目模式成功输出并具有较大影响力的原因,并在此基础上,和中国的节目模式进行比较。

　① 参见:《越南音乐 席卷抖音》(http://www.thepaper.cn/newsDetail_forward_19675116)。
　② 参见:"TRACKING THE GIANTS: The top 100 travelling unscripted formats 2020-2021"(http://k7.media/wp-content/uploads/2021/04/K7-Special-Report-Tracking-the-Giants-2020-2021-1.pdf.)。
　③ 参见:《日本视听节目内容及出口新动向》(http://www.carfte.cn/hyfc/2023/02/17/105122675.html)。
　④ 参见:"Korea Information Society Development Institute (2022) Broadcasting Industry Investigation Report". (https://www.mediastat.or.kr/kor/board/BoardList.html? searchType = subject&srcContDate = SEARCH&pageIndex=1&board_class=BOARD21&menuId=2006104&lastIndex=6&keyword=%EB%B0%A9%EC%86%A1%EC%82%B0%EC%97%85&menu_id=2006104&rootId=2010001)。
　⑤ 参见:http://laodongthudo.vn/den-luot-chau-a-tan-cong-show-truyen-hinh-viet-23836.html。

由于如前文所述，YouTube 是越南最受欢迎的视频服务平台，已有 6000 多万名用户[①]，且提供了大多数中日韩热门综艺节目越南版的视频，并公开视频的点击量和评论，因此根据模式节目的受欢迎程度，本节选择了韩国的《跑男》《隐藏的歌手》(Hidden Voices)与日本的《谁是真正的名人》(Who is the Real Celebrity)、《少年说》(Teenager Said)的越南版作为分析对象，比较韩国与日本节目模式在越南落地的趋势和文本特征。研究发现，韩国和日本依据各自比较优势向越南输出了不同类型的节目模式，如韩国的户外真人秀和音乐节目、日本的游戏节目和纪实类真人秀。日韩具有影响力的节目模式各有其文本特征。

（一）韩国节目模式输出至越南的趋势和文本特征

韩国节目模式在越南的引入通常采取两种方式：一是由当地媒体公司购买版权并进行本土化改编，二是与韩国制片公司联合制作。以《隐藏的歌手》为例，越南媒体公司Đien Quan 等购买了该节目版权，并于 2016 年为 HTV7 电视台制作了越南版节目。而《跑男》则采取了与韩国 SBS、KBS 等电视台联合制作的方式，在越南推出了适应当地市场的版本。这两种方式共同促进了韩国节目模式在越南的有效传播与跨文化适应。

从受众反馈看，韩国节目模式在越南的受欢迎程度要高于中国节目模式与日本模式。在 YouTube 上，中国节目模式《中国好歌曲》越南版(Bài hát hay nhất)第一季平均每集约有 300 万点击量、1000 条评论，《全能星战》越南版(Sao Đại Chiến)第一季平均每集约有 20 万点击量、200 条评论；日本节目模式《谁是真正的名人》越南版(Ai Là Bậc Thầy Chính Hiệu)第二季平均每集约有 20 万点击量、200 条评论，《少年说》越南版(Thiếu Niên Nói)第一季平均每集约有 40 万点击量、300 条评论；韩国节目模式《跑男》与《隐藏的歌手》越南版在 YouTube 的点击量则远远超过上述中日节目模式，《跑男》越南版(Chạy Đi Chờ Chi)第一季平均每集约有 1400 万点击量、1 万条评论，《隐藏的歌手》越南版(Giọng ải giọng ai)第一季平均每集约有 2200 万点击量、1 万条评论。[②] 通过索绪尔横轴和直轴的分析方

---

① 参见："Vietnam leads Asia-Pacific in streaming YouTube on TV: report"(http://e. vnexpress. net/news/news/vietnam-leads-asia-pacific-in-streaming-youtube-on-tv-report-4379135. html)。

② 数据收集时间截至 2024 年 3 月 28 日。

法,对两档节目的舞美、规则、台词和嘉宾表演进行考察,并比较越南版与韩国原版节目在以上方面的异同,本节归纳出品牌性、情感性和文化多样性是韩国节目模式的主要特征(如表 4-4 所示)。

表 4-4 中日韩三国输出至越南的节目模式的文本特点

国家	输出至越南的节目模式的文本特点		
中国	竞技性:设置团队竞技和导师制度,强调重视集体利益而非个人利益	故事性:展现表演背后的人生故事,如坚持追求音乐梦想、致敬亲情	专业性:导师点评呈现深厚音乐素养,鼓励具有不同音乐基础的选手持续提升
日本	喜剧效果:展现有趣的生活故事和充满趣味的人物互动,用特写镜头放大生动表情	刺激性:挖掘角色私密故事,使用音效、延迟揭晓等手段精心构建悬念	高参与度:设置与普通人生活相关的议题以提高观众参与度
韩国	品牌性:原版已输出至多个国家,品牌影响力深入人心,改编版继承了原版的标识、节目机制与人员配置等	情感性:设置"选手逆袭""默默守卫"等情节,用额外掌声鼓励跑调选手歌唱	文化多样性:实现跨国团队互动,展现多国音乐与文化元素

一是品牌性。韩国综艺节目《跑男》在全球尤其是周边国家影响力显著,该节目模式已落地中国、越南、菲律宾等亚洲国家,改编版深受当地观众喜爱。《隐藏的声音》自 2016 年以来已在全球 32 个国家落地,其中包括中国、越南、泰国、马来西亚等多个亚洲国家。这两档韩国真人秀节目的越南版都继承了原版的品牌特色。《跑男》越南版的节目标识保留了韩国原版标识中的奔跑者形象与黄蓝配色,标题的文字排布也与韩国版本极为相像。《隐藏的歌手》越南版与韩国原版的节目标识均使用了纺锤形图案与节目名字的形象。

在节目设计方面,这两档节目的越南版也继承了原版的节目机制与重要道具。《跑男》的越南版保留了原版的撕名牌游戏与指压板游戏道具。《隐藏的歌手》越南版的竞赛机制与原版类似,客队必须参加三轮比赛,以确定神秘歌手,获胜者将与一名飞行嘉宾一起表演,并在节目结束时获得一笔可观的奖金。

《跑男》越南版与《隐藏的歌手》越南版在人员配置方面与韩国原版存在显著的相似性。《跑男》越南版在常驻嘉宾的设置上沿用了原版的模式,即由

6名男性和1名女性组成7人固定团队。此外,为增强节目的观赏性和影响力,节目还特邀了《跑男》韩国版的知名嘉宾金钟国(Kim Jong-kook)参与录制。《隐藏的歌手》越南版在主持人配置上亦与韩国原版相仿,通常由2—3名擅长幽默表演的男性喜剧演员担任,他们在节目中发挥着引领节奏、制造笑点的关键作用。这些相似的人员配置不仅体现了节目模式的延续性,也进一步加深了越南版与韩国原版节目在风格上的内在联系。

二是情感性。对于亚洲观众而言,韩国节目模式具有易融入日常生活、富有表现力、文化接近性强等特点,满足了亚洲观众的情感需求(Ariffin et al.,2018)。《跑男》与《隐藏的歌手》的韩国原版和越南版都在努力唤起观众的情感。和原版相似,《跑男》越南版会通过"选手逆袭""默默守卫"等情节引导观众关注每个人的闪光点;《隐藏的歌手》越南版常常会鼓励唱歌跑调者大胆放声歌唱,现场观众会用额外的掌声表达对参与者的安慰与赞赏。

三是文化多样性。这两档韩国节目模式还在文化多样性方面表现显著。一方面,其游戏规则具有普遍性与共通性,使得不同文化背景的观众能够轻松理解和共享游戏的核心机制,如身份猜测和撕名牌等。另一方面,这两档节目的韩国版和越南版在跨文化元素的融合与呈现上也颇具特色。例如,《跑男》韩国版团队在越南进行拍摄时,与越南版团队进行了互动交流,甚至实现了跨国嘉宾的共享,展示了文化的交流与互鉴。在《隐藏的歌手》越南版中,参与者演唱了多国歌曲,包括英文歌曲和中国古风歌曲,展现了多元音乐文化的魅力。同时,中国元素如中秋节和中医等也被融入节目,进一步丰富了节目的文化内涵。

(二)日本节目模式输出至越南的趋势和文本特征

由于日本节目模式较早地实现了国际化,其节目模式宝典的开发已经达到了较高的成熟度。因此,越南媒体公司普遍倾向于通过国际节目模式提供商引进日本的节目模式,并委托本地媒体公司对其进行本土化创作。以越南VTV3电视台为例,该台于2019年引进了日本节目模式《谁是真正的名人》,并委托越南媒体机构 MEGA GS 进行本土化改编。随后在2020年,VTV3再次引进日本节目模式《少年说》,此次的本土化改编工作由越南媒体公司Cat Tien Sa 承担。

通过索绪尔横轴和直轴的方法分析这两档节目的舞美、情节、角色以及对话内容,并对比越南版与日本原版在节目元素上的异同,本节发现,日本节目模式的核心特点主要体现在三个方面:喜剧效果、刺激性以及高参与度。这些特点在越南版的改编中也得到了不同程度的保留和体现,从而保证了节目在本土市场的吸引力和竞争力。

一是喜剧效果。两档节目的越南版均成功承袭了日本电视节目模式的喜剧精髓,尤其在角色的表情刻画、人物间的互动以及台词设计上有显著表现。《少年说》越南版中,孩子们讲述的趣味盎然的故事为节目增添了浓厚的喜剧色彩。例如,一名男孩抱怨母亲总让他爬楼梯以减肥,这一情节既富有生活气息,又极具幽默感。同样,《谁是真正的名人》越南版则通过精心捕捉嘉宾、主持人及其他角色间的诙谐交流,运用特写镜头放大了这些瞬间的喜剧效果。

二是刺激性。这两档节目均擅长挖掘并展示角色的私密故事,从而引发观众的好奇心和窥探欲。通过将原本处于背景的故事推向前台,节目成功地吸引了观众的注意力。例如,在《少年说》越南版中,青少年们在与家人、老师和同龄人的互动中坦露心声,公开表达他们内心的挣扎和痛苦。此外,两档节目还通过精心构建悬念,如使用音效、延迟揭晓等手段,来保持观众对节目发展的高度期待。《谁是真正的名人》越南版中,参赛者和观众都只能在主持人揭晓时获知答案,这一设计无疑增加了节目的紧张感和刺激性。

三是高参与度。鼓励观众参与是日本节目模式的核心特点之一。与韩国节目模式侧重与观众进行现场互动不同,日本节目模式更多是通过设置与普通人生活息息相关的议题来提高观众的参与度。例如,《少年说》越南版聚焦于挖掘角色的生活故事,包括那些能触动越南 YouTube 用户情感的感人瞬间。而《谁是真正的名人》越南版则经常围绕越南人日常生活中常见的物品如假发、摩托车和茶等提出问题,这些问题激发了越南 YouTube 用户的热烈讨论和积极回应。

综上所述,中日韩根据自身的竞争优势向亚洲其他国家输出了具有不同特色的节目模式。中国输出至韩国、越南等周边国家的节目模式以音乐类、真人秀为主,重视竞技性、故事性与专业性。而韩国成功输出的节目模式以户外真人秀和音乐类节目为主,强调品牌性、情感性和文化多样性。日本成功输出的节目模式以游戏节目和纪实类真人秀为主,强调喜剧效果、刺激性和高参与度。在这些节目模式特色的基础上,对 YouTube 上越南用户的评论分析研究发现,越南与日韩在节目模式类型、情节、人物、地点和文化价值观上的接近性也帮助这些节目模式在越南受众中产生了文化亲和力。[①] 此外,本节还发现由于近几十年来亚洲流行文化区域市场的形成,受众对亚洲邻国的文化产品跨国消费较为频繁,所以对引进的邻国节目模式会赋予较多的关注。许多受众在观看改编版的节目前曾看过原版或来自邻国的改编版节目,如有不少越南受众会在越南版《跑男》下留言,表示曾看过原版和中国版《跑男》,因此能将越南版的人设、节目情节和拍摄手法与其他版本进行比较,并在此过程中进一步加深对亚洲各国文化和现代性的理解。这一研究发现在上文的中国节目模式受众分析里也得到了印证。

三、日韩节目模式发展路径对中国的启示

日本的节目模式产业起步早,早在 20 世纪 80 年代,日本的电视业就开始面向西方市场出售节目模式,出售的节目模式多为游戏类,有时甚至会出售节目的某一个环节来充当当时流行的杂志类综艺节目的某个板块。[②] 1988年,竹下政府首次成立了国际文化交流讨论小组,重点是促进向亚洲其他国家出口电视节目。1991 年,当时的外务省(MOFA)和当时的邮电省(MPT)联合建立了日本媒体通信中心(JAMCO),为出口至发展中国家的日本电视节目提供补贴。20 世纪 90 年代,随着经济的高速发展、城市中产阶级规模的扩大与青年文化的发展,日本的文化产品为其他亚洲国家提供了关于现代化与城市化的美好想象(Iwabuchi,2015),也向世界展示了有别于西方国家的文化特色。虽然日本于 20 世纪 90 年代中期后处于经济衰退期,但其强大的流行文化并未因此衰落,反而得到了政府的重视与大力扶持。21 世纪初,日本提出了"酷日本"政策,促进文化输出,以提升国家形象和软实力。自 20 世纪 70年代起,日本凭借先发优势、政策扶持已形成了成熟的文化产业,包括节目模式在内的流行文化已在全球拥有广泛的影响力。

相较于日本,韩国的节目模式产业虽然起步晚,但发展迅猛,其节目模式

---

① 本节采纳了 YouTube Comment Search 工具,从《谁是真正的名人》《少年说》《跑男》和《隐藏的歌手》越南版的评论区收集了来自越南网友的越南语评论。通过 Python Script 自动在每个节目评论中进行等距离抽样 300 条评论,构建了一个包含 1200 条评论的语料库。

② 作者在 2023 年 11 月 11 日对乐正传媒引进日本节目模式相关人员的访谈。

年销量已超日本。20 世纪 90 年代末期，刚从亚洲金融危机阴霾中走出的韩国将文化产业视为未来的支柱产业。1999 年，金大中政府制定了《文化产业振兴基本法》，设立了国家级的文化产业扶持基金，之后的历届政府也延续了对文化产业的重视。韩国文化振兴院等政府资助机构、希杰集团等大企业和资本的涌入以及电视管制制度改革、亚洲尤其是中国市场激增的节目模式需求等因素促使韩国的节目模式产业迅速发展。① 国际节目模式市场中，韩国与英国、荷兰、美国等西方国家的差距逐渐缩小。韩国在节目模式市场的迅速成长离不开韩流的强大影响力。如今，韩流已进入 2.0 时代，由一系列媒体和数字产业组成，涉及电视、电影、动画、K-pop、游戏和智能手机多个方面（Jin，2016）。依托数字技术在多个媒介平台展开单一故事的跨媒介叙事（transmedia stroytelling）加强了韩国流行文化的影响力（Jin，2020）。目前，韩流已触及世界各个地区，在亚洲具有压倒性优势。

　　整体上，日本输出的节目模式相对单一，缺乏独特的文化特色。20 世纪 80 年代末日本开始输出节目模式时，节目模式的国际竞争并不激烈。因此，日本主要以当时流行的游戏节目为主导进行输出，填补了某些空缺板块。韩国则有所不同，作为后起之秀，韩国在 2010 年左右才开始大规模输出节目模式，之前以引进和模仿他国节目模式为主。因此，韩国的节目模式化程度较低，初始阶段缺乏一套明确的指导方针和高度工业化的模式宝典，通常依靠韩国原版节目的团队到其他国家进行指导。随着节目模式市场竞争的加剧，韩国的节目模式产业逐渐变得成熟。目前，韩国除了通过国际公司售卖节目模式版权，还会以原版节目团队与当地媒体机构合作的方式来落地其节目模式。

　　相较于日韩，虽然我国的电视节目模式也在逐步发展，但中国节目模式在国际市场中的体量和影响力与中国整体的政治经济实力并不相符。日韩节目模式产业创意丰富，产业链成熟，扶持力度大，在输出数量、类型与影响力方面我国与日韩仍存在差距。目前，中国的节目模式仍面临着知识产权保护不完善、产业机制尚未健全以及原创节目模式在国际市场缺少竞争力等挑战。但丰富的文化资源、较大的经济体量与受众规模，以及具有国际影响力

---

① 作者在 2023 年 3 月、4 月和 11 月对多位国内主流媒体、制作公司和展会公司人员的访谈。

的新媒体平台支持等是我国的独特优势,中国可以走出一条差异化竞争路线,开辟蓝海市场。庞大的国内受众群体为电视节目的试错和迭代提供了巨大空间,中国的电视从业者可以开展多样化的市场调研,精准定位细分市场,针对不同年龄层、兴趣偏好的观众开发专属节目。同时,中国的节目可以充分利用具有国际影响力的新媒体平台,通过在线互动、用户参与等元素提升观众的参与感和忠诚度,使原创节目模式的影响力渗入其他国家的受众群体。

第四节　讨论和结语

为了分析中国电视节目模式输出的文化机制,本章通过文本分析和受众分析,发现已输出的中国电视节目模式呈现出节目模式制作主体多元化、输出形式以本土化合作为主、节目模式类型以音乐类竞技真人秀为主等三方面的趋势,并通过具体案例的分析,发现成功落地韩国和越南的中国原创电视节目模式皆重视竞技性、故事性和专业性等特点,进而结合文化接近性和价值观维度理论,发现相似的集体主义价值观、高权力距离和长期取向文化是推动中国电视节目模式成功输出至周边国家的主要文化机制。

除此之外,本章对成功落地越南的日本节目模式与韩国节目模式进行了文本分析,探索了日韩节目模式在亚洲输出的路径。本章发现,韩国和日本根据各自优势向越南输出了不同类型的节目模式。韩国的节目模式以品牌性、情感性和文化多样性为特色,而日本的节目模式则强调喜剧效果、刺激性和高参与度。越南与日韩在节目模式类型、情节、人物、地点和文化价值观上的接近性也帮助这些节目模式在越南观众中获得较好反响。

除了文化接近性,亚洲受众的文化互鉴也是中日韩节目输出至亚洲其他国家的机制之一。近几十年来,亚洲形成了流行文化区域市场,受众对亚洲邻国的文化产品跨国消费较为频繁,许多受众早已看过未经改编的原版节目,进而对改编后的本土化版本产生兴趣,并开展比较。这种受众层面上的相互渗透为节目模式的输出做了铺垫。

理论上,本章通过实证研究表明价值观层面的文化接近性与受众互鉴对推动电视节目模式输出至周边国家有着重要作用,并通过分析具体案例,提供中国等亚洲电视发展后进国家在电视节目模式输出时呈现的内生性文化动力。实践上,本章对中国电视节目模式的国际输出及其在周边国家拓展有重要的借鉴意义。

日本凭借其文化产业的先发优势,在全球范围内产生了广泛的影响力。韩国通过政策引导和资本投入,迅速发展成为文化输出大国,成功塑造了韩流现象。而中国则利用其庞大的市场和丰富的文化资源,正逐渐扩大其在国际上的文化影响力。中国电视节目模式输出至周边国家并非一帆风顺,许多节目模式虽然已输出版权但尚未落地。未来可比较研究不同落地情况的案例并探究背后的原因。此外,本章主要挖掘了推动中国电视节目模式输出至周边国家的文化机制,今后还可进一步探讨政治、经济、技术等其他机制和文化机制的交互作用。

参考文献

[1]国家广电总局发展研究中心. 中国广播电视全媒体发展报告(2023)[M]. 北京:中国广播影视出版社,2023.

[2]姜明求,金秀娥. 电视剧再现的家庭与家庭关系——韩国、日本、中国大陆及台湾地区案例研究[J]. 当代韩国,2011(4):14-36.

[3]李凌,李瑞琦. 越南流行音乐文化的兴起与发展[J]. 非通用语研究,2022:165-170.

[4]彭侃. 创意的力量:全球价值链视野下的节目模式[M]. 北京:中国国际广播出版社,2023.

[5]阮春面. 汉越亲属称谓系统及其文化差异研究[J]. 台声(新视角),2005(2):138-139.

[6]索绪尔. 普通语言学教程[M]. 高名凯,译. 北京:商务印书馆,1980.

[7]章宏,戴颖洁. 模式节目再生产中跨地多民族的华人共同体建构——以《中国好声音》为例[J]. 传播与社会学刊,2018(44):85-110.

[8]赵晖. 声音类选秀节目收视分析[J]. 收视中国,2014(10):4-10.

[9]宗倩倩,章宏. 中国大陆电视剧在东南亚华人中的传播现状研究[J]. 中国传媒报告,2014(4):28-36.

[10]Ariffin J T,Bakar H A, Yusof N H. Culture in Korean drama towards influencing malaysian audiences [J]. International Journal of Innovative Research in Engineering & Management, 2018(1): 10-14.

[11]Athique A. Transnational audiences: Geocultural approaches[J]. Continuum, 2014(1): 4-17.

[12]Baek Y M. Relationship between cultural distance and cross-cultural music video consumption on YouTube[J]. Social Science Computer Review, 2015(6): 730-748.

[13]Berg M. The importance of cultural proximity in the success of turkish dramas in qatar[J]. International Journal of Communication, 2017(1): 3415-3430.

[14]Chalaby J K. Drama without drama: The late rise of scripted TV formats[J]. Television & New Media, 2016(1): 3-20.

[15]Cooper-Chen A. Cartoon planet: The cross-cultural acceptance of Japanese animation[J]. Asian Journal of Communication, 2012(1): 44-57.

[16]Elster J. Explaining Social Behavior: More Nuts and Bolts for the Social Sciences[M]. Cambridge: Cambridge University Press, 2015.

[17] Gripsrud J. Semiotics and communvcation: Signs, codes and cultures[M]//Analysing Media Texts. Maidenhead and Berkshire: Open University Press, 2006: 9-42.

[18]Hofstede G. Culture's Consequences: Comparing Values, Behaviors, Institutions and Organizations Across Nations[M]. Thousand Oaks, London and New Delhi: Sage Publications, 2001.

[19]Huong N T M, Vu G C, Nguyen T M. Asian values and human rights: A Vietnamese perspective[J]. Journal of Southeast Asian Human Rights, 2018 (1): 302.

[20]Iwabuchi K. Pop-culture diplomacy in Japan: Soft power, nation branding and the question of "international cultural exchange" [J]. International Journal of Cultural Policy, 2015(4): 419-432.

[21]Jenkins H. Fans, Bloggers, and Gamers: Expiorivg Participatory

Culture[M]. New York:New York University Press,2006.

[22]Jin D Y. New Korean Wave: Transnational Cultural Power in the Age of Social Media[M]. Champaign: University of Illinois Press, 2016.

[23]Jin D Y. Transmedia Storytelling in East Asia: The Age of Digital Media[M]. London and New York: Routledge, 2020.

[24]Keane M. Asia: New growth areas[M]// Television Across Asia. London: Routledge, 2003: 9-20.

[25]La Pastina A C, Straubhaar J D. Multiple proximities between television genres and audiences: The schism between telenovelas' global distribution and local consumption[J]. Gazette, 2005(3): 271-288.

[26]Mast J, Ruiter K, Kuppens A H. Linguistic proximity and global flows of television[J]. International Journal of Communication, 2017(1): 2562-2583.

[27]Miller D Y. Modern East Asia: An Introductory History[M]. New York: Routledge, 2008.

[28]Miller J. Global Nollywood: The Nigerian movie industry and alternative global networks in production and distribution[J]. Global Media and Communication, 2012(2): 117-133.

[29] Straubhaar J D. Beyond media imperialism: Assymetrical interdependence and cultural proximity [J]. Critical Studies in Mass Communication, 1991(1): 39-59.

[30] Straubhaar J. World Television: From Global to Local[M]. Thousand Oaks: Sage Publications, 2007.

[31] Trepte S. Cultural proximity in TV entertainment: An eight-country study on the relationship of nationality and the evaluation of U. S. prime-time fiction[J]. Communications, 2008(1): 1-25.

第五章

文化共享与市场契合：中国电视节目模式落地欧美的机制与挑战

电视节目模式的输出不仅代表经济贸易的往来、技术经验的互鉴，亦能架起文化的桥梁。如前文所述，电视节目模式贸易自 20 世纪 90 年代兴起以来，一直由西方少数发达国家主导，直到 90 年代末、21 世纪初才逐渐在其中看到亚洲和拉美国家的影子。1998 年，我国购入了第一档来自英国的海外综艺节目模式《幸运 52》；2010 年，《英国达人秀》节目模式落地后掀起了国内引进综艺节目模式的浪潮。近年来，中国电视产业蓄力原创，节目模式贸易由以引进为主逐渐向以输出为主过渡。但如第四章所述，我国电视节目模式目前主要在周边国家如越南、韩国和日本落地播出，多个原创综艺节目模式如《热血街舞团》《声入人心》《国家宝藏》《朗读者》等售往欧美后暂未落地，陷入仅购未播的窘境之中。

直到 2020 年，上海文化广播影视集团有限公司（简称上海文广）旗下的 iFORMATS[①] 带着《我们的歌》节目模式亮相戛纳电视节交易市场，陆续与法国、德国、美国等多个国家签署多语言版本的节目模式选择权协议，并最终与西班牙国家电视台 RTVE 签订制作播出协议，中国原创节目模式才第一次实现真正意义上在欧美的落地。根据中方提供的节目模式宝典，西班牙制作方结合当地特色，将节目改名为《不可思议的二重唱》（*Dúos Increíbles*）。2022 年 9 月末，该节目在西班牙国家电视台 RTVE 的黄金时间段开播，12 期平均收视份额为 10.25％，位列同时段西班牙全国第二，西班牙主流电视专业媒体网站"看电视"（Vertele!）发文称其为"音乐天才的表演"[②]，优秀的收视表现

---

① iFORMATS 是上海文广互联网节目中心旗下的中国节目模式库团队，也是中国第一个面向全球市场的中国节目模式信息平台，于 2017 年成立，其深耕节目模式领域，以创新研发及海外输出为目标。

② 参见："'La isla de las tentaciones'（15.6％）sigue líder y 'Dúos increíbles'（11.9％）refuerza su posición por encima del nivel de La 1"（http://www.eldiario.es/vertele/audiencias-tv/jueves-13-octubre-2022-la-isla-de-las-tentaciones-5-sigue-lider-duos-increibles-refuerza-posicion-por-encima-nivel-tve_1_9622295.html）。

让西班牙制作方决定续约第二季。两次节目模式的输出为版权方带来了数以百万计的纯版权收益(孙侃和阳欣哲，2023)。电视节目模式输出时具有延伸的经济附加值与文化效益，且大多具有较高的关注度和冠名费，又蕴含着丰富的输出国文化内容，能够在实现盈利的同时建设文化品牌，提高文化影响力。但目前学界对电视节目模式输出的研究或侧重宏观趋势的政治经济学分析，或聚焦节目模式个案本土化改编的文化分析，缺乏对节目模式成功输出的市场策略考量，更鲜有研究将文化因素和市场逻辑系统结合。由是，本章将结合文化与市场视角，探讨中国原创电视节目模式输出至欧美市场的机制和挑战。具体而言，本章将首先梳理 2015 年后中国电视节目模式落地欧美的举措和面临的困境，在此背景下分析《我们的歌》这一我国原创节目模式缘何能成功落地于文化地理距离较远的西班牙并提炼促进其落地的文化和市场要素。基于此，本章将进一步探索提升中国原创节目模式海外影响力的机制，为中华文化更好地走出去并实现全球共享提供启发。

第一节　中国电视节目模式落地欧美的举措与困境

如本书第三章所述，中国电视节目模式向外求索经历了节目形态元素的参考、节目模式的克隆模仿和节目模式进口等阶段，近年来逐步实现自主创新并向海外输出。中国电视节目模式萌芽于 20 世纪 90 年代，早期深受欧美电视节目模式影响，如中央电视台的《城市之间》《开心辞典》以及湖南卫视的《超级女声》。自 2013 年起，随着以日韩电视节目模式为代表的亚洲节目模式市场的区域化，中国在节目模式引进中愈加倚重一衣带水的亚洲节目模式，如《爸爸去哪儿》《奔跑吧兄弟》等在中国产生现象级影响的节目模式，并在合作互鉴中提高了研发原创节目模式的能力。

但是，在对海外电视节目模式的大量引进后，我国娱乐节目产生恶性竞争，同质化、版权争议等问题突出(吴毅，2013)。面对电视节目模式创作原创力不足的难题，如前文所述，近年来我国尤其重视鼓励节目自主创新，一定程度上阻止了过度引进的持续发酵。国家广电总局出台文件明确指出，要对引进节目模式进行管理和数量上的限制，加强各平台单位的自主创新能力。[①] 官方媒体也辅以舆论引导，呼吁节目模式输出，让"原创走出去"。[②] 2022 年，《商务部等 27 部门关于推进对外文化贸易高质量发展的意见》鼓励优秀广播影视节目的创造与出口，推动中华文化走出去。[③] 在政策组合拳的扶持下，中国开始向海外尤其是韩国和越南等亚洲邻国输出一批优质的节目模式，如本书第四章已提及和分析的《星动亚洲》《中国好歌曲》《超凡魔术师》和《这！就是街舞》等。

经验表明，电视节目模式能否通行全球在某种程度上需要经过作为意见领袖的欧美市场的检验（Chalaby，2012）。近年来，韩国原创节目模式《蒙面歌王》在美国落地后提升了其全球吸引力，逐渐风靡德国、意大利、英国等欧洲国家。鉴于长期以来节目成品和模式贸易被欧美主导，故能否输出至欧美并落地成为衡量一个国家是否跻身全球节目模式贸易链上游的判断标准之一。对于曾经的引进大国中国而言，节目模式输出并落地欧美更是具有由南向北文化输出的象征意义。因此，我国对于节目模式出口欧美做出了诸多努力。除了上述鼓励原创与出海的政策倾斜外，各电视机构和平台也通过各种展会和活动推动中国原创节目模式向欧美输出（如表 5-1 所示）。例如，2017 年上海文广推出了 iFORMATS，提供节目模式数据聚合、创新研发、模式输出和合作交流等专业服务。不仅如此，包括 iFORMATS 在内的各机构也利用戛纳电影节等汇聚业内行家里手的重要时机，大力推广"中国制造"的品牌形象。

---

①　参见：《2016 年广播电视宣传管理工作综述》（http://www.nrta.gov.cn/art/2017/10/20/art_2178_39200.html）。

②　参见：《让原创"走出去"〈中国好歌曲〉节目将向英国输出》（http://culture.people.com.cn/n/2014/0415/c22219-24897189.html）。

③　参见：《商务部等 27 部门关于推进对外文化贸易高质量发展的意见》（http://www.gov.cn/zhengce/zhengceku/2022-07/30/content_5703621.htm）。

表 5-1　近年来我国向国际推介节目模式的项目活动①

时间	主办方	活动内容	重要推介成果
2015 年 4 月、2016 年 4 月	法国 Reed Midem 与江苏省广播电视总台	连续两年举办春季戛纳电视节国际模式大会开幕酒会,重点推介了江苏省广播电视总台的原创节目模式如《唱游天下》和《超级战队》等	江苏省广播电视总台授权 Nice 娱乐集团制作其原创节目模式《超级战队》在丹麦、挪威、瑞典、芬兰四国的版本
2017 年 4 月	上海文广	举办春季戛纳电视节开幕酒会,以节目模式为主题,推出了《天籁之战》《国民美少女》等中国原创节目,并推出了第一家面向全球的中国节目模式信息平台 iFORMATS	东方娱乐携手国际最大的独立模式制作及发行集团 Endemol Shine 发布《天籁之战 The Next》节目模式,这是上海文广向全球输出的首个原创节目模式
2018 年 10 月	国务院新闻办公室、国家广电总局	以"精彩故事,源自中国"为主题,向世界推介中国优质影视节目内容,举办《国家宝藏》专场推介活动	《国家宝藏》将与 Endemol Shine 合作节目国际版模式,以及和 BBC 世界新闻频道合作《中国的宝藏》纪录片,中央电视台与两大国际媒体机构举行签约仪式
2018 年 10 月 2019 年 10 月	中国广播电影电视社会组织联合会、上海文广	依托秋季戛纳电视节,连续两年举办戛纳电视节社会组织联合会、中国原创节目模式推介会,选取了原创精品进行推介,如省级卫视播出的《上新了·故宫》《声入人心》以及腾讯视频的《即刻电音》等原创节目模式	湖南广播电视台与美国 Vainglorious 制作公司就《声入人心》节目模式签订了模式授权协议
2019 年 10 月	国务院新闻办公室、国家广电总局	在秋季戛纳电视节主办了"聚焦中国"活动,包括中国网络视听产业论坛、沪产内容推荐会等系列活动,芒果 TV 推出《一路成年》《功夫学徒》《妻子的浪漫旅行》等多个精品 IP	芒果 TV 与新加坡 Sky Vision Media 公司签署《妻子的浪漫旅行》节目模式海外输出联合共研协议

① 材料来源:iFORMATS 微信公众号、中国联合展台微信公众号、江苏省广播电视总台国际传播有限公司微信公众号、SMG 发布微信公众号、作者对业界人士的访谈等。

续表

时间	主办方	活动内容	重要推介成果
2020 年 10 月 2021 年 4 月	国务院新闻办公室、国家广电总局、iFORMATS	连续两年举办"Wisdom in China——Meet TV&OTT Hits Chinese Formats"活动，在戛纳电视节 MIPcom Online＋上举办推荐会，推介《一键倾心》《乘风破浪的姐姐》《我们的歌》《脱口秀大会》《演员请就位》等多个平台的原创节目模式	促成《我们的歌》在国际节目模式交易市场上成功与法国、德国、西班牙、美国、意大利、葡萄牙等国家的知名节目模式公司签署相应语种版本的共六份节目模式选择权协议
2023 年 10 月	国务院新闻办公室、国家广电总局	举办以"精彩中国，故事无限"为主题的法国秋季戛纳电视节中国主宾国活动，包括第六届 Wisdom in China 中国原创节目模式推介会等，集中推介了《我们的歌》《舞台 2023》《典籍里的中国》《诗画中国》《爱乐之都》等综艺节目模式	——

从表 5-2 中可以发现，虽然我国有不少原创电视节目模式授权至欧美节目模式公司，但大部分都没有水花，如《声入人心》节目模式授权至美国 Vainglorious 公司后未能持续跟进推动[1]，《超级战队》在后期翻拍过程中由于外方经费不足停下了输出步伐[2]，而《我就是演员》更是因为外方购买模式后发现在翻拍过程中需要另行购买节目中再现的各个影视剧的版权而放弃落地[3]。节目模式从输出到落地仍需要符合一系列的条件，例如文化上的高概念、制作上的规模具备弹性以及制作资源不易耗尽等（彭侃，2023）。"高"意味着简单、凝练，也意味着引人注目、容易产生消费兴趣（尹鸿和王晓丰，2006），高概念不仅要求节目拥有新颖的创意，如内容的戏剧性与形式的可辨识性，还需要有可复制的节目模式要素，使得落地的可操作性更强，方能提升节目模式的商业价值（战迪，2016）。

表 5-2　近年来中国原创电视节目模式输出至欧美概况①

原版节目	播出平台	首播年份	签约公司	输出区域	翻拍节目
《超级战队》	江苏卫视	2015	北欧影视公司(Nice)、美国影视公司（Small World IFT）、德国影视公司（Tresor TV Produktions GMBH）	北欧、德国、全球（除北欧与德国地区）	—
《天籁之战》	腾讯视频	2016	荷兰模式制作及发行公司（Endemol Shine）	全球	—
《朗读者》	央视网、爱奇艺、腾讯视频	2017	法国影视公司（Herve Hubert SAS）	欧洲（法语区）	—
《国家宝藏》	哔哩哔哩、爱奇艺、腾讯视频、央视网、优酷视频	2017	荷兰模式制作及发行公司（Endemol Shine）	全球	—
《燃烧吧大脑》	江苏卫视	2018	荷兰模式制作及发行公司（Endemol Shine）	全球	—
《声临其境》	湖南卫视、芒果 TV、爱奇艺	2018	英国发行公司（The Story Lab）	全球	—
《热血街舞团》	爱奇艺	2018	美国影视公司(U2K)	全球	—
《我就是演员》	浙江卫视、爱奇艺、腾讯视频	2018	美国影视公司（Is or Isn't）	全球	—
《这！就是灌篮》	优酷视频	2018	美国福克斯影视公司（FOX Network）	全球	—
《声入人心》	湖南卫视、芒果 TV	2018	美国影视公司（Vainglorious）	北美	—
《嗨唱转起来》	湖南卫视	2019	荷兰模式制作及发行公司（Endemol Shine）	全球	—
《我们的歌》	东方卫视、爱奇艺、腾讯视频	2019	西班牙制作公司（Grupo Ganga）	欧洲	*Duos Increibles*（《不可思议的二重唱》）
《一键倾心》	湖南卫视、芒果 TV	2020	意大利影视公司（Ballandi）	意大利	—

---

① 材料来源：iFORMATS 微信公众号、权威媒体报道、作者对业界人士的访谈等。

从表 5-2 可以看出，由欧美节目模式公司购买版权后，我国原创电视节目模式真正落地的寥寥无几，这可能受到多重因素的影响。从东西方难以跨越的文化沟壑来看，《国家宝藏》等文化类节目可能因为过于鲜明的文化特征而不具备国际普适性；从平台创作与推广层面看，部分平台可能存在原创力度不足、缺乏后续跟进的需求与动机等问题；从模式推介的专业性上看，我国缺乏专业的国际节目模式推介机构与国际市场营销人才，电视节目模式产业链有待向更专业、稳定的方向发展。

但在重重困境下，依然有节目模式能突破瓶颈、落地欧美，东方卫视推出的《我们的歌》便是如此，其作为我国首个实现对西方国家完整反向输出的节目模式，实现了从版权售出、本地改编播出至观众互动参与的完整过程，为我国节目模式从输出到落地树立了里程碑式的开端，探寻其成功落地的原因有重要意义。那么《我们的歌》何以能实现从南向北的流动呢？下文将深入讨论影响电视节目模式成功传播的关键因素，并以《我们的歌》为典型案例剖析其成功落地欧美的机制，旨在为中国原创电视节目模式打开欧美市场提供借鉴。

第二节 文化动力与市场逻辑：影响电视节目模式输出的因素

节目模式的跨国流动引起了学界的关注，其流通原因在不同的流通情境中被多种理论视角解释。例如，面对电视节目模式全球流动的不平衡，文化/媒介帝国主义解释了强大的政治经济实力对于扩张电视市场与提高文化价值的作用（Freedman，2003）；面对电视节目模式跨文化传播中的理解难题，文化本土化挑战了节目模式贸易独属于西方叙事的传统观念（Lu，2022）。而将电视节目模式输出至拥有相近文化观念的地区时，文化接近性解释了为何受众更倾向于收看与自己传统文化接近的电视节目（Keane and Zhang，2017）；当电视节目模式输出至存在较大文化距离的地区时，文化共享则在其跨文化适应性上发挥重要作用（Rohn，2014）。

文化共享（cultural shareability）[1]最初由印裔美国学者辛格哈尔（Singhal）及其合作者乌东平（Udornpim）提出。他们指出，由于不同社会都拥有人类共同特征（common human traits），跨国电视节目能吸引不同文化观众并被广泛接受（Singhal and Udornpim，1997）。例如，日本肥皂剧《阿信》（*Oshin*）因其易接受的肥皂剧文本类型、具备普遍吸引力的原型角色（archetype）、永恒的节目主题和相似的文化价值观与生活方式等而流行于多个国家和地区（Brown and Singhal，1993）。经验研究从文本的叙事（Brown and Crawford，2013）、受众对文本传递的情感价值与理念的自我投射（Chandi and Trehan，2022）和美学体验（陆敏和陈燕，2022）等方面验证和补充了文化共享理论。此外，具备较强文化共享特征的大众文本能在不同社会文化背景下发挥教育功能，如促进扫盲、性别平等和预防艾滋病等（Sarobol and Singhal，1998）。

基于文化接近性和文化共享等理论，德国学者罗恩提出了空缺与普适模型（lacuna and universal model），以分析影响成品节目跨文化输出的因素（Rohn，2011）。在后来的研究中，罗恩将该模型拓展至解析节目模式本土化的具体个案研究中，进一步阐释了影响电视节目模式跨国流动的因素（Rohn，2014）。罗恩认为，空缺是指来源国节目中所体现的文化与输入国受众文化之间错配的现象。这种错配可能让目标市场的受众认为节目内容与其无关，无法理解其含义，或不欣赏其风格，从而导致节目在该市场中的失败。反之，文本能与其他文化观众共享主要是因为三种类型的普适性：一是内容普适性（content universal），即文本内容的全球接受度较高，缺乏明显的文化起源，故并不只适合特定文化环境的受众；二是受众创造式普适性（audience-created universal），即文本能供受众自行创造意义，包括开放式结尾或省略细节等方式，允许受众将自身叙事、价值观和意义投射到文本上；三是公司创造式普适性（company-cyeated universal），即本地媒体公司成功为文本输入创造了相对于市场上其他媒体的竞争优势，通过营销手段吸引本地受众，如利用有吸引力的频道和黄金时间段播放进口节目。前两者强调文化力量，第三种则补充了市场逻辑。

---

[1] 文化共享理论虽然在英文的直译中包含了性质的意义，但国内文献引用该理论时多译为"文化共享"而非"文化共享性"，故全书统一译为"文化共享"，但同时认为该词蕴含性质的意义。

事实上，市场对电视节目模式跨国流动的影响已引起了学者关注。例如，刘欢和冯帆(2015)在分析韩国电视节目输出时发现，本地市场规模可能影响电视节目模式的贸易与本土化决策。因此，节目模式跨国流动的成功与目标市场的契合密不可分。在商业领域，市场契合(product-market fit, PMF)作为重要的概念，指产品在一个有效运行的市场环境中，能够满足市场的需求，即产品的供应量与市场的消费量达到一种动态平衡(Andreesen, 2007)。王康(2015)指出，为实现电视节目与市场的契合，需要电视节目创意公司、制作公司与版权公司等多主体合作。也有研究指出，互联网和社交媒体作为营销工具，其互动性和去中心化使其推广营销拥有巨大优势，促进了节目模式的跨国流动(Jin, 2018)。

因我国原创电视节目模式输出至欧美仍处于起步期，目前有关我国原创电视节目模式的输出案例研究中，缺乏结合文化与市场机制的分析，也缺乏对输出至欧美的节目模式的实证经验。但与第四章探讨的输出至周边国家的文化接近机制不同，《我们的歌》为我国节目模式跨越文化距离、填补文化隔阂与沟壑提供了启发。本章将借鉴空缺与普适模型，探索我国原创综艺节目模式的代表性案例《我们的歌》得以在西班牙获得较大反响的原因，挖掘其中促进受众接受与认可的影响机制。

第三节　中国原创电视节目模式落地欧美的机制[①]

自 2019 年播出以来，《我们的歌》在国内已播出五季，并持续获得广泛关注，索福瑞数据显示，节目前四季的收视率同时段排名常位居第一，收获了极佳的收视成绩。截至 2024 年 4 月 19 日，《我们的歌》微博话题阅读总量约为 267 亿，讨论量为 2 亿。节目还通过东方卫视已有的海外落地渠道播出，覆盖美国、加拿大、英国、法国、德国、新加坡等 199 个国家约 1 亿名海外电视用户。[②]《我们的

---

① 本节部分内容已发表于《浙江大学学报(人文社科版)》2024 年第 6 期(《文化共享与市场契合：中国原创电视节目模式落地海外的机制研究》)。

② 参见：《文化视点｜〈我们的歌〉为中国电视综艺"走出去"迈出深远一步》(http://www.whb.cn/commonDetail/482053)。

歌》节目模式以"代际潮音竞演"为核心，邀请不同代际歌手通过盲选进行配对组队，经历排位赛、团战淘汰赛、积分淘汰赛、半决赛和总决赛等多轮比赛挑战进阶(见图5-1)。虽然节目模式只是有待填充内容的结构框架，但其核心元素蕴含着丰富的文化价值观。节目文本分析能探索节目模式包含的文化元素，而受众评论分析能挖掘吸引受众的文化元素。因此，本节将主要结合受众评论文本与节目文本分析，探寻《我们的歌》落地成功经验中的文化共享机制。

(a) 中国版

(b) 越南版

图 5-1 《我们的歌》海报①

　　YouTube 是西班牙民众最常用的视频平台之一。截至 2023 年初，YouTube 拥有 4070 万名西班牙用户，相当于该国总人口的 85.6%，远高于抖

---

① 图片由 iFORMAT 提供。

音(Tik Tok)和照片墙(Instagram)。^①故本节选择 YouTube 作为考察西班牙受众评论及接受情况的平台。首先，采取目的抽样法从官方账号发布的《不可思议的二重唱》合集中抽取 10 个视频。由于视频播放量在某种程度上代表了视频的受欢迎度和认可度，本节主要根据视频播放量来抽取视频。样本中的 7 个视频在总播放量中排名前七。它们均来自第一季^②冠军组——安东尼奥(Antonio)和米格尔(Miguel)组合，且包括该组合从盲选配对至总决赛的全部表演。除视频播放量外，鉴于受众评论的多元化，补充了来自其他组合的总播放量排名前三的视频。它们主要来自第一季亚军组——安娜(Ana)和阿戈尼(Agoney)组合。上述两个组合作为第一季最受瞩目的冠亚军组合，不仅具有家喻户晓的前辈歌手，如出道 33 年的曾在欧洲、日本和美国巡回演出的米格尔以及 20 世纪 60 年代中后期起在戏剧和电影界声名鹊起的西班牙女演员、歌手安娜，还有风靡一时的新生歌手，如 2017 年在歌剧真人秀节目中出道的阿戈尼和获得《西班牙好声音》第三季冠军的安东尼奥。其次，运用等距抽样法在每个所选视频的评论区内抽取 50 条评论，共收获 500 条西班牙语评论。为避免所选评论过于聚焦而无法覆盖其他受众共享的维度，本节也综合考虑其他未被抽中的评论。

经过清洗、整理的评论数据由两位编码员进行初始编码和聚焦编码。清洗规则为筛选西班牙语评论并清除含义不明的评论。在初始编码阶段，编码员命名评论含义，聚焦编码阶段归纳重要和频繁的初始编码。以往文献中的文化共享理论分析要素，如类型、主题、美学和角色等，与本节的数据编码吻合。因此，本节通过理论编码，将数据生成的代码和理论代码相互关联，从节目类型、节目主题、美学体验与角色设定维度，提炼我国电视节目模式在跨国接受层面的文化共享机制。

此外，本节通过对《我们的歌》节目模式输出团队人员与媒体同行的深度访谈以及中、西主流媒体评论的文本分析，进一步考察西班牙受众的接受情况，探讨我国电视节目模式在西班牙等海外市场成功落地的过程和原因，以及所面临的问题。具体而言，通过深度访谈比较我国与西班牙综艺市场资源

---

① 参见："DIGITAL 2023：SPAIN"(http://datareportal.com/reports/digital-2023-spain)。
② 《不可思议的二重奏》第二季已于 2023 年 10 月 3 日晚上黄金时间段在西班牙国家电视台 RTVE 首播。

配置、消费者偏好的异同,并分析节目模式销售、合作生产与平台宣传等市场营销策略,以考察《我们的歌》成功落地西班牙的市场逻辑。同时,也将从节目类型、节目主题和角色吸引等文化共享维度开展访谈和相关媒体评论的分析,以补充并验证受众评论和节目文本分析的结果。综上,本节将结合文化共享与市场契合两种机制,从生产端、文本端与受众端三个角度着手分析《我们的歌》成功落地的原因。

一、文化共享

文化共享的四个核心维度——节目类型、节目主题、美学体验、角色设定,共同推动节目模式成功落地西班牙,体现了内容普适性与受众创造式普适性。而节目规则和节目价值观则在不同维度的文化共享中起到奠基作用。

(一)类型共通:音乐竞技综艺的全球吸引力

文本类型影响受众对文本的接受程度,正如肥皂剧具有全球吸引力(Brown and Singhal,1993)。作为音乐竞技类综艺,《我们的歌》处于音乐与竞技两大全球主流综艺类型的交集领域。

音乐类节目模式是全球综艺节目模式中最主要的支撑样态,也是综艺节目流量的最主要入口(蒋敏昊和刘俊,2017)。在节目模式贸易历史上,音综常成为全球热门模式。在《不可思议的二重唱》的 YouTube 评论中,部分受众肯定了音综作为节目类型对其的吸引力:"多么美妙的节目,文化和现场音乐,必须有更多这种类型";"我们是时候看到这种类型的节目了……看到这些了不起的艺术家和年轻才俊真是太享受了"。音综节目模式既包裹着对音乐的热爱与对音乐才华的欣赏等跨国共通的元素,又能够通过邀请当地知名的音乐艺术家演唱本地歌曲以更好地填充节目模式框架,减少文化折扣。

竞技综艺同样属于全球流行的综艺模式,在赛制规则下选手夺取胜利,能体现选手能力或团队合作的魅力,促进角色或叙事方面的共享,直观的竞技还能调动受众的参与感。通过相关访谈发现,我国成功输出落地的原创综艺节目模式十分重视节目的竞技性,往往采用多元赛制将嘉宾置于竞技环境中。[①]

如上文所述,《我们的歌》设有盲选配对、小组排位赛、团队交叉战等环

---

① 作者在 2023 年 4 月 3 日对江苏卫视国际传播部相关负责人的访谈。

节,为节目增添了不少趣味性和悬念感。对西班牙版节目视频的评论也体现了西班牙受众对规则赛制的讨论,他们对自己喜爱的组合能否在比赛中取胜十分重视。如有评论希望安东尼奥和米格尔组合能在某个环节中取胜,也有受众不理解安娜和阿戈尼组合为何没有在决赛环节中胜出,因为觉得"他们是决赛的最佳人选"。

竞技类型节目模式的全球共享反映了追求和享受竞技的全球普遍性。在《我们的歌》的竞技环节中,一方面,嘉宾展现出的坚持、进步的个人奋斗精神,让观众深感励志,如有评论认为西班牙版的节目中"是 Sole 自己的努力让她成长了很多";另一方面,节目规则设定的组合竞技又能展现团队合作情谊,让观众感受到合作的火花,"随着时间的推移,你可以看到他们是如何成为合作伙伴的""(他们)不用排练就相得益彰,就好像认识了一辈子一样"。组合竞技不仅是我国音综常见的竞技形式,体现了集体主义的价值观,也在一定程度上契合了西班牙的文化价值观。据霍夫斯泰德文化维度调查,西班牙的个人主义和集体主义价值观维度分值处于中等水平[①],西班牙既是极具个人主义意味、象征勇猛与征服的斗牛运动的发源地,又杂糅着集体主义氛围,如西班牙人重视团队协作与亲友支持,这与其他欧洲国家对比更为明显(Goodwin,2000)。而节目的竞技规则自然地融合了个人主义与集体主义价值观,因而更能引发西班牙受众的认可,如在最后一期公布本季冠军组合结果前,所有组合共同在舞台上完成了一个趣味表演,尽管各组嘉宾都在争夺名次,但组内组外氛围友好和谐。

(二)主题共鸣:代际融合与经典新唱

文本主题是文化共享理论中的关键要素,拥有普适价值或允许文化杂糅的文本主题能促进文化的跨国共享(Singhal and Udornpim,1997)。《我们的歌》总制片人陈虹指出,该模式的核心价值理念为跨代对话和经典再造[②],而这正是世界共通的需求。前者通过代际互动与合作来达到互惠互利、老少同乐的效果;后者则是对怀旧文化的创新性发展,既展现情怀,也拥有新意。在

---

① 参见:"Dimension data matrix"(https://geerthofstede.com/research-and-vsm/dimension-data-matrix/)。

② 参见:《他们为何获奖|〈我们的歌〉:上海 IP 在海外生根发芽》(http://www.thepaper.cn/newsDetail_forward_22106437)。

西班牙受众评论中也能明显体现出主题共享的重要性,对主题共享核心概念的编码比例达到31%。

在相关评论中,节目模式的最大亮点即为代际元素的加入。代际关系作为当下社会的热点话题,不仅成为不少综艺节目的主题,也在全球范围内产生共鸣(Wisensale,2003;周晓虹,2008)。如上文所述,隶属地中海文化的西班牙文化十分重视代际关系。有研究显示,大多数西班牙人对具有代际性质的家庭关系持积极态度(Sánchez,2018)。西班牙《国家报》(*El País*)便以《在代际音乐游戏中感受魔力和感情冲击》为题为该节目发表评论。[①] 西班牙主流数字媒体塔尔迪亚多媒体新闻(NTM)报道称:"这种代际组合产生的经典歌曲令人惊艳的版本,对几十年来已成为我们生活的一部分的热门经典歌曲进行了重新诠释。"[②]

在 YouTube 上,不少西班牙受众表达了对老少歌手组队搭配以及代际之间友好关系的喜爱,他们赞美代际友好关系的"自然与自发性"和互相"尊重和钦佩的感觉",喜欢看到"他们的化学反应、合作和他们的差异"。

在盲选配对的规则加持下,代际组合搭配变得更有亮点。如在安娜和阿戈尼的盲选配对表演视频下,有评论提到,尽管两人"没有排练",仍"魔术般"带来默契、精彩的演出。此外,受众还会联想或渴望看到老少歌手节目以外的互动,如举办巡演或组织旅行。可见,不少西班牙受众接收到了节目散发的以音乐为媒介打破代际隔阂的信号,"两代人通过对音乐绝妙的诠释而团结在一起"。值得注意的是,原版《我们的歌》在节目名称中推出"我们"的概念,意指老少融合的代际关系,西班牙版则改名为《不可思议的二重唱》。在西班牙语中,"二重唱"即"合唱",这虽然是一种语言层面的本土化手段,却包含了原版里隐含的代际融合寓意,指的是资深艺术家与初级表演者组成的不同世代混合的二重奏,没有舍弃高语境的中文里的言外之意,可见其对代际主题的强调与重视。经典新唱是该节目模式的另一大亮点。《我们的歌》音乐总监董健剑认为,音乐是主观的艺术形式,众口难调。节目中观众能通过

---

① 参见:"'Dúos increíbles', instantes de magia y emoción en un afortunado juego musical intergeneracional"(http://elpais. com/television/2022-10-20/duos-increibles-instantes-de-magia-y-emocion-en-un-afortunado-juego-musical-intergeneracional. html)。

② 参见:"'Dúos increíbles': Jóvenes promesas y veteranos de la música, frente a frente"(http://www. ondavasca. com/duos-increibles-jovenes-promesas-y-veteranos-de-la-musica-frente-a-frente/)。

不同的歌曲与改编，感受到丰富的音乐表达。① 西班牙版节目选取本土经典歌曲并让代际组合对其进行重新诠释，将经典作品与时下的元素和唱法结合。不少评论描述了受众对老歌翻唱的良好体验，认为节目中的新版本"十分精彩"，会"循环播放"。经典新唱既能通过结合传统与流行，迎合不同年龄段受众的接受心理，又能唤起受众和经典歌曲相关的记忆或情感经历，对不同受众而言可能具有不同的特别意义。例如，有观众回忆起了童年时的经历："我小时候经常在和父亲一起旅行时听它，它让我对他有了更多的了解！"在怀旧记忆的建构中，西班牙受众将自己的情感经历投射到老歌的重新演绎中，节目文本由此实现了受众创造式的普适性。

（三）美学共赏：和声美感与情感联结

生命个体对美的共同追求，成为跨越文化背景差异的路径（陆敏和陈燕，2022）。《我们的歌》里，中西共通的受众美学追求体现在音乐体验里，包括对和声演绎的触动，以及音乐与个体情感的联结。

和声的美感贯穿于多个层面，既有多声部的层次之美、人声展示的音色之美，又蕴含丰富的情感，具有情绪诱发效应。西班牙主流媒体网站"20 分钟"（20 Minutos）在新闻报道中评论："科蒂（Coti）和干沙路·赫米达（Gonzalo Hermida）演唱了混音……漆黑的烛光舞台和出色的乐器伴奏使表演'亲密而美妙'。"② 节目中，新老歌手用一系列的对唱、重唱与合唱等艺术形式，造就了完美的和声。一方面，歌手自身会进行专业的和声改编，融入多元文化流派。例如，在米格尔和安东尼奥进行配合时，米格尔表示他对合唱歌曲《小水兵》（*Soldadito Marinero*）的改编倾注了很多心血，加入了弗拉明戈音乐元素，让他能"展现一部分的自我"。同时这也适应了本土文化，弗拉明戈是西班牙安达卢西亚地区独特的音乐和舞蹈艺术形式，以其热情和感性的表达方式而闻名，被誉为西班牙的国粹。这种彰显文化融合碰撞的改编是原版《我们的歌》的创意，

---

① 参见：《他们为何获奖|〈我们的歌〉：上海 IP 在海外生根发芽》（http://www. thepaper. cn/newsDetail_forward_22106437）。

② 参见："La espectacular actuación ganadora de 'Dúos increíbles'：'Un humilde homenaje a la canción Española '"（ http://www. 20minutos. es/television/espectacular-actuacion-ganadora-duos-increibles-un-humilde-homenaje-cancion-espanola-5196749/）。

意在使传统和流行音乐在碰撞与对话中为观众提供新的听觉享受。① 另一方面，在不同世代歌手进行盲选的环节中，为提高受众美学体验，也会有意识地选择最合适的搭档，如曼努埃尔（Manuel）放弃选择阿戈尼作为搭档，理由为双方音域不匹配。

有许多评论称赞了代际组合的合唱演绎，认为"他们配合得非常好""声音非常融合"，也有评论提到，合唱能"将两种出色的声音结合在一起"，令人拥有"奢侈"的享受。

音乐能够传递情感，具有触动人心的力量，这为受众创造式的共享奠定了基础。在米格尔和安东尼奥的表演视频下，有部分受众结合自身所处的情境，从歌声中感受到温暖和情感支持。"音乐首先是一种情感，多亏了你们，我才体验到了它""谢谢你们照亮了我的夜晚"（Ana Dom）。

（四）角色吸引：人设建构与叙事支持

角色的吸引主要指文本中的人物角色具有普遍吸引力（Singhal and Udornpim，1997），西班牙版《我们的歌》延续了原版对嘉宾特质的重要设定，即专业性与人情味共存，且常常通过叙事让受众感受其人格魅力。

"专业"是与角色吸引力相关的评论中的关键词之一，受众强调其对表演嘉宾专业水平与音乐造诣的认可。如米格尔和安东尼奥被描述为"伟大的专业人士"并让观众表示出"永恒的钦佩"。歌手安东尼奥被称赞为"音乐界最优秀的人之一"，歌手米格尔被认为"精通每一种音乐流派与阐释"，也有受众评论阿戈尼和安娜"多才多艺"。音乐才华与演唱能力成为音乐竞技节目中嘉宾角色的关键属性。

而人情味的吸引力则更多展现在代际关系中。作为后辈，年轻歌手的人设吸引力主要聚焦于尊敬前辈、努力等方面。如阿戈尼在接受塔尔迪亚多媒体新闻采访时表示："放开自己能向前辈和后辈学习到很多东西。"②有评论称赞阿戈尼"欣赏前辈安娜并向她学习"，从而完成了"美妙的诠释"。作为前辈，资深歌手的人格魅力展现在耐心教导年轻歌手、勇于创新并适应流行唱

---

① 参见：《西语版平均收视列西班牙第二，"我们的歌"靠什么把路越走越宽？》（http://wenhui.whb.cn/zhuzhan/yingshi/20221227/501529.html）。

② 参见："Dúos increíbles: jóvenes promesas y veteranos de la música, frente a frente"（https://www.ondavasca.com/duos-increibles-jovenes-promesas-y-veteranos-de-la-musica-frente-a-frente/）。

法的具体情节中。有受众关注前辈歌手米格尔和安娜的教师角色,认为他们是"出色的老师",安娜则被夸赞"勇敢",因为她选择了挑战新唱法(Zeid)。

同时,讲好故事是提高文化共享程度的重要环节。虽然节目模式只包含节目的核心创意、制作流程等,但节目模式并非空架子,也拥有一套叙事规则。节目叙事在塑造角色普遍吸引力上搭起了桥梁,自然地提升角色的人格魅力,是《我们的歌》能实现跨文化情感移易和影响力扩张的核心所在。东方卫视导演组为西班牙制作方提供的节目模式宝典中,详述了如何建构节目的情感底层框架、如何设计展现艺人代际碰撞与融合等重要叙事思路。[①] 在盲选、排练、组合对抗等环节的叙事中,受众能直观感受到前辈歌手提携新声后浪、后浪致敬前辈的情谊,彼此的相互尊重和前后辈的友好情谊常在评论中被赞美。还有评论提到节目叙事中安娜跨越世代的人格魅力:"在第一集中就已经看到安娜如何成为所有资深歌手中最受尊敬的表演者,并且所有年轻歌手都想和她一起唱。"

角色、情节普遍吸引力的背后亦有全球价值观的影响。一方面,人们共享对有才能、勇敢、助人等特质的工具价值观。节目人设展现出的相近特点实现了观众的价值追求。另一方面,叙事中展现出的互相尊重也更容易被西班牙文化所接受。事实上,传帮带、老带新是中国音综的特点之一,亦是中华文化价值观的体现。在权力距离维度中,西班牙的分值(57)明显高于其他西方国家,个人主义维度分值(51)则比大多西方国家低,尊敬长者的价值观念较为深入人心,但与中国(权力距离维度分值为 80,个人主义分值为 20)相比并不显著。[②] 西班牙的音综也常以个人竞争为主,组合尤其是代际合作从未在以往音综中出现过。因而,《我们的歌》节目模式蕴含的尊重前辈、师门传承的价值观于西班牙受众而言既是新奇的,也是熟悉的,激发了蕴含于他们价值观深处但在流行文化中并未得到关注的文化基因。前辈歌手某种程度上象征着音乐界的权威,后辈歌手对前辈歌手的尊重以及前辈歌手对后辈歌手的关心、帮助都会加强人设与情节的吸引力。正如一条评论所指出的,《不

---

① 参见:《他们为何获奖|〈我们的歌〉:上海 IP 在海外生根发芽》(https://www.thepaper.cn/newsDetail_forward_22106437)。

② 参见:"Dimension data matrix"(https://geerthofstede.com/research-and-vsm/dimension-data-matrix/)。

可思议的二重唱》"融合了尊重、感情、谦逊、专业技能和彼此钦佩"(Nuria Alonso Castillo)。

二、市场契合

电视节目模式的成功落地不仅依赖于文化共享,还需要契合当地市场。所谓市场契合,是指产品能满足市场需求。该概念提出者马克·安德森(Marc Andreesen)认为,决定初创公司成功的最重要因素是将产品投放在一个真正拥有大量潜在客户的市场(Andreesen,2007)。目前,市场契合理论仍主要应用于企业的市场开发与产品研发领域,但其核心观念已辐射至产业规划、教育发展、电视节目制作等多元领域的探讨中。本节沿用市场契合理论的广义概念,探索节目模式作为文化产品,如何满足用户需求以获得用户的理解与欣赏,从而弥补文化空缺。

(一)市场要素契合:中西综艺节目市场的相似性优势与差异化互补

市场规模是影响节目模式输出落地的重要市场因素。西班牙拥有较大的电视节目产业规模,近年来不少影视作品的成功带动了整个行业爆发式增长,多个跨国媒体公司在西班牙建立影视制作中心,外国影视资本争相涌入。纵观西班牙综艺市场发现,其曾引进《好声音》(*La Voz*)和《一站到底》(*Ahora Caigo*)等多个全球知名节目模式,拥有一定的模式制作经验与人才储备。此外,RTVE 作为具备公共服务属性的国家级电视台,具有资金压力小、节目制作能力强和人脉资源广等优势,能够邀请到西班牙的顶级歌手。负责《我们的歌》输出的上海文广互联网节目中心副主任、iFORMATS 负责人孙侃指出,这也是东方卫视愿意与 RTVE 合作的原因之一。[①]

中西市场要素契合还体现在,各自拥有相似的资源优势,且音综节目的饱和程度不一,中方的内容能有效嵌入非饱和的西班牙市场。一方面,中国与西班牙都具有悠长的音乐发展历史,可为节目模式主题经典新唱提供丰富的音乐资源,而且西班牙人具有热爱音乐、能歌善舞的民族特征,让经典翻唱拥有较高的受众接受度;另一方面,中西音综市场具有的差异性使《我们的歌》实现了对

---

① 作者在 2023 年 9 月 16 日对上海文广互联网节目中心副主任、iFORMATS 负责人孙侃的访谈。

西班牙相关类型综艺市场空缺的弥补。目前,中国的音综产业蓬勃发展,有音乐剧、电音、乐队等多元细分领域,《我们的歌》更是以代际合唱的理念创新了音综类型。而西班牙音综市场呈现出疲软态势,引进的《好声音》等的播出时间已经久远,且音综多为素人真人秀,较少出现名人合唱的竞赛形式,因此《我们的歌》借助流行于东亚市场的名人真人秀创新,用代际视角为西班牙观众带来了独特且惊喜的体验。[①] 正如《不可思议的二重唱》节目总监卡门·伯德赫阿(Carmen Bodhea)在接受媒体采访时指出的,该节目机制和内容设计"最吸引人",节目模式对西班牙或欧洲而言"新鲜有趣且有悬念"。[②]

此外,为做好节目模式的本土化落地工作,节目模式输出的合作过程中,中方团队按照国际通行标准制作宣传片,派飞行制作人前往指导,且雇用了外籍专员辅助撰写英文版节目模式宝典,以让西班牙制作方更理解节目模式的核心。在合作过程中,节目模式输出团队曾与西班牙制片方进行多次视频会议,所涉及的事项包括如何选角、如何进行社交媒体投放等,输出团队参与程度较高,因而西班牙版本的节目几乎完全传承了原版《我们的歌》的主题、角色设定、规则叙事等核心要素。[③]

(二)营销策略契合:时空要素扩大受众规模

在电视节目的输出实践中,公司创造的普适性常通过时间、地点等要素的营销吸引他国受众(Rohn,2011)。时空二维度的市场营销在了解市场调性的基础上,提高了节目的受众可触达率,进而削弱了文化差异带来的不适感。

在空间维度上,节目投放平台和宣传媒体的选择非常关键。《我们的歌》完整节目的投放平台 RTVE 是西班牙最大的西班牙语广播机构和主流媒体平台,也是西班牙民众耳熟能详的知名电视频道。YouTube 作为主要网络播放平台,不仅是西班牙受众最常用的视频播放平台之一,也吸引了许多其他国家受众的关注。虽然 YouTube 只播放嘉宾表演的纯享版,但评论中的不少受众表示将去寻找完整节目的资源。此外,《我们的歌》西班牙版也在照片墙、脸书(Facebook)和推特(Twitter)等社交媒体上进行宣传,利用社交媒体矩阵使节目"无处不

---

① 作者在 2023 年 9 月 15 日对江苏卫视总监助理的访谈,2023 年 9 月 16 日对孙侃的访谈。
② 参见:《他们为何获奖 |〈我们的歌〉:上海 IP 在海外生根发芽》(https://www.thepaper.cn/newsDetail_forward_22106437)。
③ 作者在 2023 年 9 月 16 日对孙侃的访谈。

在"。例如,《不可思议的二重唱》在脸书和推特上都设置了官方账号,截至 2023 年 7 月 2 日,后者的置顶推文约有 4.7 万的浏览量并收获了逾 670 的点赞数。在这些平台上皆有不少西班牙受众发帖表达对节目的热爱。在访谈中,《我们的歌》输出团队表示十分重视西班牙语社交媒体的宣传效果,会时常关注平台上的相关评论,希望通过新媒体营销吸引年轻受众。

在时间维度上,同时存在两个关键的要素,即黄金时间段与每期节目时长。《我们的歌》输出团队与节目模式进口方沟通协调后,选择在播出季的每周四晚上 10 点 25 分,即西班牙受众的休闲娱乐时间段播放,符合西班牙受众的观看习惯与时间观念。在历史和地理因素影响下,西班牙民众的生活作息时间表和中国有较大差异,整体作息安排延后了 2—4 小时。从晚上 10 点 30 分到深夜 1 点都属于他们享受夜生活的自由时间,也是电视节目播放收视率最高的黄金时间段。同时,在节目模式的本土化过程中,《不可思议的二重唱》增加了不少当地老少皆宜的游戏环节,由此将节目时长延长至 2.5 小时,以贴合受众的收视习惯。这些时间要素的选择有助于进一步扩大西班牙受众规模,为他们提供闲暇舒适的观看情境。

第四节　中国原创电视节目模式在欧美的影响力：节目模式关注度与受众互鉴[①]

事实上,不论落地与否,中国售往欧美的原创节目模式都产生了一定的国际影响力。有研究发现,从受众反馈来看,欧美受众在国际视频平台上对部分原版节目模式接受良好。例如 YouTube 平台上,欧美受众给予了《声入人心》《热血街舞团》两档节目较高的评价,肯定了节目的精彩程度,并用"刺激的""令人兴奋的、把我粘在显示屏前"等表述来形容对节目的喜爱,也对节目的规则制定、主题选择和多元文化融合的场景设定表示认可(章宏和林慧冰,2020)。

而关于节目翻拍落地后所产生的影响力,在《我们的歌》个案中可以看

---

① 本节部分内容已发表于《浙江大学学报(人文社科版)》2024 年第 6 期(《文化共享与市场契合：中国原创电视节目模式落地海外的机制研究》)。

到,尽管中国与西班牙处于不同的文化地理区域,拥有不同的文化传统,具有一定的文化距离,但文化的共享与市场的契合让《我们的歌》拥有较高的关注度——既颇受西班牙受众的欢迎,又对电视业界产生了一定影响。节目背后的普适价值观是节目得以共享的深层原因。正如孙侃所说:"节目模式出海是一种智慧出海,其核心理念与文化底蕴得以传播和传承,比成品节目的出海产生的影响力更大。"[①]《我们的歌》节目模式的核心理念在输出、落地过程中被全盘继承,其蕴含的尊老爱幼、代际交融的价值观以及对经典音乐的解读被不断复制,影响国外同行与电视受众。《我们的歌》成功实现西方国家对我国原创综艺节目模式从购到播的进化,并达到了有效播出的目的。

孙侃和杨欣哲(2023)指出,实现有效输出需要让节目模式中具备普适性的本土化价值观与他国理念产生碰撞和融合。《我们的歌》中颇具中华文化特色的文化价值观在融入本地与全球价值观中得到了弘扬。例如,前后辈关系是中国传统文化的核心表征之一,体现了孝道、尊重祖辈等传统道德观念,而西班牙版在角色构建中也继承了尊重前辈、后辈谦逊学习等情节,某种程度上营造了后浪致敬前浪的氛围。这是高权力距离和集体主义文化的体现,即人们尊敬权威,强调人际和谐。如上文所述,虽然西班牙在这两个文化维度指标上和中国有不小的差距,但从评论中可以看出,西班牙受众对这些文化观念的接受程度较高,这是因为节目将其与节目主题(代际传承)巧妙结合,将蕴含着中华文化价值观的人设与情节融入音乐传承与交流合作的价值观中。正如《我们的歌》总导演陈虹和曹毅立在总结该模式成功输出的原因时所说,代际传承的主题是其顺利落地海外的关键之一。

在节目模式的本土化过程中,有许多评论表达了对节目模式自身的肯定。正如西班牙娱乐杂志《十分钟》(Diez Minutos)报道所说:"节目在 RTVE 上观众很多,好评如潮。传统主题、不同年代的热门歌曲,在节目向我们展示的新版本中似乎都令人耳目一新。"[②]一些受众赞美音综节目模式中代际元素的巧妙融入,部分评论感谢"RTVE 提供这个出色的节目模式"。同时,也有一些评论对节目模式进行综合考虑,从具象层面的比赛设定和二重奏的创作

---

① 作者在 2023 年 9 月 16 日对孙侃的访谈。

② 参见:"'Dúos increíbles', así es el programa de TVE:novedades,cantantes"(https://www.diezminutos.es/teleprograma/programas-tv/g41458858/duos-increibles-novedades/)。

方式到抽象层面的音乐艺术等多个方面出发加以评论,表示该节目模式具备丰富的娱乐性,"老少皆宜"且充满"才华、情谊、欢乐和艺术"。进一步地,有观众还表达了他们对西班牙能够播出更多该类型节目的渴望:"文化和现场音乐,必须有更多这种类型!"可见,电视节目的热播引发了西班牙受众对该节目模式的关注,提升了节目模式影响力。

节目所用语言与播出平台对节目影响力的提升有重要影响。事实上,从这两个方面来说,《我们的歌》在西方已产生一定的影响力。因为节目不仅在观众量级较大的西班牙国家电视台 RETV 播出,其所用语言,即西班牙语,也在除西班牙外的许多国家如墨西哥与美国等有相应受众。目前,《我们的歌》输出团队也在与其他欧美国家沟通,希望能落地更多国家,制作英语版本的节目,进一步提升国际影响力。①

但是,和第四章中亚洲受众互鉴的现象不同,评论中西班牙受众对节目模式的关注并没有延伸到对原版节目的讨论,"中国"或原版节目名称《我们的歌》并未在西班牙语评论中出现,说明电视节目受众层面的互鉴还未能实现,即西班牙受众并不了解该节目模式来自中国,也没有对中国原版节目或两版节目差异展开进一步的讨论。这与欧美日韩的综艺节目模式常见的受众互鉴现象不同(Keane and Zhang,2017)。例如,韩国节目模式《蒙面歌王》落地欧美,引发了对原版节目的诸多讨论。国内主流播放平台上也不乏中国引进节目模式的输出国原版综艺,如韩国综艺节目《跑男》早期在优酷土豆播出,如今在哔哩哔哩上仍有其合集剪辑,并伴有上百万的播放量和上千评论数。英国原版《英国达人秀》同样有全十四季合集。这可能与我国原创节目模式的品牌影响力有限有关。作为文化产业的一个环节,节目模式产业发展受到生产要素、受众需求、政策等要素的影响,我国综艺节目近几年才开始在输出领域发力,在创意人才或国际节目模式研发人才及知识资源等生产要素方面水平尚有待提高,同时在政策的扶持力度与稳定性上仍有待优化。② 我国综艺产业长期注重国内而非国际市场,近 10 年才逐渐由引进转向输出,故我国节目模式的品牌孵化力度不足,成功的品牌效应能够提升受众忠诚度并

---

① 作者在 2023 年 9 月 16 日对孙侃的访谈。
② 作者在 2023 年 3 月 29 日对浙江卫视战略发展中心主任助理的访谈;作者在 2023 年 4 月 3 日对浙江时代国际展览服务有限公司总经理的访谈;作者对孙侃的访谈。

吸引新的受众，但目前我国原创 IP 对于全球受众的吸引力不足，原创节目模式输出未能形成规模效应。据统计，我国近 10 年来输出至欧美的节目模式共13 个，但成功落地的仅有《我们的歌》，成品节目、音乐、电影向欧美的输出也不如东南亚地区那般曾经引发热潮，不仅文化产业于欧美的影响力有限，且与欧美之间的文化贸易长期存在逆差，深受欧美影视文化影响。反观欧美国家和日韩等东亚电视强国，于 20 世纪中叶后强势的电视节目输出已经形塑了世界各国受众对其节目类型和模式的熟悉与认可。20 世纪 90 年代以后的电视政策松绑（de-regulation）更是促使节目模式创意频出，使得欧美日韩等成为电视节目模式领域的领头羊和意见领袖，多个节目模式售往世界各地，引起受众广泛讨论。例如日本节目于 20 世纪 90 年代末在东亚邻国的风靡极大地促进了日本原创节目模式的输出，进而推动了日本文化产业跨越式发展。各大电视台开始将目光转向更广阔的海外市场，创新节目制作企划，将通俗易懂、趣味性足、具备文化普适性主题的综艺节目推至全球，如富士电视台的《料理的铁人》(*Iron Chef*)就曾作为综艺节目荣获海外节目大奖，《龙穴》的英国版本目前已播放了十七季，《极限体能王》美国版获得 2017 年人民选择奖（People's Choice Awards）中最受欢迎竞赛类节目，这些全球知名综艺产生了较强的国际影响力。

后起之秀韩国在 21 世纪初开始发力，对于节目模式输出的政策扶持不断细化，整体产业链也较为完善，不仅存在不少节目模式中介公司或海外代表，在后续宣发上也注重社交媒体的话题制造与病毒式传播。其节目模式出售给中国后曾引起巨大反响，且近年来韩国一批优质节目模式如《蒙面歌王》《花样爷爷》等在美国翻拍后迅速引起轰动。这些综艺大国的节目模式集体出海已经树立了强劲品牌，很容易使得其他国家的受众对节目模式来源地产生认同并引发讨论。而我国节目模式与韩国、欧美等综艺的全球品牌知名度和国际影响力相比仍存在一定差距。为提升国际影响力，可以整合目前节目研发的多元主体力量，以集体出海的形式使输出实践规模化。也可以借鉴其他国家的节目模式政策，出台更具体的专门推广节目模式的措施，同时注重节目模式的版权保护。还可以培养国际型人才，培育优质品牌，利用我国社交平台与受众数量优势开展营销，进一步优化节目模式出海产业链。

第五节　讨论和结语

中国电视节目模式市场正处于从以引进为主转向以输出为主的时代,为了应对过度引进后产生的同质化乱象与版权问题,2013 年后我国开始通过系列政策鼓励节目自主创新,对引进节目模式的数量进行限制,给予出海的优秀节目模式软性奖励,并在 2015 年后逐渐加大政策力度。除政策扶持外,各电视机构和平台也通过各种展会、活动推动中国原创节目模式输出至欧美。例如,中国联合展会在多届戛纳电影节中举办多元模式推介活动,每年将不少原创节目模式推介至海外发行公司。自 2016 年以来,我国一批优质的原创节目模式首先向东亚邻国输出落地。虽然我国也有不少原创电视节目模式通过推介等活动授权至欧美节目模式公司,但大部分都因为文化鸿沟、经费难题、人才缺乏等未能真正实现落地。

《我们的歌》成功落地西班牙,为我国原创综艺节目模式的输出实践提供了文化共享与市场契合机制的经验。通过对西班牙受众评论和访谈材料的分析发现,在文化因素方面,《我们的歌》在类型、主题、美学和角色四个方面实现了文化共享,主要体现在音乐竞技综艺类型的全球共通、代际合作与经典新唱的主题共鸣、音乐体验层面的美学共赏和嘉宾人设的角色吸引。而节目价值观与规则叙事也在其中起到重要作用,使主题类型更易被接受,使人设魅力展现得更自然,并增强节目的竞技性和悬念感。在市场因素方面,西班牙电视节目产业拥有较大的市场规模,人才资源与制作经验等相对丰富,且中西两国的音综市场既具有相似的音乐资源优势,又具有差异之处,使得中国代际合作主题综艺能够以新奇的面孔亮相西班牙,弥补市场空缺。

尽管《我们的歌》节目模式引起了西班牙受众的关注,但与其他节目模式输出大国的原创节目模式相比,该节目模式的国际影响力仍旧有限,作者未能从西班牙受众评论中发现受众互鉴现象,受众可能不会联想到中国原版节目,而只将其作为西班牙的新音综看待。推动我国原创节目模式产业国际化发展,向全球节目模式产业标杆看齐,仍任重道远。尤其是当输出至欧美地区国家时,虽然可能拥有人才和资金资源供给充足、节目模式宝典标准化程度高等机遇,但面临的挑战比输出至周边国家和发展中国家更大,存在文化距离较大导致当地受众对节目主题兴趣不大、对剪辑节奏不习惯、对价值观内涵不理解等难题。因此,如本书第四章所述,可以借鉴日韩节目模式输出至欧美的丰富经验,尤其考察韩国近年来多个综艺 IP 得以在欧美爆红的举措。首先,在制作原创节目模式时,就需要有国际输出的长远考虑,注重节目的文化共享,融合本土价值观与共享价值观,利用引人入胜的规则设定和自然的叙事手段,在类型、主题、美学、角色等范畴着手打造具有全球吸引力的模式文本。其次,输出原创节目模式时,可以从市场逻辑角度着手,考虑人才、制作经验与水准、文化资源等市场要素,以新的节目模式创意填补输入国电视节目的市场空缺,开辟节目模式蓝海市场。最后,优化原创节目模式的全球品牌建设,可以向欧美日韩学习,完善节目模式从研发、制作到输出落地与营销的产业链,重视研发创意和联合研发,促进节目模式输出国际化、标准化,可以通过优化政策鼓励节目模式集体出海,形成规模效应。

本章从节目跨国落地的空缺与普适模型出发,结合文化共享与市场契合视角,探析我国原创电视节目模式落地西班牙的影响因素与成功原因,以挖掘较为完整的节目模式输出机制。在节目的文化共享机制中,内容普适性与受众创造式普适性交织。节目模式框架展现出跨国的普遍吸引力的同时,在框架中填入唤醒本地集体记忆的具体内容,由此与不同受众个体的不同经历相连,实现了内容共性与受众个性的统一。在市场逻辑层面,已有研究多为节目模式由西向东或由北向南的输出实例分析,输入地多为电视不发达地区,故探讨更多聚焦于输入地的电视产业规模与资金实力等,而本章对由东向西、以电视发达地区作为输入地进行了案例补充,市场逻辑则出现了更多可关注与探讨的空间,如将市场资源配置、消费者偏好等因素纳入考量,补充公司创造式普适性中易被忽视的重要因素。此外,文化共享理论此前多聚焦于对电视剧、动漫和小说等大众文本成品的研究,本章对电视节目模式的实证经验拓展了文化共享理论的研究对象,印证了仅拥有文本的核心元素框架的电视节目模式亦有其重要的文化共享价值。同时,本章结合市场与文化两方面因素,为文化或市场单一视角的案例分析做补充,进而为我国原创电视节目模式提供较为全面和细致的输出实践经验,以改变目前电视节目模式全球流动的不平衡趋势与单向流动图景。

参考文献

[1]蒋敏昊,刘俊.《梦想的声音》节目模式创新[J].中国广播电视学刊,2017(8):48-50.

[2]刘欢,冯帆.文化距离对韩国广播电视节目出口的影响[J].国际贸易问题,2015(7):77-86.

[3]陆敏,陈燕.国际传播中的文化共享、文化折扣与解读偏移——基于中国历史文化纪录片海外观众解读的分析[J].现代传播(中国传媒大学学报),2022(12):65-69.

[4]彭侃.创意的力量:全球价值链视野下的节目模式[M].北京:中国国际广播出版社,2023.

[5]孙侃,阳欣哲.娱乐产品的国际传播——以综艺节目《我们的歌》模式输出为例[J].上海广播电视研究,2023(4):46-51.

[6]王康.互联网思维视域下的传媒产业变革——以电视节目产业为例[J].社会科学论坛,2015(7):234-241.

[7]吴毅.国内电视综艺节目的同质化发展探析[J].电视研究,2013(7):58-59.

[8]尹鸿,王晓丰."高概念"商业电影模式初探[J].当代电影,2006(3):92-96.

[9]战迪.中国高概念电视节目的产业创新与文化博弈[J].深圳大学学报(人文社会科学版),2016(3):42-46.

[10]章宏,林慧冰.文化接近性与文化差异性:中国出口电视节目模式的文化机制探究[J].未来传播,2020(6):109-115.

[11]周晓虹.冲突与认同:全球化背景下的代际关系[J].社会,2008(2):20-38,220-221.

[12]Andreesen M. Product/Market Fit[EB/OL]. (2007-06-25)[2023-08-17]. https://web. stanford. edu/class/ee204/ProductMarketFit. html.

[13] Brown W J, Crawford K. Provoking Biblical Conversations through Popular Media: Lessons Learned from The Shack and Superbook[EB/OL]. (2013-11-11)[2023-08-17]. https://gc. uofn. edu/index. php/gc/

article/view/60/55

［14］Brown W J，Singhal A. Entertainment-education media：An opportunity for enhancing Japan's leadership role in Third World development［J］. Keio Communication Review，1993(15)：81-101.

［15］Chalaby J K. At the origin of a global industry：The TV format trade as an Anglo-American invention［J］. Media，Culture & Society，2012 (1)：36-52.

［16］Chandi J K，Trehan K. Mediation，motivations and experiences of BTS fandom in India［M］// Korean Wave in South Asia：Transcultural Flow，Fandom and Identity，Singapore：Springer，2022：153-168.

［17］Cho Y，Zhu H. Interpreting the television format phenomenon between South Korea and China through inter-Asian frameworks［J］. International Journal of Communication，2017(1)：2332-2349.

［18］Freedman D. Who wants to be a millionaire? The politics of television exports［J］. Information Communication & Society，2003(1)：24-41.

［19］Goodwin R，Hernandez Plaza S. Perceived and received social support in two cultures：Collectivism and support among British and Spanish Students［J］. Journal of Social and Personal Relationships，2000(2)：282-291.

［20］Jin D Y. An analysis of the Korean wave as transnational popular culture：North American youth engage through social media as TV becomes obsolete［J］. International Journal of Communication，2018(1)：404-422.

［21］Keane M，Zhang J D. Where are we going? Parent-child television reality programmes in China［J］. Media，Culture & Society，2017(5)：630-643.

［22］Lu E. Remapping spatiality in contemporary East Asian media engagement：Reevaluating China's Got Talent［J］. Media，Culture & Society，2022(7)：1394-1402.

［23］Rohn U. Lacuna or Universal? Introducing a new model for understanding cross-cultural audience demand［J］. Media，Culture & Society，2011(4)：631-641.

［24］Rohn U. Small market，big format：Idols in Estonia［J］. Baltic Screen Media Review，2014(1)：122-137.

［25］Sánchez M，Sáez J，Díaz P，et al. Intergenerational education in Spanish primary schools：Making the policy case［J］. Journal of Intergenerational Relationships，2018(1-2)：166-183.

［26］Sarobol P S，Singhal A. "Glocalizing" media products：investigating the cultural shareability of the "Karate Kids" entertainment-education film in Thailand［J］. Media Asia，1998(3)：170-175.

［27］Singhal A，Udornpim K. Cultural shareability，archetypes，and television soaps：'Oshindrome'in Thailand［J］. Gazette，1997(3)：171-188.

［28］Wisensale S K. Global aging and intergenerational equity［J］. Journal of Intergenerational Relationships，2003(1)：29-47.

第六章

文化本土化与去西方化：中国
电视节目模式输出至非洲的策略与启示

　　21 世纪以来，随着中国综合实力的显著增长和全方位外交策略的实施，中非文化合作显著加深，中国对非洲的文化影响力显著增强。截至 2020 年 12 月，中非签署并落实了 346 个双边政府文化协定执行计划。中国大力支持非洲教育发展，支持非洲青年学子来华留学，在非洲合作设立了 61 所孔子学院和 48 所孔子课堂。① 中国在肯尼亚、南非等国家设立了国有媒体机构分部，如新华社、《中国日报》、中央电视台和中国国际广播电台等（Wasserman，2016）。除国有媒体机构外，中国民营企业四达时代在非洲发展势头良好。作为我国商务部唯一授权的海外广播电视行业的民营企业，四达时代成立于 1988 年，已在 30 多个非洲国家注册公司，业务涉及广播电视基础设施建设与媒体内容的分发生产，已发展数千万用户。在广播电视基础设施建设方面，四达时代专注于农村地区的受众，通过机顶盒提供廉价的订阅服务，提供数字电视和更高质量的频道。这些举措让四达时代的受众群显著扩大，不仅在英语为通用语的非洲地区突破南非卫星电视公司 DStv-Multichoice 的市场主导，更是在法语区蓄势待发，有望挑战法国媒体巨头 Canal Plus 在该地区的霸权（Jedlowski，2021）。

　　四达时代还通过电视、流媒体平台、影视大篷车等形式在非洲播放中国的译制配音作品，其中，中国的古装剧、现代都市剧与功夫电影较受欢迎，如《西游记》《花千骨》《媳妇的美好时代》《杜拉拉升职记》《太极》《猛龙过江》等。《媳妇的美好时代》2012 年在坦桑尼亚热播时，曾创造了万人空巷的盛况。② 除此之外，四达时代也会引进播放源自好莱坞、宝莱坞等世界知名电影基地的的影视剧。2018 年，随着四达时代 StarTimes On 平台的上线，四达时代开

---

　　① 参见：《大力促进中非人文交流和文明互鉴》（http://qstory.cn/dukan/hqwg/2022-9/z6/c_1129032712.htm）。
　　② 参见：《〈媳妇的美好时代〉走红非洲之后》（http://world.people.com.cn/n1/2018/0901/c1002-30265662.html）。

始制作自己的系列节目和原创电视节目,其中,约会节目 *Hello Mr. Right*(《你好,我的意中人》)被认为改编自中国相亲节目《非诚勿扰》(*If You Are the One*),经过本土化的改造,在多个非洲国家大受欢迎。2018 年,*Hello Mr. Right* 赞比亚版与肯尼亚版第一季推出,在电视频道和新媒体平台同步播出。中国目前唯一面向非洲读者的评论性外文月刊《中国与非洲》(*CHINAFRICA*)引用四达时代肯尼亚分部(StarTimes Kenya)内容营销经理乔治·温多(George Wendo)的观点,表示"该节目每周六在肯尼亚收视率最高的电视频道黄金时间段播出",提升了四达时代的收视率和广告收入。[①]第一季的成功促使四达时代继续制作这档节目,并将其推广至多个国家。截至 2023 年底,*Hello Mr. Right* 肯尼亚版已推出了第三季,尼日利亚版已迎来了第二季,该节目还落地坦桑尼亚、乌干达和科特迪瓦等国。

过去 20 余年来,关注中非文化交流的研究多从文化软实力或文化/媒介帝国主义的视角出发,聚焦于 CGTN 等中国官方媒体在非洲的机构设置、采写把关机制、新闻作品、受众反馈与新闻理念等方面,着眼于中国官方媒体的行为与中国政府目标之间的关系,多属于传统国际传播自上而下的政治经济学视角(Gagliardone,2013;Wasserman,2016;Zhang and Matingwina,2016;Marsh,2017;Xiang,2017;Umejei,2018),对民营企业在非洲的实践关注较少,整体上忽略了更为自下而上的民间跨文化交流和互鉴。因此,本章将关注民营企业四达时代如何对中国电视节目模式进行非洲本土化改造,改编后的节目在当地受众中反响如何,以及其体现了发展中国家在全球节目模式流动中的哪些特征,对中国在非洲开辟节目模式蓝海市场和文化输出有何启示。

第一节　中非文化交流的研究视角:
文化/媒介帝国主义与文化软实力

当前对中非文化交流的研究多从文化软实力或文化/媒介帝国主义的视

---

① 参见:"*Hello Mr. Right*:Dating reality show a loving hit in Kenya."(http://www.chinafrica. cn/Homepage/201904/t20190426_800166185. html)。

角出发。如本书第一章所述,文化/媒介帝国主义于 20 世纪 60 年代末期发轫于美国,席勒认为美国的媒体机构在全球范围内传播美国的价值观、生活方式和观念,这种媒体霸权导致了一种文化同质化,使发展中国家的文化特色和价值观被边缘化(Schiller,1976)。事实上,学界关于西方对非洲的媒介影响的论述长期以来受到文化/媒介帝国主义或文化殖民主义理论的影响(Ndleda,2013)。软实力这一概念由约瑟夫·奈在 1990 年首次提出,用于描述美国的影响力,与美国通过军事和经济实力施加的硬实力相对(Nye,1990)。他认为,软实力作为一种国际关系中的影响力形式,是指国家、非政府组织以及国际机构等国际事务的行为者通过非强制性手段实现其目标的能力,主要体现为一个国家文化的感召力、政治价值的吸引力等(Nye,2005)。

约瑟夫·奈提出的软实力概念,因其深刻性和普适性,得到了全球各国领导人和国际媒体研究者的广泛认可与采纳。这一概念为探讨国际媒体关系提供了有效的理论框架,特别是在外交领域的讨论中接受度颇高(Boyd-Barrett,2015)。软实力这一概念本身较文化/媒介帝国主义带有更多正面意味,且软实力与文化/媒介帝国主义的异同是国际传播领域备受关注的话题,不少学者常将软实力与文化帝国主义相提并论。斯帕克斯认为在政治含义上,软实力和文化/媒介帝国主义之间的差异很小,以至于在探讨中非文化交流的案例时,他认为可以用文化/媒介帝国主义的框架来分析(Sparks,2019)。博伊德-巴雷特深入探讨了软实力的内涵,强调其并非仅限于媒体层面。他敏锐地观察到媒体与美国帝国主义硬实力之间的紧密关系,并进一步指出,随着一些国家全球影响力的逐渐增强,面对直接使用或威胁使用硬实力的局限性,便转向运用软实力的策略和话语作为替代手段(Boyd-Barrett,2019)。基于此,他将中国通过新华社等官方媒体在非洲的传播活动视为一种软实力的运用,并认为软实力也是文化/媒介帝国主义的一种形式(Boyd-Barrett,2015)。然而,学界对此并非全然认同。不少学者认为 CGTN 等媒体强调建设性新闻,与西方的批判性新闻形成互补,其获得国际社会认可仅是时间问题(Zhang and Matingwina,2016;Ran,2016)。屠苏则提出,中国媒体全球化可通过提升公信力、采用本土化策略及积极参与国际对话来增强正当性与竞争力(钟新和崔灿,2019)。

在中国的语境下,文化软实力是被官方推崇的概念,是加强文化建设的重要途径,已与文化/媒介帝国主义这一明确带有批判含义的概念做了明显区分。叶皓(2012)认为,与国际关系领域的文化同化力、文化渗透不同,中国所讲的文化软实力的基本内涵即文化国力,指中国文化在世界范围内形成良好形象并产生吸引力。可以说,中国官方将这种文化"走出去"称为增强文化软实力,旨在提升中国的国际形象,并在国际媒体中改善中国的刻板印象(Wasserman,2013)。整体上,双方的分歧点在于:一方将文化交流是否由国家力量推动视作区分文化/媒介帝国主义与文化软实力的标准;另一方则认为二者的区分标准在于实践中施加影响一方的意愿,是带有强迫性质的文化渗透或文化霸权主义,还是温和地通过积极塑造自身形象去吸引其他国家的民众。

实际上,文化软实力与文化/媒介帝国主义一样,是一个缺乏明确定义和广泛共识的概念。尽管在软实力的定义上存在分歧,但有学者认为,建立一个有利的国家形象来吸引盟友并为自身政策赢得支持,用软实力要比用硬实力更为有效(Zhang,2016)。随着世界的多极化趋势日益显著,各力量主体均表现出在国际舞台上塑造积极形象、提升话语影响力的诉求,从而促使文化软实力这一概念得到广泛采用。

博爱敦认为,软实力或文化外交为平衡非洲与中国关系和实现可持续平衡提供了一条有前途的路径(Bodomo,2009)。如今,中国提升软实力的努力已经从传播意识形态转变为市场扩张和新的全球叙事的建立。中国在非洲的国有媒体机构常被视为中国在非洲行使软实力的载体。通过这种方式,中国努力在非洲塑造一种更为积极的国家形象,并通过文化交流和信息共享促进其对中国文化与价值观的认同(Madrid-Morales,2016)。但这种努力面临提高可接受性、降低不确定性、与当地新闻常规和议程不一致等方面的困难(Wasserman,2016)。

无论是从文化软实力还是文化帝国主义的视角出发,目前学界对中非交流的研究多以自上而下的政治经济学视角关注中国在非洲的新闻机构,主要探讨的是新华社、CGTN 和《中国日报》(China Daily)等国有主流媒体在非洲的输出和影响(Gagliardone,2013;Zhang and Matingwina,2016;Xiang,2017;Marsh,2017;Umejei,2018),对民营媒体企业在非洲的实践、影视剧的输出以及非洲受众反馈的文化性分析偏少,更鲜有研究探讨其对文化输出的意义和启示。

第二节　中国民间文化输出至非洲的历史和举措
——以四达时代为例

　　四达时代作为一家中国的民营企业，通过广播电视基础设施建设与影视内容的创作分发来促进中国文化在非洲的传播。四达时代于 2002 年开始发展非洲市场，并于 2007 年在卢旺达获得了非洲第一个数字电视运营商许可证。截至 2023 年底，它已在卢旺达、尼日利亚、肯尼亚、坦桑尼亚、乌干达、莫桑比克、几内亚、刚果（金）、南非等 30 多个国家注册成立公司并开展数字电视和互联网视频运营，发展数字电视及互联网视频用户超过 4000 万。① 2015 年开始，四达时代承接了中国援非的"万村通"卫星电视项目，旨在让非洲国家约 1 万个村庄收看到卫星数字电视。截至 2022 年 12 月，"万村通"项目已落地 21 个非洲国家，覆盖 9512 个非洲村落，直接受益家庭超过 19 万户，覆盖民众近千万名。② 针对非洲农村地区的观众，四达时代通过提供廉价的数字电视订阅服务和高质量频道，快速扩大其受众基础。这种基础设施的建设不仅促进了公司的发展，也为中国文化内容在非洲的传播打下了基础（Jedlowski，2021）。

　　在推广中国文化方面，四达时代聘请非籍演员将大量中文影视节目用英语、法语、葡萄牙语等多种非洲通用语言进行配音，以及斯瓦希里语、约巴鲁语、豪萨语等非洲地方语言进行配音，观众可以通过机顶盒选择合适的语言进行收看。③ 四达时代集成了数百个频道的节目内容，不仅包括国际知名频道与非洲本地频道，还包括 CGTN 等 23 个中国主流电视频道，以及功夫频

---

　　①　参见：四达时代"关于我们"（http://www.startimes.com.cn/about＃％E9％9B％86％E5％9B％A2％E4％BB％8B％E7％BB％8D）。
　　②　参见：《中国援非"万村通"项目造福千万非洲民众》（http://www.news.cn/world/2023-02/03/c_1211724635.htm）。
　　③　作者在 2024 年 4 月 16 日对四达时代中文频道相关策划人的访谈。该策划人还指出，四达时代在 2024 年开始推出 AI 配音的方式，节约了成本和人力，凸显了高科技在四达时代的运用。

道、中国影视剧外语频道等 43 个四达时代自办频道，内容涵盖新闻、影视、体育、娱乐、儿童、音乐等多个类型。^① 这一策略不仅展示了中国的现代生活和主流价值观，也使得中国文化更容易为非洲观众所接受。《西游记》《舌尖上的中国》《熊出没》等中国的电视剧、纪录片、动画片都曾由四达时代翻译成斯瓦希里语，面向非洲观众播出，且翻译的数量总体呈增长态势。例如，2014年，四达时代用斯瓦希里语译制了 2 部中国电视剧与 2 部中国纪录片，共计80 集。而在 2019 年，四达时代将 5 部中国电视剧、1 部中国电影和 20 部中国动画片翻译成斯瓦希里语，共计 537 集（如表 6-1 所示）。在众多影视类别中，

表 6-1 2014—2019 年四达时代译制成斯瓦希里语的中文节目^②

播出年份	节目类型	部数	集数
2014	电视剧	2	64
	纪录片	2	16
2015	电视剧	4	179
	纪录片	1	1
2016	电影	18	18
	电视剧	13	523
	纪录片	1	8
2017	电影	27	27
	电视剧	22	938
	动画片	3	258
2018	电影	7	18
	电视剧	7	301
	动画片	8	135
2019	电影	1	3
	电视剧	5	275
	动画片	20	259

---

① 参见：《专访四达时代副总裁卢玉亮：在非洲只要走对道路，中国改革开放的所有红利都能再来一遍》（http://www.guancha.cn/LuYuLiang/2021_05_12_590439.shtml? s＝sywglbt）。

② 材料来源：四达时代公司。

中国功夫电影是四达时代推广的重要内容。四达时代创建了功夫频道（StarTimes Kungfu），在非洲多个国家发行了《武当》《武林志》等功夫电影。电影《武当》体现了中国武术家的荣誉感和勇气，武术场景展现了真实的中国传统武术，给非洲观众带来了强烈的视觉和文化吸引力。坦桑尼亚观众对《武当》中展现的中国武术家与日本武士的冲突反应热烈，体现了非洲观众对中国武术电影的情感投入和文化认同（Zhang and Xia，2022）。自 2014 年起，在四达时代承办的北京影视剧非洲展播季中，中国功夫题材作品一直是重要的展播内容（史艺璇，2019）。可以说，中国功夫电影已成为中国文化外交的一个载体。通过赞助功夫节和武术训练项目，四达时代不仅满足了非洲观众对这一影视剧类型的需求，也将中国文化的一个重要元素带到了非洲大陆。

在内容创作方面，四达时代采取了直接与本土内容生产者合作的方式。例如，它与 iROKO 公司建立了合作伙伴关系，成为 iROKO 公司生产的内容在非洲电视传播的平台。[①] 随后，四达时代还与尼日利亚主要影视内容制作商之一 EbonyLife TV 签订了类似的协议。[②] 通过这样的合作，四达时代不仅支持了非洲本土文化的传播，同时也提高了平台知名度，为未来更多的中国内容在非传播铺平了道路。此外，通过制作像 *Hello Mr. Right* 这样的婚恋综艺节目，四达时代在推广非洲本地文化的同时，也探索了将中国价值观融入非洲叙事的可能性。

促进中非文化交流是一项具有复杂性的工程，四达时代等中国民营企业凭借着强大的适应力和创新能力促进中国的民间文化在非洲传播。尽管面临与法国媒体公司和南非媒体公司的竞争、本地对于文化保护的担忧等挑战，四达时代仍通过灵活的商业策略和对本土文化的尊重，有效地促进了中国文化在非洲的传播。

---

① iROKO 公司是尼日利亚电影的主要在线分销商，面向全球观众。参见："StarTimes Offers Exclusive Channels as it Partners iROKO"（http://www. thenigerianvoice. com/news/185152/startimes-offers-exclusive-channels-as-it-partners-iroko. html）。

② 参见："EbonyLife TV ends exclusivity with DSTV, expands globally"（http://guardian. ng/features/ebonylife-tv-ends-exclusivity-with-dstv-expands-globally/）。

第三节　中国电视节目模式输出至非洲的策略和影响

　　四达时代自 2018 年以来在自办频道推出多档文化类综艺。其中，斯瓦希里语频道的脱口秀《中非大不同》及葡萄牙语长剧频道的《我是推荐官》通过邀请中非嘉宾进行对话和交流，探讨中非之间的文化差异，以及推荐双方的美食和风俗等元素，加深对彼此文化的理解和欣赏。① 此外，该公司还根据国内现有的流行节目模式制作了《坦桑好声音》以及多个版本的 Hello Mr. Right。在多国版本的 Hello Mr. Right 中，肯尼亚版与尼日利亚版是四达时代较早推出的版本，其中，肯尼亚版本已播出了第三季，尼日利亚版本则已推出了第二季。

(a) 肯尼亚版

(b) 尼日利亚版

图 6-1　*Hello Mr. Right* 海报②

---

① 参见：《讲好"中国故事"文化出口企业干劲足》(http://www. cinic. org. cn/hy/wh/1229257. html)。

② 图片由四达时代公司提供。

两国版本的 *Hello Mr. Right* 在电视与 StarTimes On、YouTube 等流媒体平台上获得了较好的传播效果,其中 *Hello Mr. Right* 的肯尼亚版第三季在 Rembo TV——四达时代投资的非洲本地频道[①],其信号覆盖肯尼亚、坦桑尼亚、乌干达等国家[②]——各频道同时段收视率中排名第一[③]。而尼日利亚版本第三季也通过 StarTime Novela E 和 ST Nollywood Plus 等四达时代电视频道在阿布贾、拉各斯和哈克特港等中心城市取得了较高收视率。[④] 非洲作为西方曾经的殖民地,其电视节目市场在全球化中受到的西方影响一直广受关注,许多在全球有影响力的节目模式如《老大哥》《偶像系列》早已在非洲落地生根且广受欢迎。在此背景下,中国的相亲类节目模式为何能在非洲异军突起? 本节将探讨四达时代在非洲输出节目模式时的策略及受众的反响。

一、全球电视节目模式在非洲的流动、文化本土化和去西方化

媒体流动性的增强是日益数字化的全球传播生态的一个关键特征。如第二章所述,屠苏将主要媒体流动划分为三大类,即全球性流动、跨国性流动和地缘文化性流动,并将来自全球北部,尤其是美国的媒体向亚非拉等南方国家的流动称为主导流动,将起源于全球媒体产业曾经的南方地区的媒体流动称为回流或边缘流或横向流动(Thussu,2007)。其中,由边缘向中心的媒体流动属于文化回流,南方地区之间的媒体流动属于边缘流域横向流动(钟新和崔灿,2019)。美国作为全球媒体产品(如新闻、电视节目和电影)的主要出口国,其媒体产品遍布全球。此外,一些南方国家如中国、印度和韩国也在文化产品的全球流通中发挥着越来越重要的作用。这些边缘流提供的文化产品一定程度上成为主导流动中文化产品的替代品(Thussu,2007)。

这种替代全球化路径多样,或在一定程度上体现为草根性以及与主导流动的脱钩,或成为主导流动全球价值链中的一个补充环节,通过勾连地方与全球成为媒介内容区域性的生产和销售中心。例如,尼莱坞(Nollywood)虽

---

① 参见:《四达时代肯尼亚子公司自办本地频道 Rembo TV 正式发布上线》(http://www.startimes.com.cn/2019/08/2391.html)。

② 参见:"StarTimes Subscribers To Access Increased Local Content"(http://www.techarena.co.ke/2022/12/10/startimes-subscribers-to-access-increased-local-content/)。

③ 材料来源:四达时代提供的收视率报告。

④ 材料来源:四达时代提供的收视率报告。

然通过使用索尼等国际公司的设备与全球性媒体公司建立联系,但同时,尼莱坞的生产者和销售者仍以当地公司为主,其向全球推广的分销网络也具有一定的自发特性,并不受全球性媒体公司的控制。某种意义上,尼莱坞正是通过非正式、草根层面的全球网络实现了文化回流与边缘流(Miller,2012)。而南非在非洲节目模式边缘流中的主导地位则被认为和其在全球节目模式价值链中的中介位置息息相关(Ndlela,2013)。南非在非洲电视节目市场自由化、全球化和区域化趋势中扮演着中心角色。如第二章所述,南非的付费电视频道 M-Net 在全球电视特许经营业务中占有重要地位,M-Net 通过改编如《偶像》等国际节目模式,为非洲观众提供了本土化的内容,同时促进了南非与全球电视产业的联系(Ndlela,2012)。

和成品影视内容的全球流动相似,电视节目模式的全球流动也受到回流和边缘流逐渐挑战主导流动的趋势影响。20 世纪 90 年代以来,电视行业的私有化、去管制化促进了电视系统中资本和节目模式的流动。购买节目模式是一种节约成本的策略。同时,一些电视系统的保护主义规定也无意间促进了电视节目模式的流行。例如:印度尼西亚禁止播放使用字幕的外国节目,这促使广播电视公司购买外国的节目模式,制作没有字幕的本地版本;欧洲的广播电视公司也倾向于购买外国的节目模式而非成品节目以规避政府的"配额"政策(Waisbord,2004)。也正是在这个时期,在非洲节目模式产业链中具有重要地位的南非付费频道 M-Net 迅速成长,随后发源于欧美的电视节目模式大量涌入非洲。2003 年,《老大哥非洲版》(*Big Brother Africa*)在 M-Net 首播,之后《偶像》、《一掷千金》(*Deal or No Deal*)、《好声音》等节目模式也落地非洲。

本土化至少包含三个层面:全球性媒介公司的本土化策略、本地公司的本土化策略和受众层面的本土化策略。节目模式的传播常属于本地公司的本土化策略(兰塔能,2016)。各国在引进节目模式时均会根据本地制作条件、社会和经济环境等因素对其进行本土化改编。例如:阿根廷电视台在制作本土版的《老大哥》(*Big Brother*)时,由于高昂的安全设施费用,放弃了原版的游戏设计(Waisbord and Jalfin,2009);《老大哥非洲版》中,参与者展示了收获蔬菜和生产化肥的过程,强调自给自足的农业生产的重要性,同时进行全天禁食挑战,以体会遭受饥饿和营养不良的数百万非洲人的感受(Ndlela,2013)。此外,文化差异也显著影响了节目的视觉和内容元素。例如，在 2001 年南非版的《老大哥》中，制作团队巧妙地利用房屋和配套设施的设计来展现南非特色，包括传统的烧烤区、按摩浴缸和南非炖菜 potjieskos(Ndlela，2013)。

虽然全球电视节目的传播似乎趋向内容的标准化(peculiar form of homogenizatin)，但电视内容实际上仍根植于本土和国家文化(Waisbord，2004)。全球化并没有破坏文化差异，而是在培养文化差异的同时带来了一种特殊的同质化现象(Thussu，2007)。在市场导向的媒体的推动下，非西方国家的创意和文化产业在大多数国家经历了前所未有的增长，如近年来韩国、以色列、土耳其和中国等在原创节目模式的跨国流动中发挥了日益重要的作用(Chalaby，2016)，例如韩国的节目模式《蒙面歌王》在 2023 年成功推出了南非版。大多数关于媒体全球化的学术论述集中于西方或全球是如何与非西方国家产生影响、互动反馈的，但非西方、非主流媒体的流动同样对全球传播格局产生了影响。

过去几十年来，世界文化交流的力量结构由单一转向多元，从西方中心主义转向全球文化多元互动。与之相对应，去西方化(de-Westernization)的讨论也在学界兴起。1999 年，詹姆斯·柯伦(James Curran)和朴明珍(Myeong-jin Park)在《去西方化的媒介研究》(De-Westernizing Media Studies)一书中批评西方媒体理论的偏狭性与自我吸收性，认为这些媒介研究往往从少数西方发达国家的经验出发，忽视了全球范围内复杂且多样的媒介景观。他们呼吁要考虑英美以外国家的经验，以更广泛的视角进行比较研究(Curran and Park，2000)。

事实上，如本书第一章所述，早在 1961 年，竹内好在其演讲中就提出"亚洲作为方法"的观点，强调亚洲人需建立自身的主体性，挑战并重塑由西方主导的全球视野。他主张从亚洲的独特经验出发，重新评价并优化西方所确立的价值观，以此真正将其上升至全人类层面(Takeuchi，2005)。陈光兴(2006)将"亚洲作为方法"阐释为对话对象的转移，从西方中心的视角转向包含多元文化视角的对话，能使学者关注多元化的参考架构，稀释对西方问题的焦虑。岩渊功一通过研究东亚媒体文化的兴起，提出了跨亚洲互鉴(inter-Asian referencing)概念，旨在通过亚洲国家之间的相互学习来增进理解并促进知识的创新(Iwabuchi，2014)。在流行文化研究领域，跨亚洲互鉴包括制片人之间和受众之间的文化互鉴(Cho and Zhu,2017;Lu,2022)。岩渊功一同时强调，西方和非西方的理论不应是非此即彼的对立关系，而应该有更多的相互理解和融合。简单地去西方化可能会导致固化东西方二元对立，因此需要同步进行去亚洲化(Iwabuchi,2010)。这与韦斯伯德主张从世界主义视角对媒体进行去西方研究有异曲同工之妙(Waisbord,2015)。

对于如何处理去西方化后文化特性与人类普遍性的联系，郭振羽和周汉英提出了中国结图形的文化中心范式。中国结的每个角代表特定文化中心主义的理论，比如亚洲中心、欧洲中心、非洲中心。然而，当把中国结作为一个整体来看时，存在一个贯穿所有特定文化理论的共同线索，超越了个别的文化中心主义，展示了构建全面的传播理论和跨文化互鉴的可能性(Kuo and Chew，2009)。正如李金铨(2019)指出的，当不同的理论都可以通往真理，展现真理的多样立体性，普遍性才得以实现。

非西方国家根据自己的发展方式接入全球化，源自非西方国家的文化产品流动为欧美发达国家主导的文化产品流动提供了替代路径。对于去西方化呼声中存在的北方视角，威廉姆斯主张应该超越将全球南方仅作为全球北方的负面印记、代表或干预的视角，承认全球南方在生产、消费和传播更丰富媒介文化光谱中的主体性(Willems,2014)。当前，若要跳出西方媒体研究的窠臼，需要将目光对准发展中国家，探索现代化进程中发展中国家的文化主体性建设，并从发展中国家媒介实践的扎根研究里建立研究的主体性。杰德洛夫斯基通过深入研究四达时代，挖掘中国国家力量、四达时代、西方企业与非洲当地民众之间的复杂关系(Jedlowski,2021);有研究者通过对肯尼亚的著名喜剧节目《丘吉尔秀》(*The Churchill Show*)的分析，关注非洲普通民众参与的话语抵抗，分析了来自社会边缘公众的声音(Yuan and Shen,2022);还有研究者从微观的电影、电视剧等文化产品入手，通过受众对这些文化产品的反馈和评价了解非洲普通民众的价值观与意愿(Lei,2019;Zhang and Xia,2022)。这些都为发展中国家的媒介实践研究提供了参考。

二、南南流动:*Hello Mr. Right* 流向非洲的路径

在多国版本的 *Hello Mr. Right* 中，肯尼亚版与尼日利亚版是四达时代较早推出的版本，肯尼亚版本已推出了第三季，尼日利亚版本已推出了第二

季。如上文所述,两国版本的 *Hello Mr. Right* 在电视与 YouTube 等流媒体平台上获得了较好的传播效果,本章对《非诚勿扰》与肯尼亚版和尼日利亚版的 *Hello Mr. Right* 进行了节目文本分析,从舞台美术、角色、规则、情节、后期制作等方面考察两档电视节目模式的核心要素,并对 *Hello Mr. Right* 的制作成员和相关媒体从业者进行了深度访谈,在此基础上探究 *Hello Mr. Right* 本土化背后的文化机制。

Hello Mr. Right 的肯尼亚版与尼日利亚版除了在电视台播放,还上线了四达时代的 StarTimes On 流媒体平台与四达时代在 YouTube 上的官方账号,如 "StarTimes Official" "StarTimes Kenya" 和 "StarTimes Nigeria"。因 StarTimes On 缺少观众评论的功能,且 YouTube 在肯尼亚与尼日利亚广受欢迎[①],因此本章将 YouTube 上相关视频的评论作为分析受众反馈的对象。本章使用 YouTube Comment Search 插件获取了 YouTube 平台中 "StarTimes Official" "StarTimes Kenya" "StarTimes Nigeria" 等账号中 *Hello Mr. Right* 片段的评论,共计 20737 条,并通过等距抽样获得评论 800 条,根据所抽取的评论对两国的 *Hello Mr. Right* 版本进行受众分析。本章将关注两国版本的 *Hello Mr. Right* 在当地受众中的反响,尤其是受众关注的话题、反映的价值观,以及受众是否了解这一节目来自中国等。

传统的流动理论主要关注从西方国家到非西方国家的文化和媒体流动,屠苏提出的边缘流动挑战了这一传统(Thussu,2007),展示了一种替代流动,即发展中国家将其文化产品输出至另一个发展中国家。虽然相亲类真人秀节目最早源自西方,但四达时代的 *Hello Mr. Right* 依据非洲各国文化情境,进行了极大限度的本土化创作和改编,因此其跨文化传播属于电视节目的横向流动或边缘流动。

如前文所述,四达时代是商务部唯一授权的海外广播电视行业的私营企业,主要业务是提供广播电视基础设施与媒体内容的分发生产。早年,四达时代在非洲的内容传播聚焦于译制国内热门的影视剧,并在四达时代的平台上播放,但由于受到欧美剧、韩剧和印度剧的冲击,难以形成核心竞争力。[②]

---

① 参见:"Report:Online Influencers' Influence in Kenya and Nigeria"(http://www.geopoll.com/blog/community-influencers/)。

② 作者在 2023 年 10 月 26 日对四达时代中文频道相关策划人的访谈。

四达时代的发展轨迹经历了从最初侧重价格竞争,到近年来转向重视研发和自制内容的战略转变。这一转变反映了随着平台成熟,对内容价值认识的提升。如上文所述,2018年,四达时代开始制作电视节目,*Hello Mr. Right* 就是其中之一。这是一档相亲类真人秀节目,节目中,男嘉宾依次上台进行自我介绍与才艺展示,女嘉宾们则通过灭灯表达对男嘉宾的拒绝,最终男嘉宾可反向选择女嘉宾。根据媒体报道,这一节目模式借鉴了江苏卫视的《非诚勿扰》,但江苏省广播电视总台国际传播部相关负责人表示,四达集团在对这一模式进行非洲版的本土化改编前,并没有与之达成版权协议。[①]《非诚勿扰》是国内一档知名的相亲类真人秀节目。节目中,男嘉宾依次出场介绍自己,24位女嘉宾通过亮灯或灭灯决定男嘉宾的去留,经过三轮女生选择与一次男生反选环节,男女嘉宾可以牵手成功。该节目虽然在播出之初也曾被质疑模仿了欧美节目模式《执子之手》(*Take Me Out*),但自2009年播出以来,该节目经历了多次改版,包括加入情感导师、设置海外专场等,使其成为国内最长青的相亲类节目,并远销澳大利亚等西方国家。事实上,早在2012年初,津巴布韦、纳米比亚等非洲国家就曾计划购买《非诚勿扰》版权,江苏卫视也曾屡次安排相关人员到当地进行接洽指导,但由于该节目的制作标准较高,在当地难以招商等因素,该节目至今未能落地。[②] *Hello Mr. Right* 的中方制片人表示,四达时代并没有购买节目模式的版权,是因为该节目模式综合参考了多个相亲类真人秀节目,包括国内的《非诚勿扰》和欧美的《执子之手》等,并根据非洲不同国家的情况进行了适应性改编,制作了类似于节目模式宝典的流程指南。[③]

肯尼亚与赞比亚等讲英语的非洲国家是四达时代的重要市场。在选择创作 *Hello Mr. Right* 前,四达时代对肯尼亚与赞比亚的节目市场进行了调研,发现相亲类节目较受欢迎,而两国尚没有演播室内的相亲类节目。相亲类节目具有较强的本土文化属性,四达时代虽然也曾在其平台上播放过欧美与南非版的《执子之手》,但这些制作精良的外国相亲类节目显然不如本国的低成本节目吸引观众。即使同为非洲国家,不同国家的文化价值观、话题热

---

① 作者在2023年11月3日对江苏省广播电视总台国际传播部相关负责人的访谈。
② 作者在2024年4月19日对江苏省广播电视总台国际传播部相关负责人的访谈。
③ 作者在2024年1月22日、2024年4月17日对四达时代 *Hello Mr. Right* 中方制片人的访谈。

点也有明显差别。若想让相亲类节目吸引观众,四达时代需要在不同国家推出本土的相亲类节目。①

2018—2019 年,四达时代分别在肯尼亚与赞比亚推出了两季 *Hello Mr. Right*。2019 年,四达时代开始在尼日利亚与科特迪瓦推出该节目。此外,坦桑尼亚的 *Hello Mr. Right* 也通过外包的形式实现落地。在这些国家,*Hello Mr. Right* 成为极为成功的相亲类真人秀节目,几乎占据了相亲类真人秀节目的收视率榜首,所以四达时代的内容总监称该节目总体上是赢利的。② 疫情防控期间,多国 *Hello Mr. Right* 的更新一度中断。疫情防控结束后,四达时代重新制作 *Hello Mr. Right*,并计划在乌干达、马达加斯加等国继续推出。

四达时代的部分经营活动与我国政府的决策相关,例如播放具有一定教育意义的主旋律电视剧③,在其提供的低价套餐中包含一些我国主流媒体的频道(Staden and Wu,2021)。从某种角度看,*Hello Mr. Right* 在非洲推出的多个版本并非基于国家力量的推动,更多源于市场的自发行为,借助核心创意的借鉴、参与式合作以及本土化改编等手段得以实现。*Hello Mr. Right* 中方制片人表示,对于 *Hello Mr. Right* 这样一档针对非洲观众的娱乐节目,四达时代在制作过程中充分尊重非洲国家本土文化,并没有刻意以此进行文化输出④,这和国内主流媒体的节目模式输出既有相同之处,也有不同之处。相同之处在于都关注模式节目涉及的主题普适性以及本土化过程,不同之处在于对国内主流媒体来说,节目模式的输出在目前阶段文化意义仍然远大于经济效益⑤。分析所抽取的评论后发现,*Hello Mr. Right* 的受众几乎不了解这档节目源自中国,大多数观众将其当成本土相亲节目来看,因此,我们不应以文化/媒介帝国主义的视角来解读这一案例,也不应以西方定义的文化软实力中的"主体—他者"二元思维来解读,而应以一种融合、对话和互动的视角来看待节目模式输出中的文化"走出去"。正如赫普指出的,模式的输出和

---

①　作者在 2024 年 1 月 22 日对四达时代 *Hello Mr. Right* 中方制片人的访谈。
②　作者在 2024 年 1 月 22 日对四达时代内容总监的访谈。
③　作者在 2023 年 10 月 26 日对四达时代中文频道相关策划人的访谈。
④　作者于 2024 年 1 月 22 日对四达时代 *Hello Mr. Right* 中方制片人的访谈。
⑤　作者于 2023 年 9 月 15 日对 iFORMAT 负责人孙侃的访谈;作者于 2023 年 11 月 4 日对江苏卫视《超凡魔术师》制片人、节目模式研发人的访谈。

落地是一个非常复杂的转文化传播的过程,涉及不同主体的交流和互鉴,有助于文化的创新和扩散(Hepp,2015)。

三、*Hello Mr. Right* 在非洲的本土化改编

如第一章所述,文化互鉴理论主张,通过与其他地区的相互学习,能够推动创新知识的产生,从而深化对自我的认知并在此过程中重塑文化主体性(Iwabuchi,2014)。实际上,无论是制片人还是观众,都不是被动地接受信息,而是根据自己的文化背景和经验主动解读并参与信息的构建,文化产品在流动的过程中需要保留精神内核,同时对其进行必要的文化改造和创新,以贴近不同文化的观众(Esser and Jensen,2015)。在《老大哥》《偶像》等西方节目模式的非洲版中,节目会以泛非洲的形式呈现,汇集来自多个国家的参赛者,统一使用英语,参赛者演唱的歌曲与所获奖品明显具有西方文化倾向(Ndlela,2012,2013)。在 *Hello Mr. Right* 的创作过程中,可以看到四达时代进行本土化改编的努力。在 *Hello Mr. Right* 的制作团队中,非洲当地人占比极高,约占九成。位于北京总部的中方人员负责节目创意、整体的时间预算和人员统筹,而节目的具体落地与本土化改编则由当地制作团队负责。[①]在策划阶段,当地制作人会与中国制作人开展密集的创意与前期制作会议,融合与比较不同文化,并努力将多元文化视角融入节目的本土化工作。[②] 四达时代根据落地国家的语言环境确定节目的制作语言,例如:在主要语言为斯瓦希里语的坦桑尼亚使用斯瓦希里语制作 *Hello Mr. Right*;在语言多样性较高的肯尼亚使用英语制作该节目,同时根据市场反馈灵活调整节目语言使用比例,如 *Hello Mr. Right* 肯尼亚版第三季中,斯瓦希里语占 70%,英语占 30%;在主要说法语的科特迪瓦则用法语制作 *Hello Mr. Right*。[③]

在拍摄、舞台美术、服装和人物设计等方面,虽然 *Hello Mr. Right* 仍与《非诚勿扰》《执子之手》存在较大差距,但差距在逐渐缩小。与第一季相比,*Hello Mr. Right* 肯尼亚版第三季设置了更大、更精细的舞台,嘉宾们的服饰

---

① 作者在 2024 年 1 月 22 日对四达时代 *Hello Mr. Right* 中方制片人的访谈。
② 作者在 2024 年 2 月 8 日对肯尼亚当地 *Hello Mr. Right* 制片人的访谈;作者于 2024 年 2 月 9 日对尼日利亚当地 *Hello Mr. Right* 制片人的访谈。
③ 作者在 2024 年 1 月 22 日对四达时代内容总监的访谈。

妆容更加精致多元,在拍摄、音乐、舞台和灯光上也有了明显进步,并邀请了情感专家进行点评,安排专业 DJ 活跃气氛。DJ 不仅为节目带来了音乐和娱乐性,同时也会对节目发表评论。情感专家则会引导节目内容,使之与社会对年轻男女关系的价值观融合,有利于节目促进积极的两性关系发展。[①] *Hello Mr. Right* 的尼日利亚版也在舞台设置与拍摄剪辑上不断改进,尼日利亚方制片人认为舞美上的升级能够提升电视受众对节目的兴趣。[②]

Hello Mr. Right 的女嘉宾人数相较于《执子之手》与《非诚勿扰》较少。《执子之手》每期有 30 位女嘉宾,《非诚勿扰》每期有 24 位女嘉宾。*Hello Mr. Right* 的肯尼亚版第一季与第二季各有 8 位女嘉宾,第三季增加至 12 位;尼日利亚版第一季有 8 位女嘉宾,第二季也增加至 12 位女嘉宾。尽管 *Hello Mr. Right* 的女嘉宾人数较少,男嘉宾的出场时间也更短,但男女的结对成功率要远高于《非诚勿扰》。这种现象可能与霍夫斯泰德提出的文化价值观维度理论相关,中国偏向集体主义,而尼日利亚与肯尼亚则偏向个人主义。[③] 相较于中国人择偶时的内敛与谨慎,非洲人会更自由地表达情感与需求,以较快速度确认心仪的另一半。[④] 这一点在节目规则上有所体现。

在节目规则方面,*Hello Mr. Right* 借鉴了《非诚勿扰》的亮灯灭灯、女生选择、男生反选等元素,并加入了"show time(才艺展示)""prediction(观众预测)"等环节。《非诚勿扰》中,男嘉宾展示才艺需极大的勇气与自信,因此才艺展示并非常设环节。相较之下,*Hello Mr. Right* 中的"show time"则不可或缺,男嘉宾无论才艺水平如何,皆能坦然展现,女嘉宾与观众亦慷慨赠予其掌声与欢呼。中国人与非洲人的性格差异在此显现。《非诚勿扰》中,男嘉宾最初选择心仪女嘉宾是为了让男嘉宾有更多选择机会,而在 *Hello Mr. Right* 中,这一机制会以"先匿名,后公布"的方式进行,设置悬念,增强节目效果。

文化接近性理论认为,当受众观看的电视节目质量差别不大时,他们倾向于观看与自己语言、传统文化接近的节目(Straubhaar,1991)。因此,不同

---

① 作者在 2024 年 2 月 8 日对肯尼亚当地 *Hello Mr. Right* 制片人的访谈。
② 作者在 2024 年 2 月 9 日对尼日利亚当地 *Hello Mr. Right* 制片人的访谈。
③ 参见:"Dimension data matrix"(https://geerthofstede.com/research-and-vsm/dimension-data-matrix/)。
④ 作者在 2024 年 1 月 22 日对四达时代 *Hello Mr. Right* 中方制片人的访谈。

国家的制作人根据本国的特点对 *Hello Mr. Right* 进行了改编。尼日利亚版 *Hello Mr. Right* 设置了奖金以激发参与热情,观众通过投票选出最佳情侣,参赛情侣面临选择:即刻兑现可获 1 万—25 万尼日利亚奈拉(约 12—297 美金)的现金奖励;若选择继续挑战 cash-big,则有机会赢取 500 万尼日利亚奈拉(约 5947 美金)的奖金及奖品。该节目机制的设定基于多重考量:其一,"尼日利亚的影视行业与娱乐行业非常发达,人们不缺上镜的机会,只上电视不足以吸引尼日利亚人参加节目"①。其二,尼日利亚的文化偏向短期取向与自身放纵(Hofstede,2001),奖金和奖品是人们参与的有效诱因。"一位智者曾经说过,爱情是甜蜜的,但当金钱介入时,爱情就会变得更甜蜜……"尼日利亚版 *Hello Mr. Right* 女主持人琪琪(Kiekie)如此阐释爱情与金钱的关系。其三,尼日利亚方制片人认为,加入这个环节有利于吸引更多嘉宾参与,增强节目的娱乐性,还有助于节目中的情侣通过冲击奖金增进感情。②

除了节目机制的本土化调整,*Hello Mr. Right* 在价值观与审核尺度的把控上也充分尊重当地标准。鉴于非洲部落文化的多元性,部分部落仍坚守一夫多妻制传统,且非洲男女在肢体接触上的开放程度较中国人更高。③ 在肯尼亚版 *Hello Mr. Right* 第一季中,男嘉宾布莱恩(Brian)直言自己擅长接吻,女嘉宾吉尔(Jill)亦表达了与其尝试的意愿,双方随即进行了短暂的拥吻。当节目公布布莱恩最初的心仪对象为伊芙琳(Evelyne)时,后者兴奋地预见到与布莱恩的亲吻场景。最终,布莱恩在吉尔与伊芙琳间选择了伊芙琳,这一情节充分体现了节目对非洲文化习俗的尊重与融入。在金钱议题上,*Hello Mr. Right* 展现出较强的包容性。女嘉宾孟比(Mumbi)公开表达期望男友每日赠予 5 万肯尼亚先令(约合 319 美元)的经济要求,引发女嘉宾布丽塔(Brita)的质疑与反驳,现场观众对此讨论热烈。孟比则以自身魅力回应质疑,展现了身体曲线的吸引力。主持人奥夫温克博士(Dr. Ofweneke)在争辩中给予双方肯定,强调经济能力与爱情并非等同,双方在经济能力范围内约会方能和谐共处。四达时代中方制片人认为,非洲女性意识具有多元性,既

---

① 作者在 2024 年 1 月 22 日对四达时代内容总监的访谈。
② 作者在 2024 年 2 月 9 日对尼日利亚当地 *Hello Mr. Right* 制片人的访谈。
③ 作者在 2024 年 1 月 22 日对四达时代 *Hello Mr. Right* 中方制片人的访谈。

有寻求依附者,亦有追求独立者。① 这个观点也得到了尼日利亚当地制片人的认同,在他看来,*Hello Mr. Right* 的女嘉宾们十分感性,她们在节目中寻找真挚的爱情②,展现了非洲女性对爱情与金钱关系的独特见解。

在肯尼亚版的 *Hello Mr. Right* 第三季中,为了更好地展现该节目所提倡的积极社会价值观,和中国的《非诚勿扰》相似,节目组设置了情感专家。节目制片人认为,*Hello Mr. Right* 推广性别平等理念,强调在情侣关系中男女应有同等的贡献和共同的责任,还倡导理智饮酒和安全性行为,反映了关注平等、责任和福祉的现代文化规范。③ 尼日利亚版特别强调节目的真实性。在选择主持人时,节目组要求主持人是社会道德的模范,擅长处理情感议题;在挑选嘉宾时,节目组会选择以真诚态度寻找伴侣的候选人,甚至会在节目里披露一些提供虚假信息的嘉宾以示警诫。④ *Hello Mr. Right* 在非洲的推行反映了一种替代全球化(alternative globalization)路径。它例证了非西方国家不是被动地接受外来文化,而是积极参与全球媒体和文化交流,创造了更多元和多极化的文化全球化,拥有自身的文化主体性。

四、*Hello Mr. Right* 在非洲的影响力

肯尼亚版的 *Hello Mr. Right* 取得了较好的传播效果,其第三季在 Rembo TV 各频道同时段收视率中排名第一。在 YouTube 上,肯尼亚版同样表现突出,由四达时代官方账号 StarTimes Official 发布的肯尼亚版视频每条均有超过 5 万的播放量,多数超过 10 万,更有两段视频播放量超过 100 万。同时,多数视频评论数超过 300 条,有四段视频的评论数超过 1000 条。相比而言,尼日利亚版的 *Hello Mr. Right* 则逊色一些,播放量多在 10 万以下,评论数多在 100 条以下。这可能与尼日利亚版的制作精良程度与宣传力度不如肯尼亚版有关,YouTube 的一些观众认为尼日利亚版"有点无聊",且尼日利亚版缺少像肯尼亚版奥夫温克博士一样有表演魅力和高知名度的主持人。肯尼亚版 *Hello Mr. Right* 的男主持人奥夫温克博士是一位脱口秀演员,也

---

① 作者在 2024 年 1 月 22 日对四达时代 *Hello Mr. Right* 中方制片人的访谈。
② 作者在 2024 年 2 月 9 日对尼日利亚当地 *Hello Mr. Right* 制片人的访谈。
③ 作者在 2024 年 2 月 8 日对肯尼亚当地 *Hello Mr. Right* 制片人的访谈。
④ 作者在 2024 年 2 月 9 日对尼日利亚当地 *Hello Mr. Right* 制片人的访谈。

是三季肯尼亚版 *Hello Mr. Right* 的核心角色,即使女主持人每季不同,他始终不变。有观众评价他与第一季女主持人薇拉·西迪卡(Vera Sidika)是最佳拍档,"奥夫温克博士声音如此响亮,而薇拉如此平静镇定,能让情绪激昂的他平静下来"。

除了关注主持人,*Hello Mr. Right* 的观众也常关注金钱,金钱和两性关系是观众评论的重要议题。尼日利亚观众与肯尼亚观众在金钱议题上的观点并无明显差异,既有观众看重金钱,也有观众看重爱情,没有哪一方占有绝对优势。例如,有用户在评论区留言:"我来自加纳。我如何找一位漂亮的肯尼亚女士结婚?"有一些用户就回复他"去挣钱"。而网友也会对金钱与两性的关系展开争论,例如提出"没有钱,就没有对象""我们约会是为了爱情还是为了财富"的观点。四达时代官方账号 StarTimes Official 也会介入这场争论,否认男女结合与金钱密不可分的观点。

不少观众会在亲密接触、外貌、性格、身材等两性议题上进行思考,男女用户还会就这些话题进行争辩。对于肯尼亚版本中男嘉宾布莱恩拥吻了吉尔但最终选择了伊芙琳这种情况,一位女性用户评价:"这个男人太自负了。他怎么敢接受一个刚认识的女人的吻,又希望其他女人爱他? 从他说话的方式看,这家伙在玩弄别人,有危险。"她的这一发言得到了一些用户的赞同,认为这一行为冒犯了两位女士。但也有男性用户认为布莱恩的这一行为无伤大雅:"女士们会如此在意一个吻吗? 如果这是人们交往的常态,那就让我单身,不打扰任何女孩。"在尼日利亚版的观众反馈中,也会有保守的观众认为不应该由女性来寻求爱情,因为在尼日利亚的传统观念中,男性应是主动寻求爱情的一方。但总体来说,*Hello Mr. Right* 的大多数观众都赞赏嘉宾们公开寻找爱情的勇气,且节目受众也以年轻人为主。①

节目片段视频标题如"丰满女孩为这个单身汉而争斗"所呈现的审美偏好,触发了一些女观众的不安。例如,有用户表达了对于瘦女孩在择偶中可能面临的挑战的担忧:"我们这些瘦女孩就没有被选择的机会了吗?"然而,她随后通过自我和解与觉醒,认识到外貌并非择偶的唯一考量,坚信"很少有男人会仅仅喜欢我们的外表,而我们依然拥有灵魂伴侣"。另一女性观众则发

---

① 作者在 2024 年 2 月 9 日对尼日利亚当地 *Hello Mr. Right* 制片人的访谈。

表了更为积极的评论："女人们，选择成为黄金吧。"她呼吁女性追求自我价值，并批评视频标题具有误导性，展现了追求自身价值的现代女性意识。这些观众的反馈体现了女性对于自我认同和自我价值的深刻思考与追求。由于四达时代的非洲本土化商业策略①与中国节目模式尚待提高的国际知名度，我们在 YouTube 的受众评论里发现，和第五章提到的《我们的歌》在西班牙播出的情况相似，*Hello Mr. Right* 的受众极少知道这一节目的创意源自中国，也没有受众表示曾看过我国的《非诚勿扰》等相亲节目，因此第四章中呈现的我国节目模式输出至东南亚时的受众互鉴现象并未发生。但非洲受众也在关注的我国观众观看《非诚勿扰》时所重视的议题。该节目的非洲制片人表示，婚恋的议题是跨越国界的，在和中方团队合作的过程中，他们加深了对彼此文化的了解并受到了很多启发，比如两性关系的复杂性和多元性，两性关系中的信任、合作和责任，以及节目中启用两性关系专家来引导价值观等，并将这些元素深刻嵌入非洲的文化背景和受众需求。② 某种意义上，*Hello Mr. Right* 与《非诚勿扰》等国内相亲节目有很多相似之处，如都在节目中展现了非西方社会在现代性转型过程中多元化的婚恋关系，包括婚恋中的责任和义务以及外貌、金钱和爱情等议题，并借此推广积极的社会价值观。受众在将 *Hello Mr. Right* 视作娱乐节目的同时，也由此思考现代化进程中和日常生活关联的上述议题，折射出丰富的本土价值观和批判性的主体性。

第四节　中国电视节目模式输出至非洲的启示

对于发展中国家，两性关系、传统与现代的关系、金钱与婚姻的关系是现代化进程中的重要议题。唐纳和桑托斯对中国与印度等发展中国家的婚恋观的变化进行了研究，发现浪漫爱情作为婚姻的基础显然已成为构建地方和国家现代性意识形态的一个重要话语成分，然而，在中国和印度，家庭和社会期望仍然对个体的爱情关系与婚姻选择有着深远影响（Donner and Santos，

---

① 作者在 2024 年 1 月 22 日对四达时代内容总监的访谈。
② 作者在 2024 年 2 月 8 日对肯尼亚当地 *Hello Mr. Right* 制片人的访谈。

2016)。可以说,全球化并未完全淡化地方文化特色和历史遗产,而是与之产生了新的互动方式。巴洛伊认为,非洲传统社会中的婚姻观深深植根于非洲的文化规范和传统之中,他提倡采用解放性框架来挑战非洲传统婚姻框架中的不平等男女关系,促进男女平等(Baloyi,2022)。可以说,婚恋观念的演变是现代化过程中的一个关键维度,它不仅映射了两性关系的演变,也揭示了传统与现代、全球化与本土化之间的复杂交互作用。同在中国爆火的《非诚勿扰》一样,*Hello Mr. Right* 也为大众提供了思考婚姻、两性关系、金钱等议题的窗口。观众通过这档节目见证了逐渐强盛的女性独立意识,观察到拥有不同职业、外表、性格的人们在选择伴侣时的互动火花,以及在现代化进程中的各种观点的交融与碰撞。

屠苏认为,在媒介全球化的语境下,正当性(rationalization)是评估国际媒体传播影响力的核心标准,即探究"国际媒体在全球传媒市场中立足的根本理由或基本逻辑是什么",正当性也可以理解为公信力(credibility)(钟新和崔灿,2019)。相对于常被视为意识形态输出工具的国家媒体,民营的媒体公司可以通过创作与传播文化产品进行自下而上的文化交流。这种商业逻辑下的自发传播或许能够成为民营媒体公司的正当性来源。*Hello Mr. Right* 是中国民营公司四达时代在非洲多国推出的相亲类节目,这一节目模式借鉴了中国的《非诚勿扰》和欧美的《执子之手》等相亲类节目,并根据非洲不同国家的情况进行了创新性的本土化改编,以贴合当地社会文化的特点和观众的喜好。改编过程中,非洲当地制作团队的主体性得到充分显现,没有刻意凸显中国元素,而是以一种本土化的形式输出普适性议题和价值观。这一节目模式的跨国流动主要由市场力量推动,通过借鉴核心创意、参与式合作等方式达成,充分体现了文化输出过程中的去中心主义。这种策略有效地促进了文化互鉴,增强了节目的吸引力和影响力,展现了一种相对细腻且具有正当性的文化输出方式。

与以输出新闻节目为主的中国主流媒体在非洲的传播相比,这种形式更能潜移默化地促进观众互相理解并建立共识,体现了文化本土化过程中非洲国家的主体性。某种意义上,这种节目跨国流动方式是对西方主导的全球化的一种替代或补充,展示了发展中国家之间文化交流和合作的新路径。对于正在兴起的全球南方国家文化合作,我们应该充分尊重各国的文化主体性,同时努力发挥非官方的市场力量和民间组织的作用,以促进更加多元和平等的国际文化交流与合作。正如刘滢和张毓强(2021)指出的,在新全球化时代,其显著特征为文化的多向流动与杂糅交融。中华文化在"走出去"的过程中,应积极探索与当地文化的融合、对话与互动。此举不仅有助于增强中华文化的亲和力、贴近性与感染力,更可创造性地转变其传统样貌与形态,将中华文化的精神内核有机融入当地文化,从而创作出深受当地人喜爱的融合文化产品。然而,在全球化的市场中,作品的原创性与品牌力是文化输出的重要因素。尽管 *Hello Mr. Right* 在非洲本土化改编方面取得了成功,但其节目模式的版权问题仍存在争议,某种程度上也削弱了其作为南南流动的典型案例的意涵。未来四达时代等民营媒体公司仍需努力打造原创节目并建设品牌,扩大国际影响力,并在该过程中向电视产业更加成熟的发达国家借鉴经验。

参考文献

[1]陈光兴. 去帝国:亚洲作为方法[M]. 台北:行人出版社,2006.

[2]兰塔能. 媒介与全球化(典藏版)[M]. 北京:中国传媒大学出版社,2016.

[3]刘滢,张毓强. 转文化传播:中华文化"走出去"的升级新可能——基于《功夫熊猫》《花木兰》等案例的讨论[J]. 对外传播,2021(2):52-56.

[4]李金铨. 传播纵横:历史脉络与全球视野[M]. 北京:社会科学文献出版社,2019.

[5]史艺璇.跨国传媒集团的非洲发展之路——以北京四达时代集团为例(1988—2018)[M]//向勇,李凤亮,花建,等."一带一路"文化产业合作发展报告(2019).北京:社会科学文献出版社.2020:336-348.

[6]叶皓. 公共外交与国际传播[J]. 现代传播(中国传媒大学学报),2012(6):11-19.

[7]钟新,崔灿.中国媒体全球化的正当性与竞争力——对话国际传播知名学者达雅·屠苏[J]. 对外传播,2019(6):22-24,1.

[8]Baloyi G T. Marriage and culture within the context of African indigenous societies:A need for African cultural hermeneutics[J]. Studia

Historiae Ecclesiasticae, 2022(1): 1-12.

[9] Bodomo A. Africa-China relations: Symmetry, soft power, and South Africa[J]. China Review, 2009(9): 169-178.

[10]Boyd-Barrett O. Media Imperialism[M]. London, Thousand Oaks and California: Sage Publications, 2015.

[11]Boyd-Barrett O, Mirrlees T. Media Imperialism: Continuity and Change[M]. Maryland: Rowman & Littlefield, 2019.

[12] Chalaby J K. The Format Age: Television's Entertainment Revolution[M]. Cambridge and Malden:Polity,2016.

[13] Cho Y, Zhu H. Interpreting the television format phenomenon between South Korea and China through inter-Asian frameworks [J]. International Journal of Communication, 2017(1): 2332-2349.

[14]Donner H, Santos G. Love, marriage, and intimate citizenship in contemporary China and India: An introduction[J]. Modern Asian Studies, 2016(4): 1123-1146.

[15]Esser A, Jensen P M. The use of international television formats by public service broadcasters in Australia, Denmark and Germany[J]. International Communication Gazette, 2015(4): 359-383.

[16]Gagliardone I. China as a persuader: CCTV Africa's first steps in the African mediasphere[J]. Ecquid Novi: African Journalism Studies, 2013 (3): 25-40.

[17]Hall S. The local and the global: Globalization and ethnicity[M]// Culture, Globalization and the World-System. London: Macmillan Education, 1991: 19-39.

[18]Hepp A. Transcultural Communication[M]. Chichester: Wiley Blackwell, 2015.

[19] Hofstede G. Culture's Consequences: Comparing Values, Behaviors,Institutions and Organizations across Nations [M]. Thousand Oaks, London and New Delhi: Sage Publications, 2001.

[20] Iwabuchi K. De-Westernization and the governance of global

cultural connectivity: A dialogic approach to East Asian media cultures[J]. Postcolonial Studies, 2010(4): 403-419.

[21] Iwabuchi K. De-Westernisation, inter-Asian referencing and beyond[J]. European Journal of Cultural Studies, 2014(1): 44-57.

[22]Jedlowski A. Chinese television in Africa[J]. Theory, Culture & Society, 2021(7-8): 233-250.

[23] Ran J. Evolving media interactions between China and Africa [M]//China's Media and Soft Power in Africa. New York: Macmillan, 2016: 47-61.

[24]Kuo E C Y, Chew H E. Beyond ethnocentrism in communication theory: Towards a culture-centric approach [J]. Asian Journal of Communication, 2009(4): 422-437.

[25]Lei W. Encountering Chinese modernity: The emerging popularity of Chinese television drama in East Africa[J]. Vienna Journal of African Studies, 2019(19):27-49.

[26]Lu E. Remapping spatiality in contemporary East Asian media engagement: Reevaluating China's Got Talent[J]. Media, Culture & Society, 2022(7): 1394-1402.

[27]Madrid-Morales D. Why are Chinese media in Africa? Evidence from three decades of Xinhua's news coverage of Africa[M]//China's Media and Soft Power in Africa. New York: Macmillan, 2016: 79-92.

[28]Marsh V. Tiangao or tianxia? The ambiguities of CCTV's English-language news for Africa[M]//China's Media Go Global. London and New York:Routledge, 2017: 103-121.

[29] Miller J. Global Nollywood: The Nigerian movie industry and alternative global networks in production and distribution[J]. Global Media and Communication, 2012(2): 117-133.

[30]Ndlela M N. Global television formats in Africa: Localizing idol [M]//Global Television Formats. New York and London:Routledge,2012: 242-259.

［31］Ndlela M N. Television across boundaries：Localisation of Big Brother Africa［J］. Critical Studies in Television：The International Journal of Television Studies，2013(2)：57-72.

［32］Nye J S. Bound to Lead：the Changing Nature of American Power［M］. New York：Basic Books，1990.

［33］Nye J S. Soft Power：The Means to Success in World Politics［M］. New York：Public Affairs，2005.

［34］Park M J，Curran J. De-Westernizing Media Studies［M］. London & New York：Routledge，2000.

［35］Schiller H I. Communication and Cultural Domination［M］. White Plains：M. E. Sharpe，1976.

［36］Sparks C. China：An emerging cultural imperialist［M］//Media Imperialism：Continuity and Change. Maryland：Rowman & Littlefield Publishers，2019.

［37］Staden C V，Wu Y S. Vaccine diplomacy and beyond：New trends in Chinese image-building in Africa［R］. Cape Town：South African Institute of International Affairs，2021.

［38］Straubhaar J D. Beyond media imperialism：Assymetrical interdependence and cultural proximity［J］. Critical Studies in Mass Communication，1991(1)：39-59.

［39］Takeuchi Y. What is Modernity? Writings of Takeuchi Yoshimi ［M］. New York：Columbia University Press 2005.

［40］Thussu D K. Media on the Move［M］. London：Routledge，2007.

［41］Umejei E. Chinese media in Africa：Between promise and reality ［J］. African Journalism Studies，2018(2)：104-120.

［42］Waisbord S. McTV：Understanding the global popularity of television formats［J］. Television & New Media，2004(4)：359-383.

［43］Waisbord S. De-westernization and cosmopolitan media studies ［M］//Internationalizing "International Communication". Ann Arbor：University of Michigan Press，2015：178-200.

[44]Waisbord S, Jalfin S. Imagining the national：Gatekeepers and the adaptation of global franchises in Argentina[M]//TV Formats Worldwide：Localizing Global Programs. Bristol：Intellect Books，2009：55-74.

[45]Wasserman H. China in Africa：The implications for journalism [J]. Ecquid Novi：African Journalism Studies，2013(3)：1-5.

[46]Wasserman H. China's "soft power" and its influence on editorial agendas in South Africa[J]. Chinese Journal of Communication，2016(1)：8-20.

[47]Wasserman H. China-Africa media relations：What we know so far [J]. Global Media and China，2018(2)：108-112.

[48] Willems W. Beyond normative de-westernization：Examining media culture from the vantage point of the global South[J]. The Global South，2014 (1)：23-27.

[49] Xiang Y. China in Africa：Refiguring centre-periphery media dynamics [M]//China's Media Go Global. London：Routledge，2017：213-229.

[50] Zhang Y, Matingwina S. Constructive Journalism：A New journalistic paradigm of chinese media in Africa[M]//China's Media and Soft Power in Africa. New York：Macmillan，2016：93-105.

[51] Yuan M, Shen Y. "China, Unaona Mkono Yangu Ama Unanini?"：The wedding engagement between Kenya and China in the churchill comedy show[J]. Journal of African Cultural Studies，2022 (2)：157-172.

[52]Zhang X. A world of shared influence[M]//China's Media and Soft Power in Africa. New York：Macmillan，2016：3-16.

[53]Zhang Y, Matingwina S. A new representation of Africa? The use of constructive journalism in the narration of Ebola by China Daily and the BBC[J]. African Journalism Studies，2016 (3)：19-40.

[54]Zhang Y, Xia Y. The spread of new chinese socialist martial arts films in Africa[J]. Journal of African Cultural Studies，2022 (4)：372-386.

/第七章/

结　语

　　在近 70 年的演进历程中,脱胎于成品节目的电视节目模式以其独特的逻辑与机制,对全球节目内容行业的产业格局进行了深刻的重塑。它构建了一个全球性的内容生产与交流平台,通过提供标准化的内容框架与生产范式,将世界各地的节目内容生产者紧密地联结,共同编织丰富的节目生态网络。同时,电视节目模式也显著提升了节目内容的国际传播效能,使得优质的文化产品能够跨越地域与文化的界限,在全球范围内流通与共享。

　　在这一过程中,一些如前文所述的具有全球影响力的电视节目模式通过本土化改编落地至多个国家,引发了不同国家受众的共鸣与互鉴,成为文化全球化的生动例证。某种意义上,这些节目模式传递了各国的文化精髓与价值理念,促进了不同文化之间的深度交流与融合,推动了全球文化多样性的发展。本书认为,节目模式具备可移植性特征,因此其创意往往具有一定的普适性。此外,为了减少文化折扣(Hoskins and Mirus,1988),大部分成功的节目模式在跨国流动中还需要根据当地的制作条件、社会和经济环境进行调整,因此基于成品节目单向输出发展而来的文化/媒介帝国主义理论并不适用于电视节目模式的跨国流动(Nordenstreng and Varis,1974;Lee,1978)。

　　本书将电视节目模式的跨国流动视为全球化进程中的显著表征,并在此语境下,深入剖析中国电视节目模式产业接入全球价值链的历史脉络与深层含义。通过书写中国电视节目模式产业的发展轨迹,厘清其发展趋势和动力机制,分析其在全球价值链中的地位与角色,以及所面临的机遇与挑战,由此,我们可以更深刻地认识到中国电视节目模式产业在推动中华文化走出去、促进文化的平等交流互鉴方面的重要作用。

第一节　中国电视节目模式全球化的演进趋势与机制

本书第二章详述了电视节目模式贸易的起源和多元化流动趋势,尽管电视节目模式发轫于 20 世纪 50 年代,但中国电视节目模式产业起步较晚,直至 90 年代才接入电视节目模式全球化的进程。本书第三到六章回溯了中国电视节目模式全球化的发展历史,其轨迹可大致划分为节目形态元素参考、节目模式克隆、节目模式版权进口和节目模式输出等四个阶段。在这一过程中,其参与主体逐渐由单一走向多元,连接地域也日趋广泛。本书认为,各阶段的显著特点与中国电视产业的整体变革及国内外结构性因素密不可分,包括政策的引导、技术的革新、电视台产业化进程的推进、制片人制度的实施,以及国际贸易的兴起与变迁等。

一、中国电视节目模式全球化的演进趋势

(一)整体趋势:从引进来到走出去

中国电视节目模式全球化历程可概括为两大阶段:引进来和走出去。引进来阶段自 20 世纪 90 年代至 2015 年,可细分为三个时期:90 年代初的节目形态元素参考、90 年代末至 2010 年前的节目模式克隆,以及 2010 年以来的常态化节目模式版权进口。此阶段中国电视业通过吸收国外先进经验,逐步形成了自身特色。2015 年以后,随着国家鼓励节目自主创新和文化"走出去"战略的深化,中国电视节目模式开始迈向输出阶段,标志着中国电视产业从学习借鉴到原创、从引进到输出的转型(如表 7-1 所示)。

表 7-1　中国节目模式全球化的演进趋势

历史阶段	整体趋势	参与主体	地理分布
20 世纪 90 年代初期	电视节目元素形态参考,借鉴外景、概念、风格等元素	中央电视台和省级卫视作为先驱借鉴海外节目元素	参考欧美节目元素,深受欧美节目形态影响

历史阶段	整体趋势	参与主体	地理分布
20 世纪 90 年代中后期—2010 年前	电视节目模式克隆,借鉴国外具有可复制性的优秀节目模式	各级电视台纷纷复制国外节目模式,电视台仍是主体	借鉴欧美、日本等的节目模式
2010—2015 年	常态化节目模式版权引进,行业日益规范化,版权保护意识得到加强	民营电视节目制作公司、专注节目模式引进与本土化的公司涌现	欧美节目模式出现文化折扣,亚洲邻国节目模式崛起
2015 年后	从原创到输出的产业升级,市场拓展至亚洲邻国、欧美、非洲等区域	国内数字视频平台积极参与全球电视产业链,推动产业主体多元化	节目模式输出地由周边国家如越南、日韩等,向远处拓展至欧美、非洲等区域

1. 电视节目形态元素参考(20 世纪 90 年代初期)

20 世纪 90 年代初期,随着市场经济体制的逐步确立与完善,电视媒体市场化程度加深,观众需求日益增长,节目创作上游产业迅速发展。这一时期,中国电视节目创新以借鉴海外优秀节目形态元素并加以本土化为特征,如中央电视台的《正大综艺》《东方时空》等节目参考了杂志类节目的外景素材、播报语言和主持人风格等元素,而温州电视台和浙江卫视合办的《电视吉尼斯》则模仿了吉尼斯世界纪录的概念与竞技元素,获得了广泛关注。然而,此阶段中国电视产业尚未出现节目模式的概念,因此也没有出现完整模仿国外节目模式的现象,仅对部分经典要素进行参考,且缺乏版权保护意识。相比之下,该阶段发达国家间的节目模式交易规模已开始迅速扩大,除欧美之间节目模式贸易频繁外,日本也开始将其节目模式输出至海外,并借助版权法等法律手段保护节目模式创意。这些电视节目国际市场的变化也推动了中国电视市场的改革,激发了对优秀节目制作经验的主动学习。

2. 电视节目模式克隆(20 世纪 90 年代中后期至 2010 年前)

20 世纪 90 年代中后期至 2010 年前,我国电视产业步入模式克隆的阶段。在这一时期,随着中国加入 WTO,文化市场逐渐敞开大门,我国不少电视制作人开始理解和运用节目模式这一系统化、商业化的制作工具。通过精细化的节目流程设计和研发,电视节目制作方力求实现市场效益的最大化。在这一背景下,借鉴国外具有可复制性的优秀节目模式成为创新本土节目的重要途径。益智类、选秀类综艺节目应运而生,如《开心辞典》《超级女声》等,它们通过模仿海外成功的节目模式,迅速获得了国内市场的认可。某种程度上,正如基恩所言,该阶段我国电视节目模式产业经历了"大跃进",对海外节目模式的追仿极大地丰富了我国的节目创意,也革新了受众对包括嘉宾在内对节目内容的审美(Keane,2012)。然而,节目模式克隆的盛行也暴露出我国电视节目在创新方面的短板。过度依赖模仿和复制,导致原创节目匮乏,节目模式缺乏创新。同时,版权争议也随之而来,对电视产业的可持续发展构成挑战。

3. 常态化模式版权进口(2010—2015 年)

2010 年开始,我国电视行业步入常态化模式版权进口的阶段,行业日益规范化和标准化。随着《著作权法》的二次修订和互联网媒体的迅速发展,节目模式的版权保护得到加强,同时受众获取节目的渠道愈发多元。在此背景下,节目制作方为避免潜在的法律风险和市场抵制,更倾向于通过正规的版权进口来获取国外优秀节目模式。市场格局也发生了深刻变化,从以播出平台为主导转向以卖方市场为主导,各电视台积极寻求与优质节目制作方的合作。在这一阶段,真人秀、竞技类节目成为引进的主流,如《中国达人秀》《中国好声音》等节目取得了巨大成功,为我国电视节目生产标准化奠定了基础。然而,诸如《中国星跳跃》《深夜食堂》等节目模式在本土化改编时遭遇"水土不服",频频引发受众争议。再者,版权引进的普及也引发了电视台和制作方对全球热门节目模式的激烈竞逐,导致版权费用飙升,不仅抬高了制作成本,也加剧了电视节目形态的同质化现象。

4. 从原创到输出的产业升级(2015 年后)

2015 年后,我国电视节目模式产业启动了从原创到输出的跨越式升级。在国家政策的推动下,广播电视节目的自主创新成为行业发展的重要驱动力。面向全球的中国节目模式库 iFORMAT 的成立以及中国联合展台在国际电视节上的设立,标志着中国电视节目模式正逐步从全球价值链的下游买家向上游卖家转变。在这一背景下,各平台对节目创新的重视程度显著提升,它们深入挖掘中国文化的独特元素,创作出具有鲜明特色并引发海内外同行高度关注的节目模式。例如,《中国好歌曲》《全能星战》和《星动亚洲》在输出中利用文化价值观的接近性获取东南亚周边国家的受众喜爱,《我们的歌》则在文化共享和市场契合的双重机制下实现对欧美的完整输出。

同时，中国电视节目模式的国际化步伐也明显加快，不仅实现了对周边国家的输出，还积极拓展欧美和非洲等更广阔的市场，体现了全球南方在电视节目模式全球化中的主体性，一定程度上打破了第二次世界大战以来国际传播领域将世界划分为西方(the West)和其他地区(the rest)的偏见(史安斌和朱泓宇，2024)。然而，由于节目模式品牌认可度有限、输入国文化错配等文化空缺(Rohn，2011)因素的制约，中国节目模式在落地过程中呈现出一定的地域性特征，文化接近的越南成为主要的落地国家。尽管已有多档中国节目模式被欧美节目模式公司购买，但大多节目只被列上了国际节目模式公司的发行目录，并没有实际出售给欧美制作公司或播出平台。① 此外，在国家限制节目模式引进的政策下，一些媒体机构开始寻求与海外机构联合研发的契机。同时，部分制作公司也暗中与海外公司展开版权合作，甚至重蹈抄袭海外节目模式的覆辙，反映了行业在创新与升级过程中的复杂性和多元性以及电视节目模式发展史的非线性与非单向性。通过观察节目模式的全球流动，可以一窥后发国家电视全球化的历史叙事，洞察全球各文化之间的动态权力关系以及电视产业的历史丰富性。

（二）参与主体：从单一到多元化

电视节目模式，相较于成品电视节目，其产业链更为复杂，涉及主体更为多元，包括节目模式开发商、本土发行商、制作公司与电视台，以及国际发行商、被授权国家的制作公司和播出平台等众多参与者。此外，围绕节目模式运作的还有一系列辅助性机构，如FRAPA等国际行业组织致力于版权保护，戛纳电视节等展会则促进了模式贸易的发展。这些组织和机构共同构成了电视节目模式产业的完整生态链。

在中国电视节目模式融入全球产业链的初期阶段，中央电视台与省级卫视作为先驱，积极借鉴海外电视节目的形态元素，旨在丰富节目内容、提升制作水准，满足国内受众日益增长的文化需求。随着电视行业的快速发展以及全球化电视节目模式的繁荣，21世纪初，各级电视台纷纷效仿或复制海外节

---

① 作者在2023年4月22日对江苏省广播电视总台国际传播部相关负责人的访谈，作者在2024年5月17日对浙江卫视版权部相关负责人的访谈。

目模式,以应对市场竞争并适应受众多元化的审美。但此时电视台仍然是我国节目模式全球化的主力。

2010 年前后节目模式常态化引进后,由于各电视台内部资源难以满足市场需求,中国电视业制播分离改革得到了深入发展的机会,中国电视节目制作领域涌现出了一批如灿星传媒等熟稔模式化节目生产的民营制作公司,以及世熙传媒、IPCN 和乐正传媒等专注于节目模式引进与本土化的公司。例如,由于和国际传媒公司 ITV 以及 Talpa 的良好合作关系,IPCN 成功地将《达人秀》和《中国好声音》等超级节目模式本土化,并创造出了具有鲜明中国特色和广泛受众基础的电视节目。近年来,随着数字化和网络化的快速发展,腾讯、爱奇艺、优酷和芒果 TV 等国内视频平台也积极参与全球电视产业链,成功地孵化了《这!就是街舞》《乘风破浪的姐姐》等原创节目模式并积极向海外输出,推动了中国电视产业的多元化。此外,在融入全球电视产业链的进程中,民营公司如四达时代在非洲市场的节目模式本土化改造中展现了敏锐的市场洞察力和运营策略,赢得了当地制片人和受众的广泛认可。这些民营公司的参与为中国电视节目模式的发展注入了新活力。但是,近年来地级市电视台囿于招商条件有限、人才技术资源缺乏而未能参与到综艺节目模式的制作当中,在强调主流价值观输出、弱化娱乐形态的"限娱令"等政策推出后,地级市电视台便更为关注民生类节目的制作。[①]

综上所述,中国电视节目模式在融入全球产业链的过程中,经历了从少数电视台主导到多元化主体参与的深刻变革。在这一过程中,民营公司的积极参与和本土化改造起到了关键作用。它们通过与国际传媒公司的紧密合作,推动了中国电视节目模式的全球化发展,拓展了文化交流的边界,彰显了电视节目模式跨国再生产过程中多主体参与交融的路径。

(三)地理分布:从"由远及近"至"从近到远"

本书第三章详述了中国电视节目模式在引进来阶段深受欧美节目模式影响的现象。这一现象源于欧美电视节目模式产业的高度发达,为全球电视行业树立了标杆。对于许多中国电视人来说,欧美节目模式的影响是深远

---

① 作者在 2024 年 4 月 24 日对温州电视台新闻中心相关人员的访谈,2024 年 5 月 17 日对浙江省电视节目交流中心相关负责人的访谈。

的,其在某种程度上奠定了行业的工业化标准。然而,随着 2010 年后节目模式版权引进的常态化,不少欧美节目模式在中国落地后出现了较大的文化折扣。与此同时,亚洲邻国韩国的电视节目模式开始崛起。如本书第二章所述,由于中韩两国具有文化地理上的接近性,且韩国在节目模式输出方式上倾向于参与合作,因而在中国落地后往往能够取得较好的反响。由是,中国电视节目模式的引进经历了一个由远及近、从欧美到周边国家的转变。

在节目模式输出层面,呈现了一种与引进截然不同的态势。中国的电视节目模式最初向周边国家如越南输出并成功落地,归因于 21 世纪初越南流行文化深受中国影响,同时其传统文化价值观也受到儒家文化的浸染(谢贵安,2018;陈红玉和刘健,2019)。正因如此,中越两国在价值观和文化背景上存在较大程度的契合,这为中国电视节目模式被越南观众认同与接受奠定了坚实基础。随后,中国电视节目模式输出的步伐逐步向远处迈进,拓展至欧美、非洲等地。其中,欧美作为全球节目模式产业的领头羊,对节目模式的全球流动起到了意见领袖的作用,因而成为中国电视节目模式输出的重要目的地,我国节目模式的制作平台便通过各种国际化展会活动与交易会向欧美推介多个原创节目模式,但目前真正落地欧美市场的只有东方卫视的《我们的歌》,其他节目模式由于第五章所述种种原因尚未落地,目前仍在努力实现对欧美地区的完整输出。而非洲作为新兴市场,可能成为构建现代性想象与传递我国文化价值观的窗口,潜力巨大,但版权争议等难题为中国电视节目模式的国际化拓展带来了新的契机与挑战。

综上所述,中国电视节目模式的引进与输出是一个复杂的文化交融与传播过程。在引进阶段,中国从欧美发达国家汲取优秀节目创意和标准化制作流程,之后逐步转向与周边国家的文化合作。而在输出时,则优先选择文化相近的邻近国家作为起点,进而向世界上其他国家拓展。此过程深受文化背景、社会习俗及观众审美等多重因素影响 。然而,必须指出的是,尽管我国已有数档节目成功输出至海外,但能在多国落地生根的节目模式仍属罕见,品牌影响力尚显不足,与全球节目模式输出的主力地位相比仍有显著差距。

二、中国电视节目模式全球化的动力机制变迁

本书认为,中国电视节目模式融入全球价值链的过程,不仅是一个简单

的文化或经济现象,更是一个融合了政治、经济、文化和技术等多维度因素的复杂过程。自改革开放以来,中国电视业经历了从起步到蓬勃发展的巨变,其中电视节目模式的全球化是这一过程中的重要一环。

改革开放之初,电视作为主流媒体的地位逐渐确立,四级办电视政策的实施更是为电视产业的快速发展提供了政策保障。与此同时,随着市场经济体制的建立和完善,电视台开始逐步走向自负盈亏的经营模式,这使得经济效益成为电视节目模式创新的首要动力。20 世纪 90 年代开始,国内电视台纷纷参考国外的优秀节目形态元素,通过模仿和借鉴来丰富自身的节目内容,提高观众的满意度和市场份额。

世纪之交,随着中国加入 WTO 和版权相关法规的日臻完善,电视节目融入全球价值链的进程加速。中国电视产业开始积极参与全球合作,除了复制全球超级节目模式外,2010 年后也引进更多优质的国外节目模式版权,并在该阶段开启节目模式的本土化改编。在此过程中,中国电视制作人逐渐意识到,节目模式不仅是娱乐产品,更是文化传播的载体和桥梁。因此,文化因素在电视节目模式的引进与本土化改编中逐渐占据了举足轻重的地位,中国电视人也更加倚重周边市场的优质节目模式和联合研发。

2016 年以来,中国电视节目模式的全球化步伐显著加快。随着社交媒体和视频平台的蓬勃发展,文化交流与传播日益频繁且高效。中国电视节目模式在坚守本土特色的同时,积极吸纳与融合国际元素,展现出更为多元与包容的特质。同时,随着中国经济的发展与国际地位的提升,推动人类文化互鉴成为当代的重要命题。在政策引导与行业内在动力的共同作用下,中国电视节目模式产业逐渐由引进向输出转变。这一阶段的电视节目模式创新不再局限于追求新颖的形式与吸引眼球,而是更加注重文化内涵的深入挖掘与传承,以及对不同文化背景观众的吸引,从而实现更为广泛且深入的文化交流与传播。

从节目输出视角审视,最初的中国电视节目模式输出主要聚焦于周边国家,其成功主要是凭借文化接近性的优势。然而,为增强我国节目模式的全球影响力,中国电视节目模式开始积极拓展更广泛的国际市场。在这一过程中,创作者们逐渐认识到普适性文化内容的重要性,试图克服远距离文化输出的种种障碍。同时,他们也日益重视经济价值和品牌效益的实现,通过精心策划和制作高质量的节目内容,努力提升中国电视节目模式的国际竞争力,进而实现更高的经济效益和更好的品牌效应。

总而言之,中国电视节目模式融入全球价值链的过程是复杂而动态的,受到多种因素的影响和驱动,每个阶段由于主要动力机制的不同,呈现出不同的特征和样态。中国电视节目模式为实现产业发展做出了诸多努力,取得了一定的成效,但和欧美日韩相比,还存在较大差距,下文将在与欧美发达国家与日韩等东亚电视节目模式输出强国的比较中揭示中国在节目模式全球化中的机遇与挑战。

第二节 比较视域下中国电视节目模式输出的机遇和挑战

虽然中国逐步从电视节目模式贸易的买方角色向卖方角色转变,但是与日韩英美等模式输出发达国家相比,海外输出力量仍旧有限,呈现进出口格局失衡的困境。目前,鲜有研究对中国的电视节目模式输出与日韩欧美等输出强国的电视节目模式输出进行比较分析,未充分考虑中国电视节目模式开拓全球市场所面临的比较优势与劣势。本节试图在比较视域下透过对日韩欧美输出电视节目模式的特征与路径的分析,挖掘我国输出电视节目模式面临的机遇和挑战。

一、中国电视节目模式在全球价值链中的位置与角色

全球价值链涉及原料采集和运输、半成品和成品的生产和分销、消费和回收处理的整个过程,包括所有参与者和活动的价值分配(张辉,2004)。作为拥有全球贸易流动网络的文化商品,电视节目模式在其生产、销售与使用过程中可能有各国不同角色的介入和参与。在这条全球价值链中,各个国家根据其节目模式产业发展水平处于利润分配和增值活动的不同位置。不少节目模式报告便以国别为区分单位,以各个国家节目模式的出口数量及利润等指标来衡量节目模式产业的发展水平。

2009年,FRAPA曾对2006—2008年间全球节目模式输出数量进行排行

统计,发现名列前茅的国家大部分也都位列全球商品出口额排名前列①,节目模式产业发达程度与经济发展水平具有较强的对应性和关联性。然而,近年来,国际节目模式研究机构 The Wit 重新统计却发现,除英美荷保持其一直以来的节目模式输出优势且节目模式份额稳居前三以外,韩国和以色列等亚洲国家成为后起之秀,于 2018、2019 年成为节目模式输出数量排名前十的国家(彭侃,2023)。事实上,在全球节目模式市场上,2019—2023 年期间最被广泛授权的节目模式为韩国 MBC 电视台的《蒙面歌王》,已成功推广至 29 个国家。② 虽然欧美的节目模式生产商仍然是节目模式这一电视核心内容创新领域的中坚力量,但三巨头(英美荷)的市场份额在逐渐下降。③ 同时,日本在 20世纪 70 年代节目模式产业崛起后便保持着先发优势,每年仍有不菲的节目模式收入。④ 这说明在数十年间,各国在节目模式产业的全球价值链中的位置并非停滞僵持的,而是在上下游之间不断流动。

我国的节目模式产业起步于 20 世纪 90 年代,经历了对电视节目形态元素参考和电视节目模式的直接克隆两个前期引进阶段后,于 2010 年后才开始大规模购入节目模式,且在近 10 年间才由以输入为主转向以输出为主(何天平和张榆泽,2019),并逐渐转变为东亚另一大综艺节目模式生产中心。这一转变过程也勾勒出我国在节目模式全球价值链中的角色变动,从雇用输出国员工承担制作工作,到后期逐渐掌握制作流程和技术后缓慢过渡为研发制作的生产角色,有部分自主研发的原创节目模式如《我们的歌》等,以及与日韩合作互鉴的联合制作节目模式《星动亚洲》等输出至他国。总体而言,我国电视节目模式产业相对于欧美日韩而言起步较晚,目前虽已有一批优质的原创电视节目模式输出至东南亚甚至落地欧洲,但市场份额和国际影响力与欧美日韩差距较大,处于全球产业链下游往上游过渡的阶段。

---

① 参见:"THE FRAPA REPORT 2009:TV Formats to the world"(https://silo.tips/download/tv-formats-to-the-world)。

② 参见:"Banijay,Masked singer top out in Ampere Analysis Study of slohal market"(https://www.c21mefia.net/news/banijay-masked-singer-top-out-in-ampere-analysis-study-of-slobal-tormats-market/ss=masked+singer+korea)。

③ 参见:"WALLERE.C2l's formats report 2017"(http://www.c21media.net/the-new-era-of-formats/)。

④ 参见:《广播内容海外发展现状分析(2020 年度)》(http://www.soumu.go.jp/johotsusintokei/whitepaper/ja/r05/html/datashu.html♯f00162)。

二、中国电视节目模式输出的机遇和挑战

既然全球价值链中的位置是变动的而非静止的,那么欧美是如何维持数十年来的市场份额优势的? 日韩又是如何实现其崛起并形成独特的输出特征的? 这些问题的探讨对中国具有重要借鉴意义。通过比较分析,可以揭示中国在全球节目模式输出中面临的机遇与挑战,并基于中国的比较优势,更有针对性地制定向价值链上游发展的策略。

如本书第二章所述,电视节目模式最早仅在欧美国家之间流通,20世纪50年代的《一句话猜职业》《游戏屋》是电视节目开始交易的里程碑式案例。90年代起,节目模式的国际贸易经历了爆发式的增长,欧美地区诞生了不少超级节目模式如《幸存者》《谁想成为百万富翁》和《老大哥》。电视节目模式交易中心始终在英美之间(陈阳,2009;郭锴,2017)。电视节目模式早期的发展路径直接奠定了欧美的先发优势,丰富的制作经验、研发创意以及雄厚的经济实力使得节目模式从欧美通向全球其他地区的"单箭头"更为牢固,这也不断加固着欧美地区节目模式贸易中心的地位。因此,电视节目模式能否通行全球在某种程度上需要经过作为意见领袖的欧美市场的检验(Chalaby,2012)。虽然我国电视节目模式输出至欧美地区可能拥有人才和资金资源供给充足、节目模式宝典统一标准化程度高等机遇,且我国也有不少原创电视节目模式通过推介等活动授权至欧美节目模式公司,但目前我国输出至欧美地区的节目模式真正落地的寥寥无几。这可能受到多重因素的影响,包括东西方难以跨越的文化沟堑、平台原创力度不足、缺乏后续跟进的需求与动机、缺乏专业的国际节目模式推介机构与国际市场营销人才等。第五章考察了我国目前唯一实现落地欧洲的案例《我们的歌》及韩国在欧美爆红的综艺IP,能够为我国节目模式输出至欧美地区乃至打开美国市场提供一些经验,例如:在研发时注重节目的文化共享,销售时关注市场逻辑,以新的节目模式创意切中输入国电视节目的市场空缺;进一步优化原创节目模式的全球品牌建设,推进节目模式输出推介国际化、标准化,形成规模效应。

如本书第二、四章所述,日本的节目模式产业起步较早,在20世纪80年代节目模式的出口便受到政府的关注与支持,经历了90年代经济与文化的跨越式发展后,日本凭借先发优势、政策扶持已然形成了成熟的文化产业,在

全球拥有广泛的影响力。韩国的节目模式产业虽然较日本起步晚,但发展迅猛,目前,节目模式输出量已远超日本。文化振兴相关法律与扶持基金的设立、大企业和资本的涌入、电视管制制度的改革、数字技术的发展等因素促使韩国的节目模式产业迅速成长。值得注意的是,韩国节目模式往往先被输出至文化接近性较强的亚洲国家,如中国、泰国、越南等,在这些国家取得成功后,再进一步被推向更广阔的国际市场(Kim and Huang,2017;Kim,2023)。日韩节目模式产业起步早,品牌效应强,产业链成熟,扶持力度大,目前我国的节目模式在这些方面仍与之存在一定差距,且面临知识产权保护不足、产业机制尚不完善、政策扶持力度不足等挑战,竞争优势有待提升。但丰富的文化资源、较大的经济体量与受众规模、具有国际影响力的新媒体平台支持等是我国的独特优势。一方面,庞大的观众群体为电视节目的试错和迭代提供了巨大空间,中国的电视从业者可以通过定位细分市场,为不同年龄层、兴趣偏好的观众开发专属节目;另一方面,中国电视从业者也可以充分利用具有国际影响力的新媒体平台使优秀节目模式的影响力渗入其他国家的受众群体。

中国可以走出一条差异化竞争路线,开辟蓝海市场。尤其可以借鉴韩国节目模式产业的发展路径,以文化相近的邻国市场作为起点甚至是跳板,扩大全球市场版图。例如,可以利用中国流行文化在东南亚地区的重要影响力,将节目模式首先输出至拥有较多华人且文化地理相近的东南亚地区。正是因为越南与日韩在节目模式类型、情节、人物、地点和文化价值观上存在接近性,才使得日韩节目模式在越南观众中产生了文化亲和力。而对我国而言,古装剧及流行音乐也风靡东南亚,成为推动垂直综艺如《这!就是街舞》《乘风破浪的姐姐》输出至该地区的契机。当前,由于市场机制和利润分配不明晰等因素,欧美节目模式尚未规模化地输出至东南亚,因此东南亚拥有文化价值观接近、需求明确稳定且尚未被欧美等节目模式发达地区充分开发的利基市场潜力,是我国可进一步寻觅与挖掘的突破口。

同样,非洲地区也是我国电视节目模式的重要蓝海市场之一。如本书第六章所述,我国电视节目模式为非洲受众提供了现代化转型过程中探讨多元文化价值观的窗口,在 *Hello Mr. Right* 的案例中,婚姻观、女性独立意识、职业观得以在节目中碰撞出现代性的火花,以本土化的形式输出中国看重的普适性议题和价值观,提升了节目影响力与中华文化软实力。并且,目前非洲地区主要接受欧美而非日韩的知名节目模式,日韩在研发初期的全球市场考量与产业链中更追求性价比的市场机制使它们未将非洲视为重要市场,而是选择将节目模式输出至欧美和周边。面对非洲市场的文化价值观与我国高度契合且缺乏日韩节目模式主导的机遇,以及我国节目模式竞争优势尚不及日韩的现实情境,非洲地区自然成为另一个我国节目模式输出的重要突破口,通过我国节目模式在非洲的传播甚至流行,其他节目模式贸易大国可以见证中国电视节目模式的独特魅力、创新理念及其潜在的商业价值,从而增强我国原创模式的全球吸引力。

这些机遇与挑战为我国电视节目模式产业向全球价值链上游迈进提供了差异化道路,并预示着其在全球流动网络中的角色也将不断演变。下文将以电视节目模式的全球流动为切入点,考察当前全球传播体系的构成和运作机制,并与西方中心主义等理论进行深入对话。

第三节 超越中心主义:电视节目模式全球化与文化互鉴

不少学者认为,自西方工业革命启动以来,全球传播体系的形成历经深刻变革,可分为不同阶段。查拉比根据各阶段的动力、表征和结果,将其划分为以帝国竞争为特点的国际化时代,以放松管制和跨国传媒公司集中化为特征的全球化时代和以互联网技术赋权草根为表征的跨国化时代(Chalaby,2005)。无独有偶,史安斌和盛阳(2020)将其划分为 19 世纪末至 20 世纪初的英式全球化阶段、第二次世界大战后的美式全球化阶段和以泛在传播为显著特征的新全球化时代。无论是英式还是美式全球化,均带有浓厚的西方中心主义色彩,强调以西方模式来"化"全球。而媒介技术的飞速发展,尤其是移动社交媒体和数字技术的普及,使得信息传播更加去中心化、实时化和互动化,基层受众从被动接收者转变为信息和舆论生产的积极参与者。与此同时,非西方国家的媒体机构迅速崭露头角,凭借弯道超车或异地突围的策略,成功在全球传播体系中占据重要位置,成为影响全球传播格局的重要力量,不容忽视。

这一变化不仅挑战了传统的西方中心主义传播观念,也要求我们重新审视全球传播体系的构成和运作机制。本书正是在这样的背景下撰写的,旨在关注电视节目模式全球化进程中的南方知识,推动构建一个更加包容、平等和多元的全球传播体系。

一、超越中心主义的中国电视节目模式史

既有的研究显示,传播学领域在过去 20 多年间,持续致力于去西方化的努力。这种趋势不仅表现为学术著作的不断涌现,更表现为学者对传统西方中心论的深刻反思与批判。詹姆斯·柯伦与朴明珍合编的《去西方化的媒介研究》(Curran and Park, 2000)、屠苏主编的《国际化媒介研究》(*Internationalizing Media Studies*)(Thussu, 2009),以及汪琪主编的《去西方化的传播研究》(*De-Westernizing Communication Research*)(Wang, 2011)等作品,作为这一领域的集大成者,为本书提供了丰富的学术资源。然而,尽管这些研究在探讨非西方社会的经验、国际比较研究、个人化的身份政治和文化认同议题方面取得了显著进展,却未能从根本上对西方中心的政治经济体系进行质疑和解构。

在超越西方中心主义理论重建方面,一些学者也尝试提出新的理论范式,如美籍非洲裔学者阿桑蒂的非洲中心(Asante, 2020)和美籍日裔学者三池贤孝的亚洲中心(Miike, 2007)等。这些理论范式在一定程度上突破了西方中心论的束缚,为国际传播研究提供了新的视角。然而,它们仍然未能完全摆脱二元对立的思维定式,以另一种中心替代西方中心,在某种意义上仍是对既有范式的修补。该如何更深入地反思和批判西方中心论,推动国际传播研究向更加全面、深入的方向发展呢?

本书认为,近年来传播学界提出的新全球化理论为我们提供了宝贵的启示。自 21 世纪起,全球化进程中的世界秩序固定框架不断受到质疑,多元抗议活动以及如 G20 峰会、世界经济论坛会议(WEF)、国际货币基金组织(IMF)等多边主体逐渐崭露头角,挑战着全球化主导模式下的制度、意识形态和话语体系。在此背景下,新全球化理论应运而生,旨在纠正以新自由主义(neoliberialism)为主导的美式全球化模式,特别是其自上而下的全球化路径,并倡导构建一种更为自下而上且公正的全球传播新秩序,从而推动全球化进

程的多元化和民主化发展(Flew,2020)。在全球化理论的构建中,全球南方学者发挥了举足轻重的作用。赵月枝提出的转文化传播理论深刻反思并超越了西方国际传播的"中心—边缘"框架,力求在动态结构中发掘新的主体性叙事(Zhao,2011)。李金铨(Lee,2015)倡导国际传播的国际化,强调从本土经验出发,逐步提升至全球视野,使本土经验获得普遍意义。吴飞和傅正科(2023)的数字共通理论描绘了一个流动的、虚实交融的交往空间,呼吁通过数字技术促进对话与协商,展现差异与共性。姜飞和张楠(2019)注意到欧美主导的全球传播格局的局部松动。在此基础上,姜飞和他的合作者们基于天下体系和人类命运共同体理念,对原有的跨文化研究范式(inter-cultural/cross-cultural)加以改造和超越,旨在超越殖民偏见,推动文化传播的突破障碍和边界(Jiang et al.,2021)。

本书正是在这些前人理论的烛照下,依托传播学领域的历史主义转向和媒介考古的兴起,结合政治经济学和文化研究的宏微观视角,书写中国电视节目模式史,以期通过构建替代性叙事积极汇入全球发展大变局,形成当代国际传播的 地方知识,从而推动国际传播超越西方现代性叙事的南方转向。

二、文化互鉴与中华文化走出去

本书详细剖析了中国电视节目模式在全球化进程中与欧美发达国家及日韩等东亚国家的差异化路径和影响力。基于对经验材料的考察,本书认为,尽管中国接入全球节目模式价值链的时间相对较晚,但由于其发展势头迅猛,主体日益多元,比较优势明显,已成为全球节目模式市场不可或缺的一部分。

中国电视节目模式在全球化过程中,积极秉承文化本土化和多元化的意识,输出至亚洲周边国家时借助文化与价值观的接近性获取了他国受众的喜爱;输出至欧美地区时利用文化共享以及市场契合的双重机制成功落地;输出至非洲时也通过文化价值观契合的优势,深度参与本土化改编过程,尊重非洲各国主体性,碰撞出现代性的火花。上述三个输出过程皆挖掘出中华文化与他国文化的共性,在尊重他国文化的同时有效输出中华文化,在节目模式中实现多元文化的对话与交融,突破了英式或美式全球化中固有的单向输出模式,推动了文化的双向与多向互动交融。因此,正如查拉比所言:"模式就像桥梁,不仅因为它们是精确设计的,还因为它们有助于文化之间的交流。"(Chalaby,2015)本书从中国的本土经验出发,提出电视节目模式全球化本质上是文化互鉴的概念,涵盖制片人互鉴和受众互鉴两个维度,前者在我国输出至亚洲、欧洲与非洲的过程中皆能得以体现,通过飞行制片人或深入参与本土化制作等形式达成了人才与经验的深度交流。然而,后者却仅在东南亚地区较为显著,东南亚受众通过翻拍版节目联想到中国原版节目进而开展比较,并对中国文化产生一定兴趣。相比之下,欧洲和非洲受众对节目模式的中国起源知之甚少,更少在讨论中触及中华文化,这体现出我国文化产业对于东南亚相较于欧洲和非洲显著不同的影响力,也凸显了我国电视节目于欧美和非洲产生受众品牌效应的巨大挑战。技术、人才、思想的相互吸收、借鉴与融合,为构建更加公正、平等、合理的全球传播新秩序提供了可能性。实现多元文化价值观在受众层面的对话交流,是文化互鉴亟须深入探讨的话题。

然而,随着全球化的深入发展,文化交流日益频繁与深入,电视节目模式全球化亦遭遇了一系列的问题和挑战。首先,文化互鉴在未来如何更有效地展开?特别是在中国电视节目模式持续走向国际舞台的过程中,如何实现与文化地理位置及文化背景迥异的制片人更高效的合作,共同探索节目模式的创新与进步?在前述案例的启发下,我们应如何实现深度参与的合作,并进一步促进跨地域受众之间的文化交流与互鉴,以提升中国节目模式的海外关注度并增进各国人民之间的了解和信任?从欧美日韩的经验来看,或许可以从加强品牌建设层面着手,利用国际视频平台、社交媒体等新媒体数字技术,构建数字共通的可能性,培育具有广泛影响力的文化 IP,引领文化产业规模出海。

其次,文化互鉴在推动中华文化走出去中又将产生怎样的深远影响?在全球文化市场上,中国电视节目模式如何更好地平衡其独特的文化创意与普适性,以增强其在国际舞台上的吸引力和竞争力?我们应如何借助文化互鉴的力量,推动中华文化的全球化传播,从而让更多的人了解和欣赏中华文化,并在该过程中实现中华创新文化?同时,在全球传统电视收视下滑、内容投入缩减而流媒体平台加大对节目模式产业投入的趋势下,整个价值链将经历何种变革?当流媒体平台成为互联网信息技术发展的新形态与遍布全球的媒介基础设施,并正不断融入全球媒介生态中时,我国的电视节目模式产业该如何把握平台化机遇,确定其发展方向?

这些问题不仅深刻影响着中国电视节目模式的演进方向,更会影响中华文化在全球舞台上的传播力与认同度。有鉴于此,我们必须给予这些问题持续且深入的关注和研究,积极寻求有效的应对策略。未来研究应聚焦跨国合作与交流,深化对文化互鉴与文化比较研究的理论探索与实践应用,推动中华文化在全球范围内广泛传播,为构建人类命运共同体贡献独特的中国智慧与方案。

参考文献

[1]陈红玉,刘健.中国电视剧在越南传播研究[J].西南民族大学学报(人文社会科学版),2018(10):164-168.

[2]陈阳.文化混杂、本土化与电视节目模式的跨国流动[J].国际新闻界,2009(10):61-65.

[3]郭锴.全球化视域下电视节目模式交易的动态流变与发展趋势[J].中国广播电视学刊,2017(10):106-109.

[4]何天平,张榆泽.现状、路径、挑战:中国原创电视节目模式"出海"[J].当代电视,2019(7):31-33.

[5]姜飞,张楠.中国对外传播的三次浪潮(1978—2019)[J].全球传媒学刊,2019(2):39-58.

[6]彭侃.创意的力量:全球价值链视野下的节目模式[M].北京:中国国际广播出版社,2023.

[7]史安斌,盛阳.从"跨"到"转":新全球化时代传播研究的理论再造与路径重构[J].当代传播,2020(1):18-24.

[8]史安斌,朱泓宇.2023年国际传播研究的新动向:基于三组关系的主题分析[J].当代传播,2024(1):14-21.

[9]吴飞,傅正科."数字共通":理解数字时代社会交往的新假设[J].新闻与传播研究,2023(6):22-35,126-127.

[10]谢贵安.东亚文化圈的史学共振:中越实录修纂比较研究[J].史学理论研究,2018(4):38-51,158.

[11]张辉. 全球价值链理论与我国产业发展研究[J]. 中国工业经济,2004(5):38-46.

[12]宗倩倩,章宏. 中国大陆电视剧在东南亚华人中的传播现状研究[J]. 中国传媒报告,2014(4):28-36.

[13]Asante M K. Afrocentricity[M]//Routledge Handbook of Pan-Africanism. Oxon and New York:Routledge,2020:147-158.

[14]Chalaby J K. From internationalization to transnationalization[J]. Global Media and Communication,2005(1):28-33.

[15]Chalaby J K. At the origin of a global industry:the TV format trade as an Anglo-American invention[J]. Media, Culture & Society, 2012(1):36-52.

[16]Curran J,Park M-J. De-Westernizing Media Studies [M]. London and New York: Routledge,2000.

[17]Flew T. Globalization, neo-globalization and post-globalization: The challenge of populism and the return of the national[J]. Global Media and Communication,2020(1):19-39.

[18] Hoskins C, Mirus R. Reasons for the US dominance of the international trade in television programmes[J]. Media, Culture & Society, 1988(4):499-515.

[19] Iwabuchi K. Resilient Borders and Cultural Diversity: Internationalism, Brand Nationalism, and Multiculturalism in Japan[M]. Idaho Falls:Lexington Books,2015.

[20] Jiang F, Croucher S M, Ji D. Historicizing the concept of transcultural communication[J]. Journal of Transcultural Communication, 2021(1):1-4.

[21]Kim J, Huang L. The unscripted format trade in a new era of the Korean wave [M]//The Korean Wave: Evolution, Fandom, and Transnationality. Lanham:Lexington Books,2017:209-224.

[22]Kim T. Theorizing the Korean wave| K-culture without "K-"? The paradoxical nature of producing Korean television toward a sustainable

Korean wave［J］. International Journal of Communication，2023（1）：149-170.

［23］Keane M. A. Revolution in television and a great leap forward for innovation? China in global television format business ［M］//Global Television Formats. New York and London：Routledge，2013：306-322.

［24］Lee C C. "Media Imperialism" Rreconsidered：the Homogenizing of Television Culture［M］. Ann Arbor：University of Michigan Press，1978.

［25］Lee C C. Internationalizing "International Communication"［M］. Ann Arbor：University of Michigan Press，2015.

［26］Miike Y. An Asiacentric reflection on Eurocentric bias in communication theory［J］. Communication Monographs，2007(2)：272-278.

［27］Nordenstreng K，Varis T. Television Traffic：A one-way Street? A Survey and Analysis of the International Flow of Television Programme Material［M］. Paris：Unesco，1974.

［28］Rohn U. Lacuna or Universal? Introducing a new model for understanding cross-cultural audience demand ［J］. Media，Culture & Society，2011(4)：631-641.

［29］Thussu D K. Why internationalize media studies and how? ［M］// Internationalizing Media Studies. London and New York：Routledge，2009：27-45.

［30］Wang G. De-Westernizing Communication Research ［M］. London and New York：Routledge，2011.

［31］Zhao Y. The challenge of China：Contribution to a transcultural political economy of communication for the twenty-first century［M］//The Handbook of Political Economy of Communications. Malden，Oxford and Chichester ：Wiley-Blackwell ，2011：558-582.